学校道德教育的本土演进：以公民教育为核心

栗蕊蕊 著

Local Evolution of Primary and Secondary Schools' Moral Education: Centered on Citizenship Education

中国经济出版社
CHINA ECONOMIC PUBLISHING HOUSE
北 京

图书在版编目(CIP)数据

学校道德教育的本土演进:以公民教育为核心／栗蕊蕊著.
北京:中国经济出版社,2014.9
ISBN 978-7-5136-3469-4
Ⅰ.①学… Ⅱ.①栗… Ⅲ.①学校教育—品德教育—公民教育—研究 Ⅳ.①G416 ②G417
中国版本图书馆CIP数据核字(2014)第210607号

责任编辑 张淑玲
责任审读 贺 静
责任印制 马小宾

出版发行 中国经济出版社
印 刷 者 三河市佳星印装有限公司
经 销 者 各地新华书店
开 本 710mm×1000mm 1/16
印 张 20.75
字 数 320千字
版 次 2014年9月第1版
印 次 2014年9月第1次
定 价 49.00元

中国经济出版社 网址 www.economyph.com 社址 北京市西城区百万庄北街3号 邮编 100037
本版图书如存在印装质量问题,请与本社发行中心联系调换(联系电话:010-68319116)

序 言

20 世纪中国民众在救亡图存的探索中，越来越深刻地意识到人的现代化之于国家现代化的重要意义，也越来越踊跃投身于现代性人格养成的教育实践中。从一定意义上说，中国文化中本没有公民、公民教育的提法。作为外源性事物，公民教育在中国历经与其发源地迥异的演进历程，前行的步履艰难而多舛。

整体而言，中国公民教育依托于思想先导，成熟于思想引导与教育实践的互动，思想与实践构成公民教育发展中的两个支点。因此论文第一章重点探讨公民、公民教育思想的理论推进。回望公民及公民教育思想萌蘖的历程，主要集中于两方面：其一，公民理想渐次导入的历程，即公民观念在中国从无到有、从模糊到清晰的历程。从清末进步思想家、出使人员及传教士的思想传播，梁启超、康有为、严复等有关公民人格的初步构建，到 1912 年中华民国成立后蔡元培民主教育思想的绽放，再到新文化运动掀起的思想启蒙，国人在进步人士的思想引领下生发了对公民人格的热切向往。其二，国人引入异域公民教育理论，以图在时代际遇中为社会发展塑造适宜人格的努力。从凯兴斯泰纳到杜威，域外的公民教育理论经教育界、思想界的译介在中国得以传播，为公民教育落地生根进行了理论铺垫。从根本上讲，前者侧重从臣民到公民的思维转换，后者侧重公民人格的理论探求，在历史时空中是胶着融合而须臾不可分。

公民教育的实践推进集中呈现于第二章，其本土演进的纵向脉络大致分为三个时期：首先，修身教育的更易与公民教育的萌生（清末～1922 年），清末修身教育向公民教育的历史转轨因循了自下而上、自民间而至官方的路径。其次，公民教育的实地讨论与本土实践（1923～1927 年），围绕公民科的性质、理念、教学、课外陶冶等问题民间展开了热烈的讨论，触角深入学校层面，这一时期掀起的公民教育运动是公民教育走向高潮的一个重要契机。再次，公民教育趋向异变（1928～1949年），自由宽大的社会氛围为权威主义所取代，公民教育遁入党治意味浓厚的新时期。

课程、教科书、课外活动是公民教育中最值得探讨的话题，也是公民教育历史变迁的时代缩影。因而，第三、四、五章以问题为中心进行研究，分别围绕课程、教科书、课外活动展开。

第三章重点探讨民国时期中小学公民教育的课程变迁。课程层面，中小学公民教育历经修身科——公民科——三民主义与党义科——公民与公民训练科的转变。从某种意义上说课程变迁正是公民教育本土演进的主线，也是中国社会文化变迁的缩影。不同历史阶段课程目标、课程内容、教学方法既有差异性，又有千丝万缕的连续性，这正是公民教育本土演进中传统与现代、中与西、民间与官方等多重力量共同作用的生动写照。

第四章重点探讨民国时期中小学公民教育的教科书变迁。清末以来，教科书的编审制度、出版机构、教科书种类和数量等都有所变化。教科书文本更是历经更易，内容导向、表述方式、编写体例及语体形式都有所不同。整体而言，形式上愈加完善，但形式服务于内容，教科书的递演中不难窥见自臣民到公民再到党治下“公民”的历史转轨。

第五章重点探讨民国时期中小学公民教育的课外活动变迁。重点择取了学生自治会和童子军两项，分析公民教育推进过程中在课外活动层面的展现。学生自治会迂回发展的历史本身就是不同阶段公民教育培养导向变化的印记，因而侧重从纵向展开讨论；童子军自民国前后引入中国，主要历经民办至官办、军事训练而及政治训练的变迁。

关键词： 公民　公民教育　社会文化变迁　本土演进　中小学　民国时期

目 录

表索引

图索引

导 论

一、研究缘起和意义

(一)研究的缘起

"近世之国家,随于文明之进步,而其组织及内容皆起种种之变化。由是,国家的公民教育之问题亦应时而生。"①公民教育,在特定的文化语境下诞生,是近世中国在内外交困的背景下以西方为参照系启动现代化进程中萌生,并结合中国彼时国情进行消化吸收的。于中国而言,"公民"是外生性概念;公民教育,在中国既缺乏悠久的传统,又缺乏直接的经验。作为一个封建传统根深蒂固的民族,中国民众究竟如何渐脱臣民意识而向往公民观念?公民教育是如何在中国特定的社会文化语境中萌生和发展的?公民教育在中国经历了与西方相异的发展路径,它是如何与中国社会文化相依相傍又相异相斥?作为人们较为关注、也是公民教育开展较为活跃的中小学,公民教育在显性课程和隐性课程层面历经怎样的变化?这些疑问不断在脑海里盘旋,因此总有一种欲望促使我揭开民国时期中小学公民教育曲折前行的历史,这成为热切期盼深入研究这一选题的直接动因。

1840 年,鸦片战争爆发后中国的国门被强行打开,彻底沦为半殖民地半封建社会的沉痛使得有识之士开启了向西方学习的历程,在探索救国救民之路时有关一国之民应有特质的思索成为公民教育萌生的思想先导。"公民教育在我国的发展依赖于理论先行,成熟于理论研究与学校教育实践的

① 朱元善. 公民教育论[M]. 北京:商务印书馆,1917:1.

相互推动",[①]公民教育思想在萌芽阶段首要集中于救国图强的思想家和教育家的著作、言论中,但当时有关公民教育的思想并不系统、也不够深刻,甚至对于"公民"概念的认定也是在对"臣民"的抗拒中经由"国民"、"新民"、"人民"等语汇的铺垫渐进而来。1898 年康有为的《请开学校折》里提及"国民",但对其内涵并未进行深入、清晰的说明;1899 年梁启超撰文《论近世国民竞争之大势及中国前途》将国民置于"与国家之异"的框架内,指出"中国人不知有国民也,数千年来通行之语,只有以国家二字并称者,未闻有以国民二字并称者。国家者何?国民者何?国家者,以国为一家私产之称也……国民者,以国为人民公产之称也。"[②]换言之,国家是由国民组成,国离开民则无根基,民离开国则无依托,"以一国之民,治一国之事,定一国之法,谋一国之利,捍一国之患,其民不可得而侮,其国不可得而亡,是之谓国民。"[③]1902 年康有为在《公民自治篇》中表述为,"夫今欧美各国,法至美密,而势至富强者也,何哉?皆以民为国故也。人人有议政之权,人人有忧国之责,故命之曰公民。"梁启超发表于 1903 年的《新民说》则尝试构建了"新民"的人格特质和基本要素,并在《新民说》中疾呼新民为"今日中国第一急务"。[④] 康梁所表达之"国民"、"公民"、"新民"等概念尽管边界不够清晰,但确孕育了"公民"思想的萌芽,所起到的思想启蒙和舆论先导的作用毋庸置疑。严复则指出,"盖生民之大要三,而强弱存亡莫不视此:一曰血气体力之强,二曰聪明智虑之强,三曰德行仁义之强。"[⑤]针对这种情况,他提出了三育救国论,即鼓民力、开民智、新民德,初步构建了公民教育的发展方向和内容。

1912 年,辛亥革命结束了中国长达二千余年的帝制,初步建立了资产阶级民主政权,并颁布了《中华民国临时约法》。作为一部具有宪法性质的根本大法,《中华民国临时约法》除一处表述为"中华民国之主权属于国民全体"[⑥]外,其余部分均使用"人民"概念,如规定"中华民国由中华人民组织

① 檀传宝等.公民教育引论——国际经验、历史变迁与中国公民教育的选择[M].北京:人民出版社,2011:175.

② 梁启超.饮冰室合集(第一册)[C].北京:中华书局,1989:56.

③ 梁启超.饮冰室合集(第一册)[C].北京:中华书局,1989:58.

④ 梁启超.饮冰室合集(第四册)[C].北京:中华书局,1989:40.

⑤ 严复.严复集(第一册)[C].北京:中华书局,1986:18.

⑥ 蔡鸿源.民国法规集成(第 2 册)[M].合肥:黄山书社,1999:12.

之”,并专门论述“人民”的权利和义务。尽管《中华民国临时约法》未直接提及“公民”,但主权在民的宪政原则成为公民教育的法律基础。1919年五四新文化运动使民主和科学思想进一步得以弘扬,促动人们对自由、平等的观念更为推崇。1922年“壬戌学制”公布,1923年制定了“新学制课程标准纲要”,公民科取代修身科进入国家课程体系,标志着我国公民教育正式发展起来,也意味着国家层面尝试以教育手段塑造合格公民的开端。早期公民教育的主要内容包括社会生活及其组织、中华民国之组织、宪政原则、社会问题、经济生活、道德问题以及国际关系等,以后公民教育的内容大致以此为框架。① 1922至1927年,是公民教育的兴盛时期,公民教育得以大力推行。国民党在南京建立国民政府之后,党化教育替代公民教育的思潮渐兴。1928年公布的《小学暂行条例》中规定保留“公民科”的基础上增设“三民主义”,后经合并而成党义科,因遭到教育界普遍抵触,迫于现实压力,“党义科”仅存在三年即被取消。1932年,教育部颁布《小学公民训练标准》,旨在“训练儿童,养成健全公民”。1933年,《中学课程标准》恢复了中断三年的“公民”课程。此后,在数次修订中学课程标准中,“公民”课程一直得以保留,直至民国结束。

探究公民教育,不可不将视野扩而至世界范围。不难发现,公民教育的历史追溯至古希腊时期。在希腊文中,“公民”是由“城邦”一词衍生而来的,有“属于城邦的人”之意,城邦属于全体公民所有,公民是城邦的主人。城邦的体制和发达的公共生活,造就了希腊人自由、民主、平等的精神,孕育了早期的公民观念。然而,欧洲中世纪神权、君权及封建等级特权的渗透造成对公民权利的挤压,公民教育出现了历史的断层。直至近代伴随着城市的复兴,尤其是资本主义的兴起、民族国家的发轫和市民社会的演进使得市民的权力地位、阶级基础和生活秩序发生变化,才孕育了现代公民的诞生。因而从一定意义上说公民是西方社会演进的产物。然而在中国传统的封建专制政体下,只有臣民而没有公民,公民教育的发展面临巨大的阻抑力。从这个意义上说,“公民”、“公民教育”是一个引而入中国的外源性概念,尽管民国

① 郑航.社会变迁中公民教育的引进——兼论我国学校公民教育的实施[J].清华大学教育研究,2000(3):116.

时期寻求救国图强的教育家和思想家大声疾呼、著书立说,并付诸实践,试图达至国家强盛、民族复兴、国民素质养成之理想。然而封建社会的长期浸淫使得1922年壬戌学制创立的公民科,更似异质体强加于母体,必然产生排异现象,因而历经短暂的蓬勃便在强烈的国民党党派政治影响下走向异变。

由此看来,我们既不能简单地采用“拿来主义”的办法推进公民教育,也不能对我国历史上关于公民教育的探索一笔带过。相反,对公民教育在中国的演变轨迹进行积极回溯,探究民国时期公民教育课程、教科书等内在因素的变化过程,及其与社会、文化等外部因素的关系,可以对当下寻求人的现代化提供有益借鉴,因人的现代化是相隔百年的这两个时段共同的主题。这也是本文期待能有所创获之地。

(二)研究的意义

1912年,《教育杂志》署名“天民”的文章就公民教育的重要性阐述道,“公民教育者,近世教育之新思潮。各国实际之教育方针,咸注重于此。”[①]在考察了英、德、法、美、日诸国公民教育概况后进一步指出,“盖世界公民教育之观念如此,其勃兴也谓为最近教育界之重要问题。”[②]彼时正值中国进行公民教育探索的浪潮勃兴之际。中国效仿西方而开展的公民教育曾在民国时期泛起一层涟漪,引起上至国家、下至民众的广泛关注和参与,理论探究和实践推进都取得了丰硕的成果。然而,中与西、传统与现代多重因素交织下的公民教育,在中国本土的发展态势既没有因循西方的路径,也没有被中国传统文化完全吸收消融,而是走出了一条具有时代痕迹和民族烙印的缓慢而曲折的道路。这是出于偶然还是必然?中国现代化进程中,人的现代化如何实现?对民国时期公民教育的探究可否启示当下,为中国公民教育的推进提供可资借鉴的经验?这是十分复杂的课题,也是值得玩味的话题,探索和厘清这些问题将是有价值和意义的。

1. 有助于深化对公民教育的理论探索。

近年来,有关公民教育的研究成果逐渐增多,研究视野日益拓宽,这从

① 天民. 公民教育问题[J]. 教育杂志,1912,5(10):115.
② 天民. 公民教育问题[J]. 教育杂志,1912,5(10):115.

侧面呈现了公民教育的价值。然而,对于中国历史上曾经开展过的公民教育,学界乏有系统而深入的研究,已有的著述多以蜻蜓点水式一笔带过,或重于对公民教育历史面貌的笼统呈现而失之于泛。鉴于此,本研究试图以“社会文化变迁”为切入口,主要以1912~1949时段的中小学公民教育为考察对象,探究公民教育引入本土、长于本土的历史脉络,以多维视角重新审视公民教育的发展脉络,探究公民教育发展中呈现的规律性,分析公民教育的发展逻辑,以充实教育史学科,体现教育史研究的丰富性和多样性。当然,仅就研究时段而言,根据实际的需要会适度延伸,如上限始自清末。

2. 有助于推进公民教育的实践深入。

20世纪70年代以来,国际社会愈加重视公民教育,诸多国家也将公民教育作为重要的教育目标之一。对于中国而言,公民教育有否重要意义,这是公民教育开展的逻辑前提。作为一个发展迅速的国家,中国现代市场经济体系日益建立,民主政治制度渐趋完善,与之相应的是需要中国人的现代化,公民教育构成人的现代化培育中一个重要因素,而不能略加忽视。因此,公民教育重回人们的视野并渐趋升温。怎样才能植根于中国现实国情,以积极的心态吸收我国历史上公民教育的经验,以开放的视野借鉴国外成熟的公民教育成果,从而走出一条具有本土特色、民族气质与中国样式的合于现时代的公民教育之路?这一宏大的时代课题的展开,需要进行深入的理论研究。

二、研究综述

我国公民教育萌芽于清末民初,作为一个舶来品,公民教育的实践推进总与理论建树相依而行;另方面,相较而言学校公民教育比家庭公民教育、社会公民教育更为系统和规范,而中小学又是其中最为活跃的段位。当然为更全面地凸显公民教育的历史背景和发展脉络,研究现状的阐述将不拘于“民国时期中小学公民教育”方面,而是置于“民国时期公民教育”这一更为宏大的话题之下进行。为使研究有所推进,拟以时间为主线对研究的基本推进状况进行简单介绍,并侧重以问题为中心进行评述。

国人有关公民教育的研究却早已开始。“我国教育界人士所发表有关公民教育之论文,自前清宣统元年起至民国二十一年十二月止,据涂文光沈灌群二君之搜集统计,共约二六二篇,详见二君所著《二十四年来我国公民教育论文索引》一文(《实验教育》一卷二期,前中央大学实验学校出版)。"①民国21年至37年时段内有关"公民教育"的研究,《公民教育学》一书就罗列出数十篇,期中详细列举了来源、出处的期刊论文经整理如表1:

表1 教育界人士发表有关公民教育论文之粗略统计(1932~1948年)②

序号	论文作者	论文题目	出处及年份
1	许澄远	《公民教育之根本义》	《实验教育》一卷二期,1933年
2	环家珍等	《公民教育思潮的一瞥》	《实验教育》一卷二期,1933年
3	朱勤生	《我国小学公民科的变迁小史》	《实验教育》一卷二期,1933年
4	沈灌群	《故事中心的公民德性训练》	《实验教育》一卷二期,1933年
5	龚启昌	《大时代教育的一个共同目标及其实施方法》	《教育通讯》六卷二十三期,1933年
6	赵敦荣	《介绍三种集团生活的训练》	《实验教育》一卷二期,1933年
7	沈灌群	《苏俄与意大利公民教育概述及其对较》	《实验教育》一卷二期,1933年
8	樊兆庚	《各国公民训练机关的比较观》	《实验教育》一卷二期,1933年
9	沈灌群	《公民科之检讨和初中公民教材大纲》	《实验教育》一卷四期,1934年
10	沈子善	《公民教育的领域》	《教育学》二卷二期,1936年
11	刘庆科	《各国公民教育之新趋势》	《教与学》二卷二期,1936年
12	邵鹤亭	《公民教育应有的新动向》	《教与学》二卷二期,1936年
13	卢绍稷	《现今公民教育应以三民主义为中心》	《教与学》二卷二期,1936年
14	唐志杰	《欧美各国公民教育的实际》	《教与学》二卷二期,1936年
15	顾观澄	《中华民国的地方性和公民训练的关系》	《教与学》二卷二期,1936年
16	徐观馀	《公民教育与童子军训练》	《教与学》二卷二期,1936年

① 龚启昌.公民教育学[M].南京:正中书局,1948:352.

② 龚启昌.公民教育学[M].南京:正中书局,1948:352~354.

续表

序号	论文作者	论文题目	出处及年份
17	吴鼎	《非常时期的小学公民训练》	《教与学》二卷二期,1936年
18	汪懋祖	《公民训练与德性陶冶》	《教与学》二卷二期,1936年
19	沈灌群	《非常时期中学公民教育之实施》	《教与学》二卷二期,1936年
20	沈成震	《中学公民课程问题的商榷》	《教与学》二卷二期,1936年
21	一平	《中学公民教学和公民训练》	《教与学》二卷二期,1936年
22	吴福元	《析论小学公民训练问题》	《教与学》二卷二期,1936年
23	应毅	《中学公民训练的成绩考察》	《教与学》二卷二期,1936年
24	钟灵秀	《民众学校公民教育课程标准之商榷》	《教与学》二卷二期,1936年
25	边肇震	《公民教学与时事》	《教与学》二卷二期,1936年
26	蒋建白	《公民生活与公民道德教学法》	《教与学》二卷二期,1936年
27	徐心荃	《中等学校公民师资训练问题》	《教与学》二卷二期,1936年
28	罗廷光	《政治教育刍议》	《教与学》三卷六期,1938年
29	李相勗	《公民行为训练之基本原理》	《国师季刊》七、八期,1940年
30	王政	《美国青年组训的概况》	《中国青年》二卷一期,1940年
31	郭骥	《英国青年组训的概况》	《中国青年》二卷一期,1940年
32	谢然之	《苏联的青年之组训及其活动》	《中国青年》二卷一期,1940年
33	汪扬	《法国的青年运动》	《中国青年》二卷一期,1940年
34	张伯谨	《瑞典的青年组织与训练》	《中国青年》二卷一期,1940年
35	杨士兼	《日本的青年组织与训练》	《中国青年》二卷一期,1940年
36	周子亚	《德国青年团之组织与训练》	《中国青年》二卷一期,1940年
37	夏贯中	《中学公民教师应有的修养》	《教育通讯》四卷二十九期,1940年
38	龚启昌	《文史地科对于公民教育之贡献》	《文史教学》六期,1942年
39	龚启昌	《改进中等学校公民科的教学》	《中等教育季刊》二卷三、四期,1942年
40	龚启昌	《师范学院公民训育系之理想与问题》	《高等教育季刊》二卷一期,1942年

续表

序号	论文作者	论文题目	出处及年份
41	龚启昌	《论战后我国公民教育之设施》	《时事月报》三十卷六期,1944 年
42	瞿菊农	《从教育上建立人的基础》	《教育世界》,1945 年
43	曹孚	《论公民资格》	《教育世界》,1945 年
44	陈之迈	《人民、国民、公民》	《教育通讯》三十七期,1948 年
45	周鲠生	《公民教育的几个基本问题》	《教育通讯》三十七期,1948 年
46	萧公权	《统制思想与政府教育》	《教育通讯》三十七期,1948 年
47	简贯三	《中国公民教育的社会学观》	《教育通讯》三十七期,1948 年
48	张彝鼎	《民国时期国家制度与我国公民教育》	《教育通讯》三十七期,1948 年
49	王鸿俊	《如何编辑中学公民教科书》	《教育通讯》三十七期,1948 年

龚启昌在《公民教育学》一书中罗列的 1932 ~ 1948 年间我国教育学界人士在教育研究类刊物发表的有关"公民教育"的论文为 49 篇;还有一些直接译介国外学者的成果论文汇编等,笔者未统计在内。由表 1 可知,就 16 年间学界的研究而言,视野较为开阔,不仅包括对国内公民教育的研究,也包括对美、英、法、日、瑞典、苏联公民教育的借鉴;内容较为丰富,不仅包括对公民、公民教育等基本概念的厘定,也包括深化细致的研究,如对课程、教科书、教师的研究;研究领域较为宽广,既包括对学校公民教育的探讨,也包括对社会公民教育的梳理。由此,我们可以管窥民国时期学者对公民教育的研究深度和广度。

事实上,在笔者视野所及的范围内,民国时期以来公民教育研究的问题域集中在公民教育是什么、为什么和怎么样等方面。具体言之,即"公民教育"的概念厘定与内涵透视、公民教育的意义追问与价值探讨、公民教育的实践建构与模式选择等。

(一)相关概念之厘定

概念是思维的工具。一个研究领域的成熟首先须有统一、明确的概念,确保逻辑上清晰严谨。民国时期以来有关公民教育的研究多以概念界定为基础,以便澄清研究内容的界限。彼时学者研究较多的核心概念是"公民"、"公民教育",笔者仅列举有代表性的观点加以阐述。

1. 有关"公民"概念的厘定。

(1)1914 年,翁长钟在著作《公民模范》中述及"泛言之,一国之公民,即为产于其国之人。而既为是国之公民,则凡是国之种种利,俱得享有之,且同时谋国家幸福之责任。亦即以一身而担荷之矣。"①这是对"公民"一词较早的界定,尽管不甚确切,但与现代意义对"公民"界定中常使用的"出生地原则"(一个人出生在某国的领土内,就可以因其出生而获得公民身份)相吻合,并初步呈现了公民集"权""责"于一身的特征。1925 年,旷雷鸣更明确公民在权利与义务上的统一,这已经切入"公民"概念的核心要义:

身心健全之人民,在群众生活上能享受所有之权利及负担各种之义务者,皆谓之公民。凡身心不全或其公权已依法律褫夺,而不能负担社会之义务者,皆不能谓之为公民而为普通之人民。②

(2)1928 年,赵宗预在《小学校的公民教育》一书中提及"公民"与国民的关系:

公民和国民有什么分别 一个人寄居独立国家之下,自从呱呱坠地,便是一个国民。……公民却不然,其年龄有法定的限制,不曾达到法定年龄,不能算他是公民;程度有标准,没有标准程度的,虽达到法定年龄,仍不能算他是公民;中华民国的男女老幼,都是国民,决不能称他们都是公民,所谓公民,就是合于某种条件的国民。③

1933 年,熊子容《公民教育》一书序言中说道:"从广义方面说,公民可与社会份子同样看待。良好公民,即良好社会份子。从狭义说来,公民只是一个政治集团里的社员。"④将公民置于"国民"、"人民"等相近概念的框架内,及从广、狭两个角度进行讨论已经成为学者研究的基本视角。

(3)1935 年,范公任编纂的《小学公民训练概论》一书,对"公民"进行了广、狭意义上的界定:

---

① 翁长钟. 公民模范[M]. 上海:中华书局,1914:247.

② 旷雷鸣. 公民训练纲要[M]. 北京:北京公民教育讲演团,1925:1.

③ 赵宗预. 小学校的公民教育[M]. 上海:新时代教育社,1928:4~5.

④ 熊子容. 公民教育[M]. 上海:商务印书馆,1933:序.

狭义的公民,是指一个国民达到了法定的年龄,具备了法定的资格,而享受法定的权利,与履行法定的义务者而言;换句话说,狭义的公民便是参与政治活动的分子。

广义的公民,是指一个社会的构成者而言;其公民资格是社会性质的而非政治性质的;是本于自然权利的而非人意赋予的;换句话说,广义的公民便是参与社会活动的分子。①

根据这一定义,狭义的"公民"是限于政治框架内的讨论,外延是权利和义务对等的、具有参与政治活动的智识和能力的分子;广义的"公民"是相对于"私民"而言,指代关注、参与社会公共团体生活和社会公共事务的分子。这一界定已经较为精确,接近现代意义上的"公民"。

(4)1942年,相菊潭对"公民"进行了广义、狭义的界定:

狭义的公民是指在政治上获有法制的权利和义务而言。他的资格就积极方面说,应备具下列各款:(一)有中华民国国籍并在某地住居二年以上者;(二)年在二十岁以上者;(三)有正当职业者。但同时规定消极方面的限制,凡具有下列各款之一者,虽备具上列资格,亦不得称为公民:(一)有反革命行为经判决者;(二)贪官污吏土豪劣绅经判决者;(三)褫夺公权尚未恢复者;(四)禁治产者;(五)吸食鸦片或其代用品者;(六)有废疾或神经病者。②

广义的公民则指"一个人除政治关系外,在社会生活上负有做人的责任和义务而说的。"③同年出版的《公民教育概论》则更指出,"狭义的公民,指达到法定年龄,而得享受政权之国民而言;广义的公民,即公民教育上之所谓公民,则指构成国族之理想的健全国民而言。广义的公民,到达法定年龄后,概为狭义的公民。狭义的公民,必为国民,且必为人民;但狭义的公民,却不一定是广义的公民,此不可不明辨之。"④1948年,龚启昌对"公民"界定为,"'公民'一词望文生义,可知为公共团体之一份子,有应尽之义务,亦有应享之权利。"⑤

① 范公任.小学公民训练概论[M].上海:商务印书馆,1935:1.

② 相菊潭.公民教育实施法[M].重庆:正中书局,1942:1~2.

③ 相菊潭.公民教育实施法[M].重庆:正中书局,1942:2.

④ 袁公为.公民教育概论[M].贵阳:文通书局,1942:1~4.

⑤ 龚启昌.公民教育学[M].南京:正中书局,1948:2~3.

“公民”作为一个在世界范围内广泛使用的概念，本身具有法学和政治学意义，其内涵的厘定及在某一特定国家、地区、时代的使用和传播，不仅受到语言传播规律的影响，又体现深刻的社会历史、文化背景。通过对民国时期“公民”概念的梳理，自然人、国家、政治生活、权利与义务相统一等词汇，可以在我们头脑中浮现出来，这已经接近于现代意义上的“公民”概念——“具有本国国籍，并依据宪法或法律的规定，享受权利和承担义务的人”。①

2. 有关“公民教育”概念的厘定。

“公民”概念的界定是展开公民教育研究的基础，然而法律、政治学意义上的“公民”概念与公民教育中的“公民”概念既互相联系，又各有不同。法律、政治学意义上的“公民”内涵清晰且严格，指向某种具有公共性质的人；而公民教育中的“公民”涵义相对含混，且至少具有两层含义：对公民的教育和成为合格公民的教育。② 前者规定了公民教育的对象，即具有公民资格的人；后者则确定了公民教育的性质、内容和目标，即培养合格的公民。换言之，法律意义上的“公民”，具备了公民资格和公民身份，却未必是合格公民，从拥有公民身份、公民资格到成为合格公民，还有一段很长的路要走，这在很大程度上仰赖于公民教育的开展。民国时期的学者已经体认到从“公民”到“公民教育”的迁移中，语汇内涵的微妙转换。

(1)1928 年，陈筑山在《平民公民教育之计划》一书中对“公民教育”进行了广义和狭义的界定：A. 广义的，是训练人对于一切团体为有效率的分子的教育，——即普遍的团体教育。B. 狭义的，是特别注重训练人对于政治团体为有效率的分子的教育，——即特殊的团体教育。③

在这里，广、狭义“公民教育”之区别在于后者强调“对于政治团体为有效率的分子”，前者则涵括“一切团体”。按照作者的说明，“社会团体”的范围从家庭到世界，有“公民的团体”与“非公民的团体”，“公民的团体”如国家、省县、市、乡等属于政治团体；“非公民的团体”如家庭团体、邻里团体、职

---

① 蓝维，高峰，吕秋芳，邢永富. 公民教育：理论、历史与实践探索[M]. 北京：人民出版社，2007：9.

② 蓝维，高峰，吕秋芳，邢永富. 公民教育：理论、历史与实践探索[M]. 北京：人民出版社，2007：11.

③ 陈筑山. 平民公民教育之计划[M]. 上海：商务印书馆，1928：1～2.

业团体、宗教团体、文化团体等。

(2)1933年,章益说道,“从社会的立场来说,教育的目的即是替社会培养出最适宜的份子。所以公民教育可以包含教育的全部”。[①] 1938年,王国元指出,“‘公民教育’有广狭两种意义,……现代的学者多趋向广义的公民训练,因为良好的公民,虽具政治方面的知识,习惯、态度、理想等尚未圆满,必须在团体生活上有充分的训练,那末‘公民教育’岂仅限于‘政治教育’的呢?”[②]

(3)1942年,相菊潭论述道广义的公民是就“一个人除政治关系外,在社会生活上负有做人的责任和义务而说的。”[③]公民教育即如何培育公民在团体中的社会行为,使各个人对自己、对群体均有规律地行动。换言之,公民教育重在培育个体参与社会团体的有效行为。同年出版的袁公为《公民教育概论》一书指出,“公民教育上之所谓‘公民’,乃为构成国族之理想的健全国民;‘教育’之意义,则为改变人类本性,或改变世界上之其他事物,以实现全国族之需要的最完备的满足,而使各个人,成为国族中之有机的效率的一员之作用。”这里,公民教育的指向即为全体国民。

(4)1948年,龚启昌对“公民教育”界定如下:

仅就狭义之公民而言,倘此狭义之公民一词与教育相连,则所谓之公民教育者,将仅限于二十岁以上之成人教育,此与公民教育之涵义将大相径庭。在公民教育一词中之公民应做广义的界说,应指全体国民而言,至少应含有如何将一般国民陶冶成为公民之意,而绝非为‘公民’的教育。[④]

公民教育是培育个人有效地参与社会生活的一种手段。[⑤]

由此可见,对于“公民”与“公民教育”,学界众说纷纭,尤其是公民教育引入的早期阶段,因为摸索前行而思想各异。学者的界定已经涉及“公民”、“公民教育”的核心要义。除此之外,民国时期的学界还引证西方各国教育

① 熊子容.公民教育[M].上海:商务印书馆,1933:序.
② 王国元.小学公民训练法[M].上海:世界书局,1938:4.
③ 相菊潭.公民教育实施法[M].重庆:正中书局,1942:2.
④ 龚启昌.公民教育学[M].南京:正中书局,1948:3.
⑤ 龚启昌.公民教育学[M].南京:正中书局,1948:8.

家对公民教育之定义,最为集中体现于袁公为《公民教育概论》一书,具体如下:[1]

(甲)傅路斯泰(Friedrich wilhelm Forster,1869~),德国教育学家,著有《国家公民教育》(1910年)、《学校与品性》(1910年)、《生活指导》(1909年)。以公民教育,为养成"伦理的人格"之作用,以为个人生活足以丧失社交性与爱国心,所以教育上必须使个人与国家间,发生密切之关系,而欲建立此种关系之基础,则以培养公民的责任观念及其人格,为最重要。真正的国家公民意识,存在于"人格的意识"之中;公民的精神,也毕竟是由充满着宗教心的人格中发生出来的,所以伦理的宗教的人格之养成,即为公民教育。(注:人泽宗寿,《教育辞典》1153~1154页)

(乙)马启斯(Adolf Marthian,1847~1917),20世纪初德国中等教育及公民教育专家,著有《战前战后之公民教育》(1916年)等书。马氏以为"公民教育是一种培养社会的政治的及国民的良心,陶冶品性与意志,而使儿童成为国家之从仆的手段,其方法在由知识之教学,而实施感情意志之陶冶。"(注:人泽宗寿,《教育辞典》487页)

(丙)施乃登(D. Snedden),美国哥伦比亚大学师范学院教授,著有《公民教育学》等。施氏以为"公民教育乃是教育全体计划中之一种目的与手段",公民教育乃是为达到下列四种特殊目的的教育:增进对于顺从法律及他种拘束所必须的了解力、鉴赏力、理想及态度;增进对于国家市镇及其他政治团体的忠心的种类及程度,以保证社会的幸福;对于积极的从事于政党,志愿的服务,及其他增进社会福利的活动的气质及能力,加以训练;由家庭的职业的宗教的及其他非政治的团体内服务,以训练"可直接使国家进步"的气质。(注:商务印书馆,《教育大辞典》128页)

(丁)人泽宗寿,日本东京帝国大学教育学教授,在《教育辞典》中解释道,"公民教育,乃是培养做一个立宪法治国之国民,对国家应具之精神的一种教育,其内容不仅限于公民科之知识的教学,并且包含公民之情意的培养也。"(注:人泽宗寿,《教育辞典》486页)

---

① 袁公为.公民教育概论[M].贵阳:文通书局,1942:7-13.

(戊)凯声斯泰纳[1](G. Kerschensteiner,1834～1932)20世纪德国大教育家,亦为近代提倡公民教育之最著名的学者,著有《德国青年之公民教育》(1905年)、《公民教育之概念》(1911年)等,于《公民教育之概念》(第五版,1923年)论述公民教育之意义,并论及公民教育与公民教学、政治教育、社会教育有不同。(注:大濑甚太郎,《西洋近代教育史》,216～219页)

研究者观察、思考问题的视角不同,对"公民教育"概念的界定自然不同。然而不可否认,广泛、深入的探讨正是人们对于公民教育的观念不断演变的缩影。直至现时代,我国研究者依然在不断探究和触及"公民教育"的实质:

香港社会学家曾荣光认为,公民教育是社会培养其新加入者变为在经济、政治和社会生活中有效能成员的教育过程。[2]

黄葳认为,公民教育即把受教育者培育成积极的、自主的享受宪法及法律规定之权利并履行宪法及法律规定之义务的责权主体的过程。[3]

台湾师范大学张秀雄则从广、狭两个维度进行探讨。广义的公民教育,是国家培养国民效忠国家的意识,培养国民获得有效参与公民生活必需的知识、态度和技能,进而成为良好公民的过程;狭义的公民教育,是各级学校通过公民教育的相关课程及课外活动等,培养青年的爱国意识、民主观念和法治精神,以成为未来社会良好公民的过程。[4]

蓝维的观点与张秀雄较为相似。他认为,广义的公民教育是指现代社会培育人们有效参与国家和社会公共生活、培养明达公民的所有教育手段的总和,从内容上涵括全部与公民社会生活相关的教育,从范围上涵括全体社会成员;狭义的公民教育是指培养参与国家和社会公共生活的有效成员所需知识而开设的公民学科,它指代一门课程,一般开设在实施基础教育的学校。[5]

---

① 后文亦译为凯兴斯泰纳。

② 转引自蓝维,高峰,吕秋芳,邢永富. 公民教育:理论、历史与实践探索[M]. 北京:人民出版社,2007:19.

③ 黄崴. 公民教育:责权主体的教育[J]. 现代教育论丛,1997(2):21.

④ 张秀雄. 公民教育的理论与实践[M]. 台北:师大书苑,1998:4～6.

⑤ 蓝维,高峰,吕秋芳,邢永富. 公民教育:理论、历史与实践探索[M]. 北京:人民出版社,2007:21.

可见,自民国以来学者对"公民教育"的界定随时代、环境而变化,并因角度不同而内容各异。在他们的界定中,基本包含了公民教育的目标、对象、途径、特征等要素,有的学者还谈及公民教育的课程化等元素,这为后续的研究提供了颇有价值的线索。

(二)有关公民教育思想起源、意义的研究

公民教育能够引入中国并落地生根,内蕴前提即公民教育是有价值的。因而,探讨公民教育的起源及意义成为学界热衷的另一话题。

1. 公民教育的思想起源与历史分期。

表2　民国时期学者关于公民教育思想起源及历史分期的观点一览

内容	中国公民教育的始点及时段划分	历史分期
中国小学公民教育的历史分期①	清季与学时(光绪28年~1910年)	萌芽期
	民国初年(1911年~1921年)	极盛期
	新学制施行后(1922年~1926年)	转变期*
	民国十六年后(1927年以后)	进步期*
中国小学公民训练的历史分期②	清末(清末~1910年)	胚胎时期
	民国元年(1911年~1918年)	发轫时期
	民国8年(1919年~1926年)	实行时期
	民国16年(1927年~1930年)	改革时期
	民国20年(1931年以后)	复兴时期
我国公民训练史的演进③	清末(清末~1910年)	胚胎
	民国元年(1911年~1918年)	发轫
	民国8年(1919年~1926年)	盛行
	民国16年(1927年以后)	公民训练内容的改变

注:表中加*部分为笔者根据作者的表述整理而成。

表2显示的是公民教育的历史分期,尽管研究者的分期标准未尽相同,

① 张耿西,束樵如.小学公民训练的理论与实际[M].上海:中华书局,1936:10~15.
② 王国之.小学公民训练法[M].上海:世界书局,1938:7~9.
③ 沈子善.小学公民训练之理论与实际[M].上海:商务印书馆,1935:17~19.

但他们倾向于将1912年(有些学者认定为1911年)、1927年作为中国公民教育发展史上具有转折意义的时间点。1912年既是民国元年,也是公民教育的发端之年,因民国元年教育部颁布教育宗旨有"道德教育"一纲;尽管在学科教学的科目上未见"公民科"的名称,但在修身科内兼授公民常识,已见公民教育之端倪。1927年南京国民政府成立,公布学校课程,推行党化教育,以三民主义和党义科代替公民科。尽管此后几经调整,然终体现出党派政治染指教育的特质。因此将1912年、1927年作为民国时期公民教育史上不同阶段更替的转折点是颇为合理的。这与舒新城对公民教育思想变迁的研究多少有吻合之处。舒新城在掌握大量史料的基础上,从"背景"、"变迁"、"影响"三个方面入手,对公民教育思想的来龙去脉进行了细致的考察和论证,力图寻觅其产生的深层动因,他将公民教育思想发展脉络分为数期:自1906年到1912年为萌芽期,此时只言爱国爱群的公德而不明言公民;1912年到1919年为第二期,以自由平等亲爱为德目,政治知识为学科内容;1919年至1925年为第三期,学科内容由卫生道德法制经济而扩充及于社会问题、人生哲学、学校训育;1925年至1926年为第四期,由学校公民教育进而及于社会公民教育;至1927年公民教育思想则完全消沉下去。①

近年来,我国学者回溯公民教育的历史,关于历史分期也提出了各有见地的观点。姚兰在回顾民国时期公民教育从理论到制度的历程基础上,以"以国民性改造为特征的早期公民教育启蒙"、"以崇尚平民人格为理念的公民教育的初探"和"以制度化形式确立的公民教育实践"来概括三个阶段的特征,并指出中国公民教育发展具有"外生性和不彻底性的双重特点"。② 这种概括基本呈现了公民教育的发展脉络,但线条略显粗放,没有将研究的触角伸入公民教育的实践层面进行深入探究。朱小蔓、冯秀军对中国公民教育观的发展脉络进行了溯源性追寻,分为古代民本思想与教化传统、近代公民意识觉醒与公民教育兴起与现代公民教育的吁求三个阶段,认为"中西公民教育观呈现出相向运动、相互融通的走势。"③王兆璟、康夏飞将中国不同

---

① 舒新城.近代中国教育思想史[M].福州:福建教育出版社,2007:259~260.

② 姚兰.从理论到制度的公民教育尝试[J].宜宾学院学报,2011(2):120~122.

③ 朱小蔓,冯秀军.中国公民教育观发展脉络探析[J].教育研究,2006(12):6.

时期的公民教育观归纳为:个人本位的公民教育观、国家本位的公民教育观、多元化的公民教育观。[①] 李艳霞将中国公民教育发展的历史进程划分为:清末至新文化运动时期的"新民教育"、抗战时期的"国民教育"、新中国成立之初的"人民教育"以及改革开放之后公民教育的思想复兴与多元并存阶段。[②] 王雷《论传统教化思想在近代中国的演变》中指出,"传统教化思想的终结主要指在辛亥革命以后。随着封建制度的瓦解,封建的各种教化思想、观念有的走向消亡,如'教化'这个概念就是在这个时期逐渐被弃用;有的受到批判,如封建的'纲常名教';有的发生转变,如'得民心'逐渐走向'开民智';有的被改造,如道德教化,逐渐丰富和发展,出现了'公民教育'、'公德教育'、'品格教育'等。"[③]这一研究较透彻地显示了教化思想的演变历程,从中也可窥见公民教育萌芽阶段由教化艰难转变而来的状态。

因而,根据本研究的立意,结合中小学的具体实施状况,将民国时期公民教育分期确定如下:1912 ~ 1922 年为中小学公民教育酝酿时期;1923 ~ 1927 年为中小学公民教育发展时期;1928 年以后为中小学公民教育演变时期。这一分期,固然不能兼顾公民教育思想的演进与公民教育实践的推进;但就本研究而言,中小学层面实施的公民教育,最直接的呈现方式就是课程,因此以"课程"作为重要的分期依据展开论述,其后各章围绕专门问题的具体分析也都以此为依据。此外需特加说明者有二:其一,"公民教育的发展脉络"与"公民教育思想的发展脉络"并不等同,前者专指公民教育的实践形态的演进历程;后者则指人们在思维层面上对公民教育的推进;然而,两者存在内在的根本联系,后者是前者的先导。其二,公民科经由修身科转变而来,在 1922 年公民科产生之前,历经了较长时间的思想和实践的推进,清末的修身科向公民科的转变并非一蹴而就的,这一铺垫过程也并非仅始自 1912 年。因而言及中国语境下的公民教育不可不回溯从修身科向公民科转

---

① 王兆璟,康夏飞. 中国公民教育:一个观念史的研究[J]. 当代教育与文化,2010(1):104 ~ 109.

② 李艳霞. 公民资格视域下当代中国公民教育的历史与逻辑[J]. 浙江社会科学,2010(10):31 ~ 37.

③ 王雷. 论传统教化思想在近代中国的演变[J]. 华东师范大学学报(教育科学版),2002(1):58.

换的历程;既言修身科,那么研究的时间跨度亦需拉伸至清末。笔者在行文中言“1912~1922年为中小学公民教育酝酿时期”,而后文称“清末~1922年为中小学公民教育萌芽时期”,两者并无冲突,前者凸显公民教育的实际酝酿,后者呈现全面的思想铺就和实践奠基。

2. 有关公民教育产生、发展及消亡原因的研究。

1923年,《公民教育概观》一书中,日本学者小尾范治认为公民教育“根本理由在于公共生活之意义渐加浓厚”,①而这与交通通信之发达、个体生活渐趋社会化之现状密不可分。小尾范治所述及的“公共生活”基本上也可以说是民国时期我国公民教育得以发展的重要内驱力。1928年,赵宗预《小学校的公民教育》一书指出当时社会的消极现象包括“太讲小我”、“没有国家观念”、“没有合作精神”、“没有善良习惯”、“没有远大目光”、“没有评判能力”,他以发聋振聩之声惊呼“中华民国是中华民国国民所共有,但有做主人翁的资格的,不难屈指数,偌大的中华民国,而堪为主人翁的,只有熟人,真是危险!所以公民智识的灌输,实为目前最急切的事情。”②1935年,沈子善同样从中国社会和国民的现状出发,切中时弊,论述公民教育的重要性,“中国现在的社会,因其复杂达于极点,故在在皆足以引起人们不良的动机,动机既坏则所表现的行为,即不堪设想,无怪乎人欲横流,道德沦丧,形体颓废,而有不可收拾之势,成人的公民教育,在今日固为切要之图,但一面仍须从小学儿童的公民训练入手,以培养其基。”③1936年,他再次言辞激烈地指出“我们过去的教育,是偏重在知识的获得、技能的养成,所以现在的国民,大都具有知识技能,而缺乏公民道德。遭遇非常时变,就难免重视私利,不顾大局,这是非常危险的。际此国难当头的时期,教育的视点,尤应重在公民教育。”④自1932年开设公民训练后,陈瑛呼吁“我们中国人一向对于儿童极为漠视,凡事都以为小孩子没有什么要紧,而不知道儿童时期的行为对于成年后的心情与习性有极大的关系。倍根说得好:‘一枝树底荣枯,要看他当初的培养;一个人底成败,要关乎幼时的教育。’由此可见,儿童时期的训

① 〔日〕小尾范治著,崔叔青译. 公民教育概观[M]. 上海:中华书局,1923:13.
② 赵宗预. 小学校的公民教育[M]. 上海:新时代教育社,1928:13~18.
③ 沈子善. 小学公民训练之理论与实际[M]. 上海:商务印书馆,1935:9.
④ 沈子善. 小学公民训练之理论与实际[J]. 青岛教育,1936,3(9):4.

练，是国家社会基础的建筑。将来的国家是否健全？将来的社会是否安益？都要基乎今日的儿童公民训练的”。[①] 可见，立足于当时的社会状况探讨公民教育的必要性是多数研究者共同的心声，也足以显示实施公民教育是大势所趋。

民国时期公民教育历经一时辉煌，发动之初如春潮初涌，而它的消失却如秋叶飘零，昙花一现，其失败的原因值得回味。徐临江以浙江省的个案为例，指出20世纪30年代以创造公民社会为己任的知识精英们，虽艰苦努力取得一些成就，但因与执政当局的努力背道而驰所以成果大部分被抵消掉了。“公民化过程中最高决策集团和主干部分的国家精英逐渐缺席，地方精英中的主要部分也渐渐逆向转化（追逐权力和服从权威），怀抱公民社会理想的知识精英无论如何努力，也难以独自担当公民社会建设的重任。”[②]的确，公民教育在初始阶段是自下而上推进的，官方和民间在理想、目标方面存在偏差，这是公民教育难以持续推进的一个重要因素。刘保刚《新文化运动后中国公民教育思想研究》重点探讨了1925～1945年时段的公民教育思想，以微观视角探究了民国时期公民教育在时局多变态势下的微妙变化。

公民教育在当代中国的发展愿景，是一个尚待讨论的话题。冯留建分析了公民教育在中国社会复兴的文化阻滞力，提出主要源于传统日常生活的深层结构与内在文化模式，“中国传统农业文明的成熟性孕育了传统日常生活世界的异常发达，而传统日常生活的内在模式形成了自然性、经验性和人情化的文化模式，这种文化模式不仅是传统日常生活世界的文化模式，而且渗透和同化了非日常的社会活动和精神活动，成为社会的主导性精神文化。”[③]将中国公民教育复兴的文化阻滞力归结于中国独特的文化模式，尽管这一结论尚需确证，但却为公民教育的研究提供了一个独特的视角。

（三）有关中小学公民教育实施的研究

在对民国时期中小学公民教育实践的回望中，学界尝试从多个视角进

① 陈瑛. 儿童公民训练问题[J]. 儿童教育，1936，7(9)：84.

② 徐临江. 民国时期公民教育何以失败[J]. 天津社会科学，2006(5)：136.

③ 冯留建. 论中国公民教育复兴的文化阻滞力[J]. 贵州社会科学，2009(5)：110～111.

行研究,围绕课程、教材进行探讨的研究论著较为丰富。

“课程的编制应以达到已定的目标为鹄的”,[①]公民教育的实施不仅仅是公民科的事,更需将学校中有关科目及各种活动作为凭借,例如国文、体育、劳作、音乐以及学生自治会、壁报、座谈会等。程湘帆认为教材“所以达目的之工具也”,“惟如何使用教材,俾学生不致读死书记死事,而蹈修身之覆辙”。[②] 他进而根据儿童生活范围将小学应用的公民学科教材内容依次列举为:家庭生活、学校生活、本城生活、本省生活、国家生活、国际生活、社会生活七个方面,并将公民教学要点归纳为参与公共之运动、阅书之机会、听讲之机会、增加课外活动、尊重学生之公民人格。时隔 12 年后,范公任进行了更为深入、细微的研究,将公民教材的研究指向于范围、排列两个方面。具体而言,公民教材的范围包括道德故事、公民知能及社会关系与生活;公民教材的排列原则有三,即具体的在前、切近的在前和简易的在前。[③] 除了学校公民教育外,研究者还将视域扩展至社会教育、家庭教育。1923 年,小尾范治的著作《公民教育概论》,将公民教育之方法概括为:家庭教育、学校教育和社会教育,并论述了三者的深切关系。此后,我国学者在论及公民教育时,也多借鉴该观点。如熊子容在《公民教育学》中专章论述了家庭公民教育、学校公民教育和社会公民教育,等等。

从清末到民初,修身科虽保留名称不变,但内部已发生变化,吕达将其概括为“前者重治人,后者重自治”,[④]从课程的变迁角度看彼时修身科已蕴含了向公民科转变的因子。新近的硕博论文对 1912 ~ 1949 年间公民教育课程的变迁也进行了研究。陈华的博士论文《中国公民教育的诞生——课程史的研究》以学校科目社会史的研究路径探寻了中国公民教育的诞生,剖析了现代化与教育的双重逻辑对公民教育的推动及限制,展示了社会与国家两个主体力量的博弈。张凯的硕士论文《近代中国公民教育及对当前我国教育的启示》侧重研究公民教育的动态变化。阚欣欣的硕士论文《民国前期中小学公民教育研究》分别从教育宗旨、课程设置、教育内容和方法、教师和

① 龚启昌. 公民教育学[M]. 南京:正中书局,1948:52.

② 程湘帆. 小学课程概论[M]. 上海:商务印书馆,1923:68.

③ 范公任. 小学公民训练概论[M]. 上海:商务印书馆,1935:108 ~ 112.

④ 吕达. 中国近代课程史论[M]. 北京:人民教育出版社,1994:258.

教科书等维度研究了1912～1921年的修身科及1922～1927年的公民科。王颖春的硕士论文《从修身到公民再到三民主义与党义——民国公民教育课程的演变》则着重研究民国时期公民教育课程的发展轨迹，并“倾向于将1928年后的三民主义与党义科加上与之并行的公民科，共同归纳到一个大的公民教育的范畴当中去。”①本研究借鉴了这一观点。刘钦腾《未竟的启蒙：中国早期公民教育探索》聚焦于1923～1949年间公民教育的开展情况和历史演变，重点着眼于中华民国政府所举办的学校之中曾经实施的“公民科”教育，并深入到公民教育的课程维度和实施维度进行探讨，是较有特色的一份成果。

孙凤华侧重研究了清末民国公民教育的教育宗旨和教科书的情况，分析了公民教育与道德教育的互动关系，指出“公民教育在清末民初完成了经由与道德教育融合、单独设科、进而再融合道德教育的历程”，同时指出这一时期的公民教育兼及了青少年儿童身心发展规律、知识技能与价值观、人类社会整体状况等三个层面的综合考察。并且，“当时的公民教育与道德教育、其他各学科教育有很多联系。”②这一观点颇值得思考，缺憾的是并未细致考察公民教育的灵动形态，对课堂形态有待深入挖掘。

郑航《中国近代德育课程史》以文化变迁的阶段为基本线索，以纵横比较法从德育课程形态维度，探讨了1902～1927年间文化变迁背景下中小学德育课程的演变状况，重点呈现了“新民德”与清末德育课程的产生、公民道德的提倡与民初德育课程的变更、“道德革命”与五四以后德育课程转轨这三大时代特点，对教材本身进行了细致的考量，但对1927～1949年我国普通中小学德育课程的演变却未进行分析。事实上，国民党形式上统一全国之后所开设的“三民主义”、“党义”等课程是中小学的必修课，也是在当时特殊的历史条件下公民科在党派文化影响下的一种异变，是具有时代特色与研究价值的。陈侠《近代中国小学课程演变史》在将1902～1928年间的小学教育划分为草创时期、因袭时期和改进时期后，对各个时期德育课程的演进

---

① 王颖春. 从修身到公民再到三民主义与党义——民国公民教育课程的演变[D]. 北京师范大学，2008.

② 孙凤华. 从修身科到公民科：清末民初我国学校公民教育[J]. 华南师范大学学报（社会科学版），2008(5)：129～132.

状况进行了分析，并探讨了利弊得失。论及中小学教科书研究，王建军《中国近代教科书发展研究》以“清末教科书的传入”、“清末的自编教科书”和“民国初期的自编教科书”为纲要，侧重论述了中国教科书（包括修身教科书）的发展状态和演进历程，作者将研究下限止于新文化运动时期，这对于了解公民教育的变迁不能不说是一个缺憾。与之相对，吴洪成《中国学校教材史》研究从先秦到民国时期的学校教材，研究领域较为宽广；新近著作《建造常识：教科书与近代中国文化转型》，聚焦于中国教科书发展，从知识建构史的视角探察社会文化转型，重点考察了教科书在塑造公民意识方面的贡献。李祖祥的博士论文《控制与教化——小学思品教科书研究》，将“修身”、“公民”、“党义”、“三民主义”教材都纳入小学思品课的范畴，专门考察了对教科书控制的历史演进，以“乱世的文本”为题对1904～1949年的小学思品教科书进行了考察，为公民教育的研究提供了借鉴。

《艰难的日出——中国现代教育的20世纪》一书在论及三四十年代现代教育面临国家主义与自由主义、党化教育与教育独立、社会本位与个人本位的冲突时，用“从自由主义到权威主义”概括了这一时期在意识形态色彩渐浓背景下的教育所呈现的主要特征，即“1927年，在结束了军阀混战的局面之后，国民党开始了重建国家权威的努力。其中的重要内容是加强对社会思想的整肃和控制，实行事实上的一党专政。中国社会的精神风向由此发生了明显的转变，20年代自由宽大的风气渐为国家主义、权威主义所取代。”①熊秋良从政治动员的角度探讨了国民党改组后的“党化教育”，描绘了国民党改组后通过组织控制、建立外围组织、权威支配、政治宣传鼓动和受训教育等多种动员手段来达致党化教育目的的状况。② 研究尽管未直接切入公民教育，但对国民党政权下公民教育的研究提供了支撑和参考。梁丽萍《国民党主流意识形态的建构与失败（1928～1949）》一文，论及国民党取消党义科而重设公民科时，将之归因于“由于以党的宣传机器为主体、由国民党人借助行政权力进行硬性地、公开地政治宣传，并未达到预期的目的，

① 杨东平. 艰难的日出——中国现代教育的20世纪[M]. 上海：文汇出版社，2003：67.

② 熊秋良. 从政治动员的角度看国民党改组后的“党化教育”[J]. 江苏社会科学，2004（6）：152.

所以,国民党决定改变宣传策略,刻意淡化党的色彩,推动党义宣传社会化,以收潜移默化之功效。"①江沛在研究中指出,国民党为推行其党化教育的方针,采用了各种方式,甚至"以特务方式渗入教育界,是国民党及其政权维护'教育党化'的极端方式,它从反面证明了国民党的教育方针的彻底失败。"

此外,还有学者对民国时期"训育"的沿革进行了客观、深入的研究,极力还原"训育"本来面貌,指出"如果尊重历史事实,那就不得不承认,'训育'本来是个好东西。……然而由于当时政府当局把"训育"置于国民党直接控制下,"在'训育'实施中,塞进了一些令人厌恶的私货,才败坏了'训育'的声誉,再经进步人士的渲染,给人们留下的印象更差。"②

(四)有关近代社会、民众的研究

公民教育不止是一个教育话题,其在民国时期的升腾和发展与彼时的社会状态密不可分。近年来,在中国学界和海外"中国学"领域,对中国社会、民众进行研究的优秀成果日益丰富,对国民性问题日益关注。汤奇学、陈宝云以比较方法剖析了改造国民性思想在辛亥革命和新文化运动两个时期的异同,并指出两者差异在于三个方面:"救国与救人",即前一时期立足于救亡而倡导启蒙,后一时期则立足于启蒙而兼顾救亡;"造就现代国民与造就现代人",即前一时期注重培养"国民意识",后一时期注重培养个人本位意识;"中西调和与全盘西化",即前一时期和后一时期采用的范式存在差异。③

另有部分研究通过对史料进行深度发掘,从多维角度审视剧烈转型时期各个层面的发展实况,更将视角下移至那些不被人们注意的群体和角落,关注民众的生活和思想发生的真实变化等,如刘泽华《论从臣民意识向公民意识的转变》一文勾勒了知识分子从臣民意识向公民意识的转变过程,并指出知识分子所追求的平等权、立法权等,"这些认识所使用的概念和价值标

① 梁丽萍.国民党主流意识形态的建构与失败(1928~1949)[J].中共中央党校学报,2004(3):65.

② 陈桂生.中国德育问题[M].福州:福建教育出版社,2006:249.

③ 汤奇学、陈宝云."救国"与"救人"——辛亥革命时期与新文化运动时期改造国民性思想之比较[J].安徽大学学报(哲学社会科学版),2003(4):136~143.

准与传统的臣民观念截然不同,意味着一种崭新的公民观念已经冲破传统观念的藩篱,开始向人民的意识渗入。”①陈永森《告别臣民的尝试——清末民初的公民意识与公民行为》在认定“清末民初正是从臣民社会向公民社会过渡的时期”②基础上,将清末民初公民意识的发展轨迹概括为从整体性到个体性再到阶级性,着力再现了公民意识传播和公民行为出现的态势。严昌洪《癸卯年万岁》介绍了“国民公会”的缘起和演变过程,认为“国民公会”是国民意识觉醒的结果,也是“国民品格养成、国民资格训练班。”③张灏《梁启超与中国思想的过渡(1890~1907)》通过对1890~1907年过渡时代梁启超思想的研究,详细考察了中西思想在诸多领域内的相互影响,指出梁启超塑造的一代新民与现代中国之间的联系。黄金麟《历史、身体、国家——近代中国的身体形成(1895~1937)》也是一部探索新研究思路的代表性著作,其中诸多篇章与公民教育关系切近。

(五)有关当代中国公民教育理论深化及实践推进的研究

当下,基于现实的需要学者对公民教育投入了较多关注,公民教育研究队伍雏形初现,学术交流开始活跃,社会团体、高等院校还设立专门的公民教育研究机构,如中国公民教育中心、北京大学公民社会研究中心、北京师范大学公民与德育教育研究中心等。与公民教育相关的成果和论著如雨后春笋般涌现。檀传宝等《公民教育引论》为了消除对公民教育的概念、目标、内涵的混乱与分歧,从国际比较、历史研究、理论分析的维度对公民教育进行了系统的阐述,并构建了中国公民教育的基本理论框架,是一部具有代表性的著作。王啸《全球化时代的中国公民教育》则将视野投放在全球化的背景下,在对全球化时代公民教育背景进行分析的基础上,从“是什么”、“为什么”、“怎么样”的维度透析了中国当代公民应当兼具国家意识与世界意识,这一观点颇有时代特色和前瞻性。另外也有著作从纵向的角度探讨中国共产党的公民教育理论和实践,王振国《中国共产党公民教育理论与实践》就

① 刘泽华.论从臣民意识向公民意识的转变[J].天津社会科学,1991(4):42.

② 陈永森.告别臣民的尝试——清末民初的公民意识与公民行为[M].北京:中国人民大学出版社,2004:3.

③ 严昌洪,许小青.癸卯年万岁[M].武汉:华中师范大学出版社,2001:12.

集中围绕三个主题展开探讨——新中国成立前公民教育思想的酝酿、形成与发展,新中国成立后公民教育理论与实践,改革开放的新时期党的公民教育理论与实践。对于当下公民教育的重要价值,葛新斌深切呼唤"通过'公民教育'培育无数健全自律的公民,进而建设一个健全自律的'公民社会'。"[①]梁金霞也撰文[②]对此进行了深入论证。

由于"公民"、"公民教育"等概念是西方文化的产物,西方公民教育在历史发展中,理论形态与实践模式都逐渐向纵深延展,形成了较系统的思想理论体系和成熟的教育实践模式,在学术争鸣中,"中"与"西"、"传统"与"现代"、中国与世界、"本土化"与"全球化"命题等成为理论热点。在研究当下公民教育的过程中,有学者强调公民教育的民族性,尝试从儒家伦理中挖掘出公民道德教育的资源,或对公民道德教育中的民族性问题进行研究。有论者认为民族精神教育与公民教育相结合是历史的必然,弘扬和培育民族精神是我国实施公民教育的内在要求。[③] 有学者则强调全球化和多元文化背景为培养世界公民提出了新的要求。[④] 这体现了学界对全球化与本土化、世界性与民族性、中与西等基本问题上追求价值融通、实现相互兼容的研究思路。

译介西方公民教育著作、介绍西方公民教育理论和实践模式以及进行中外比较研究也成为公民教育研究的重要路径,相关著作有:《公民教育》(朱晓宏著,2003)、《公民教育:理论、历史与实践探索》(蓝维等著,2007)、《公民学》(张宜海、王星源著,2009)、《比较公民教育》(唐克军著,2008)等。基于当代中国的现实,檀传宝在《当前公民教育应当关切的三个重要命题》中重点探讨了公民教育应当采取的价值立场和秉承的方法论,并以"中国特色社会主义建设的现实需要"、"中国社会与文化的特质"、"与和谐社会生活

---

① 葛新斌.公民教育:我国现代化历史进程中的深切呼唤[J].清华大学教育研究,2000(3):106.

② 梁金霞.公民教育:现代化中国的深切诉求与德育的转型[J].国家教育行政学院学报,2009(3)

③ 王东虓.论民族精神教育与公民教育相结合的历史必然性[J].郑州大学学报(哲学社会科学版),2006(4).

④ 袁祖社."全球公民社会"的生成及文化意义——兼论世界公民人格与全球"公共价值"意识的内蕴[J].北京大学学报(哲学社会科学版),2004,(4);万明钢.多元文化背景中的全球教育与世界公民培养[J].西北师大学报(社会科学版),2005(6).

同步建设”，为在中国土地上重建具有生机和活力的公民教育进行了有益的理论探索。另有学者持类似的观点，如李萍、钟明华、段希[①]将中国公民教育的特殊性和中国公民教育的时代要求作为探讨现代公民教育如何开展的基点；张宁娟将建国后公民教育的发展划分为两个阶段，建国初30年公民教育的沉寂阶段和改革开放30年公民教育的复兴阶段，并探讨了公民教育“全球化”与“本土化”的关系。

（六）对已有研究的总体评价

近年来，对“公民社会”的讨论渐成热潮，与之相应，公民教育的研究更加深入。立足于本土的历史，追溯当前我国公民教育不同理念的历史来源，理顺公民教育的发展脉络，才能真正挖掘公民教育真正需要解决的问题。因此，探讨中国早期公民教育的状况，是公民教育研究领域需要深入的话题。

目前，关于民国时期中小学公民教育的研究还存在以下不足：一是，现有的研究大量集中在对西方公民教育理论和实践模式的引入和移植，却较少论及我国民国时期基础教育阶段学校公民教育的历史脉络及动态变迁中的复杂问题和深层根源。二是，公民教育作为一个外生性的词汇，从思想引入到实践探索，从教育家和思想家的著书立说、大声疾呼到政府的积极推行、民众的广泛参与再到党化政治下的“变种”，公民教育在中小学层面的落实并非一帆风顺，期间面临阻抑、抵制甚至改头换面直至取消等不同命运。从深层次而言，不同文化形式在这一时代境遇和中小学校这一空间场域中互相作用，因而探讨民国时期独特社会状况背景下中小学公民教育与社会政治、经济，尤其是文化的互动关系，显得愈加必要和有意义，而目前这部分的研究较为缺乏。三是，大部分的研究将时间限定为民国时期的某个阶段，或将公民教育置于德育研究的框架下，罕有直接对民国时期中小学公民教育进行整体性研究的成果，因此也规避了一些基本的学术争议，如1927年以后三民主义与党义科是作为中小学公民教育新的存续方式还是根本的背弃？对这些问题的客观、深入的研究，既是学术研究之责，也是学术研究足以令人痴迷之美丽所在，笔者愿意做一尝试。

---

① 李萍，钟明华，段希．公民教育：当代中国教育的历史选择[J]．中国德育，2007(12)：8～11.

三、研究构想与内容框架

（一）研究思路与内容框架

前已述及，公民教育在民国时期发展演变的历史轨迹可概括为：1912～1922年为公民教育酝酿时期；1923～1927年为公民教育发展时期；1928年以后为公民教育演变时期。就公民教育的发展来看，思想与实践并行不悖。思想的探究、讨论往往为公民教育实践的开展发挥舆论先导和理论指引作用，而实践的开展又能丰富和扩展思想的内涵。因此，本文以《学校道德教育的本土演进：以公民教育为核心》为题，集中考察近代以来尤其是民国时期社会文化的冲击碰撞中公民理想的萌生和孕育过程，及公民教育萌芽、发展和演变的历史过程。本研究分为五章展开：

第一章，中西交汇中公民教育思想的萌生。集中探讨近代以来在中西文化共同促动下我国公民、公民教育思想的形成过程。公民教育的产生以思想为先导，在臣民向公民的思维转换及对异域理论的吸收消化中国人逐渐形成公民教育的理念。因此第一章一方面梳理近代国人向西方学习的过程中逐渐形成公民理想的历史脉络；另一方面探究移植入中国并对我国公民教育思想形成产生重要历史影响的异域理论。公民、公民教育思想的演进为公民教育在中国近代历史上的产生奠定了思想基础，这恰恰也是中国公民教育的独特性的表现。

第二章，本土语境下公民教育的自主生长。按照时间顺序以纵向脉络梳理公民教育的发展轨迹，侧重讨论公民教育在中国萌芽、发展和演变的历程。特别说明的是，本章回溯公民教育的发展历史自修身科始，因而时间跨度上限为清末，下限为1949年。其中清末～1922年为公民教育的萌芽阶段（其中1912～1922年为实际酝酿阶段）；1923～1927年为公民教育的发展阶段；1928～1949年为公民教育的演变阶段。其中三个阶段的划分主要以科目变化为线索。第三、四、五章则以问题为中心进行研究，分别围绕课程、教科书、课外活动展开。

第三章，生成与变迁：中小学公民教育的课程分析。中小学公民教科课程历经修身科到公民科再到三民主义与党义科直至公民科与公民训练科的变化,重点围绕课程目标、课程内容、教学方法三个方面展开分析。

第四章,价值的表达与呈现:中小学公民教育的教科书分析。从修身科到公民科再到三民主义与党义科直至公民科与公民训练科的科目变化中,教科书亦随之变化,因此本章首先梳理了教科书的演变历程;在此基础上,围绕教科书的内容与形式两方面,择取有代表性的教科书,进行深入分析。

第五章,衍变与更易:中小学公民教育的课外活动分析。重点择取了以学生自治会和童子军两项,分析公民教育推进过程中在课外活动层面的展现。

当然,公民教育思想和实践的形成并不完全表现为一时一地的成果,为了更清晰、完整地呈现公民教育思想发展和实践探索的历程,在行文中以1912~1949年这一时段为主,但在有些章节的阐述中却不局限于该时段的限制而有所突破。

(二)研究方法

本研究主要采用的方法是文献法、个案研究法及比较法。

作为史学研究的基本方法,文献法是本文所采用的主要研究方法。有关民国时期公民教育的文献资料与学术著作,涉及课程、教材、课外活动等主题的研究成果等,都可以作为本研究的资料来源。此外,本文将力图扩大资料的收集范围,注意搜集与公民教育有关的报刊杂志、调查报告、回忆录、教材课本、校史材料、歌曲、图片等,力求形成丰富、翔实的史料,并在深入仔细阅读史料的基础上,对研究对象有明确清晰的把握。

在展现公民教育的发展图景时,本研究还采用个案法。选取彼时具有代表性意义的人物或事件,勾勒出鲜活的历史细节,一面形成灵动的教育史现场,使人有"亲临"之感;一面弥补宏大叙事的疏漏。

此外,近代以来中小学公民教育历经科目变换,课程、教科书、课外活动都因之而变,各有不同;况且公民、公民教育之概念本源于西方,是基于西方社会现实而生,其在中国的发展本与西方有异。因而,寻求中国中小学公民教育的发展历程,不可不从多个角度进行中与西及中国不同发展阶段之间的比较研究。不得不提,公民教育涉及领域广泛,在研究中须立足于教育学科,多方采纳政治学、历史学、法学、社会学等学科领域的方法和知识,将历史分析与逻辑分析有机融合,才能在研究中有所斩获。

四、概念界定

本研究的主旨为"学校道德教育的本土演进:以公民教育为核心",核心概念包括"公民"、"公民教育"、"中小学"、"社会文化变迁"、"本土演进"等,其他相关概念基本是在核心概念基础上衍生或引申而来的,后文论述中将具体阐述。在此,对本文的核心概念予以界定。

(一)"中小学"

本文的核心概念"中小学"与初等教育、中等教育概念较为接近却不等同。中国自清末效仿西方教育制度建立新学制,基本沿袭三级学制,其中初等教育和中等教育发挥基础性的作用。然而,民国时期初等教育和中等教育除包括普通中学、普通小学教育之外,还存在其他教育类型。本研究中容易含混的概念是"中学",因民国时期从事中等教育的学校被分为三种类型,即普通中学、师范学校和实业(职业)学校。普通中学特指以获取和加深普通知识,为升学做准备而设立的一类中等学校。不论在政府法规、文件中,还是学者的著述中,普通中学都通常被略称为中学,这已经成为相沿而成的习惯性表达。因此本文在使用"中学"这一概念时,专门指称普通中学,而不包含中等职业教育和中等师范教育。总之,本文的研究对象为1912~1949年间基础教育阶段的普通中小学。

(二)"公民"与"公民教育"

前已述及,民国前后围绕公民、公民教育概念进行了诸多探讨,此处不再赘述。社会生活的多样性带来词汇的丰富性,与"公民"相关或相近的概念或词汇大致分为三类:①第一类指向社会统治阶层与社会成员之间的关

① 蓝维,高峰,吕秋芳,邢永富.公民教育:理论、历史与实践探索[M].北京:人民出版社,2007:12.

系,如草民、黎民、子民、庶民、臣民等,以臣民最为典型;第二类是与居住地相关的概念,如国民、村民、居民、市民等,以国民最为典型;第三类是反映某种社会生活或政治生活的词汇,如人民等。梳理这些概念的相互关系,对厘清公民、公民教育的内涵具有重要意义。其中,臣民、国民、人民这三个概念使用频率最高,与公民最容易混淆,在此研究中重点对其进行澄清。

臣与君相对,两者有地位高低、身份贵贱之分。臣民一词含对君尊崇、对民贬抑之意,内蕴附属、服从、隶属、支配的不平等关系,本身代表了身份的差别和政治上的歧视,人们习惯于将臣民视为封建社会和专制政治最典型的产物。与之相对,公民则是现代社会和民主政治的产物。从这个意义上说,公民与臣民是相反或相对的两个概念。

在民国语境下,国民、人民与公民三个概念在某些场合虽混同使用,但却存在略微差异。具有中华民国国籍者,即为中华民国国民;除具有国籍之中华民国国民外,人民还包括构成社会、种族等团体之分子,换言之居住在中华民国的他国国民亦为人民;公民则指居住或拥有住所超过一定时限、达到一定年龄、保有公民资格、依法享有公民权利和履行公民义务之国民。因此,从外延来看,人民最大,公民最小;也就是说,人民的范围最广,国民次之,公民最狭。然而,公民教育概念中之公民,并不仅仅指此种意义上之公民,而应包括全体社会成员,因此与人民概念较为接近。

如前所述,笔者界定之公民教育,即社会为培养参与国家或社会公共生活的、依法享有权利和履行义务的有效成员和明达公民的教育过程。就本研究的对象而言,特指在中小学开设的公民教育课程及课外生活。

(三)"本土演进"

从源头来看,公民概念产生于西方,这是研究者的共识。对于有着两千多年封建专制传统的中国来说,"公民"是一个自国外传入的非本源性概念,公民教育是近代中国民族危机和社会危机所引发的宪政进程中,寄望借鉴西方民主思想与民主制度,通过教育造就"新民"而挽救民族危亡的历史诉求。[①] 就概念而言,"本土"相对于"异域"而言,本研究试图凸显公民教育思

① 朱小蔓,冯秀军. 中国公民教育观发展脉络探析[J]. 教育研究,2006(12):25.

想自西方引入中国社会后,在中国独特的社会文化土壤中生根发芽、不断演进的过程,因此需从两个层面上阐释这一概念:一方面公民教育是西方社会的产物,中国公民教育是对西方学习借鉴和消化改造的过程;另方面,公民教育在中国生根发芽的土壤是中国独有的社会文化,因此对公民教育的探讨不能脱离中国社会文化的根基。从这个意义上也可以说本研究是基于本土化视域研究公民教育的发生与演进。

除上述四个概念外,本文中还使用“近代中国”等概念,在此一并加以界定。“近代”这一表述,涉及中国近代史的上下限问题。中国近代史的上限以 1840 年鸦片战争为标志,已获得共识;然而,有关中国近代史的下限问题,尚存争议:一种观点认为应以 1919 年“五四运动”为下限;另一种观点认为以 1949 年中华人民共和国成立为下限。本研究中的“近代”界定为从 1840 年鸦片战争至 1949 年中华人民共和国成立之前为止。①

① 张海鹏. 中国近代史[M]. 北京:群众出版社,1999:1~4.

第一章　中西交汇中公民教育思想的萌生

中和西的关系，自近代以来一直是人们热议的字眼。“由于中西文化的差异，所有西方思想学说在汇入中国人观念意识的过程中，多少都被染上了些中国文化的特有色彩——或是其内容被赋予中国形式，或是接受其形式而改变其内容。”[①]近代以来，中国文化正是在与西方文化的相斥相纳、相反相成的互动中，超越着传统文化与外来文化的固有界限而得以发展。

公民教育在近代中国的演进是以思想为先导的。回望公民及公民教育思想萌蘖的历程时，本章集中探讨两个问题：其一，公民理想渐次导入的历程，换言之，即公民观念在中国从无到有，从模糊到清晰的历程；其二，国人引入异域公民教育理论，以图在时代际遇中为社会发展塑造适宜人格的努力。前者侧重从臣民到公民的思维转换，后者侧重公民人格的理论探求。然而不可否认，这两者在历史时空中是胶着融合而须臾不可分的。本章重点呈现公民科产生之前的思想推进和理论铺垫，因而研究的时段至 1922 年止。

第一节　冲击与共鸣：公民理想的渐次导入

1840 年的鸦片战争，把古老的中国推进了近代的历程，这不仅意味着中国民众的苦难刚刚开始，也意味着先进的中国人怀揣救国救民的理想探寻未来发展蓝图的尝试拉开了帷幕。正如梁启超所言，“凡文化发展之国，其国民于一时期中，因环境之变迁，与夫心理之感召，不期而思想之进路，同趋

---

① 李天纲. 基督教传教与晚清“西学东渐”[C]/高瑞泉. 中国近代社会思潮. 上海：华东师范大学出版社，1996：479.

于一方向，于是相与呼应汹涌，如潮然。"[1]这一时期，正是中国向西方寻求真理的阶段，毛泽东形象地描述为"那时，求进步的中国人，只要是西方的新道理，什么书也看。"[2]西方民主思想夹裹在这一浪潮中汹涌而来，随着时间的推移由缓而疾，渐次演进，人们对公民理想的向往也应时而生。

一、求新于外：异质文化碰撞下对"民主"的初步认识

"在不同的所有制形式上，在生存的社会条件上，耸立着由各种不同情感、幻想、思想方式和世界观构成的整个上层建筑"，[3]中国传统社会孕育的臣民人格正是与小农经济基础、封建宗法制度和中央集权的君主专制相对应的，臣妾、奴婢、草民、子民等称呼基本可见臣民的卑微地位。确实，人格上的依附、地位上的卑贱、具有绝对义务和对国家事务的无责任性，构成了传统社会中国民众的生存图景。刘泽华以"主奴"来解读权力－依附型的传统社会关系，"每一种权威总是由一个未经民主程序认定的个体来实现，并尊之为绝对主宰；为了维护这类权威，总是力图剥夺服从者的人格独立乃至一切权利和自由；权威者和服从者的关系是指是人身依附关系，即主奴关系。"[4]与此同时，布满社会的奴性教育贯穿生死。在耳濡目染的长久熏陶中渐具奴隶之性。毋庸置疑，中国传统社会中只有臣民，而无公民。

然而，随着民族危机的加剧，西方的思想文化通过各种形式传入中国，人们在潜移默化中经历着思想革新，在西方文化的冲击下获取了对"民主"的初步认识。其中，社会的先进分子在欧风美雨面前敏锐地感知到了变化的气息，开始了对西方民主制度的引介。以龚自珍为代表的地主阶级改革派、以薛福成为代表的出使人员充当了思想的先锋，西方传教士亦通过大众媒体开始了思想渗入。

---

① 梁启超. 清代学术概论[M]. 上海：上海古籍出版社，2000：1.

② 中央党校编. 毛泽东邓小平论中国国情[M]. 北京：中共中央党校出版社，1992：348.

③ 马克思，恩格斯. 马克思恩格斯选集（第一卷）[C]. 北京：人民出版社，1972：629.

④ 刘泽华. 中国的王权主义[M]. 上海：上海人民出版社，2000：372.

(一)进步思想家的欣然推介

鸦片战争以前,中国官员已通过英美商人对西方政治制度有所了解。1817 年,两广总督蒋攸铦在向朝廷的奏报中含混地谈及美国的状况,"该夷并无国主,止有头人,系部落中公举数人,拈阄轮充,四年一换。贸易事务,任听各人自行出本经营,亦非头人主持差派。"①令他无比惊讶的是,美国竟然"无国主",而"头人"竟也是通过抓阄(民主选举)的方式产生的。这是迄今所见的中文材料中,中国官员第一次注意到美国政体与一般国家不同。②较之我国政体,其不同约为四点:其一没有固定的"国主";其二"头人"是由"拈阄"产生;其三是四年一换;其四是贸易事务由各人自由决定。不过当时并未引起人们过多关注。

中国的进步思想家主动引入西方的思想和社会制度源于对清朝社会混乱和政治腐败的抨击。龚自珍直言封建社会危机的现状,指出"自乾隆末年以来,官吏士民狼艰狈蹶,不士不农不工不商之人,十将五六……承乾隆六十载太平之盛,人心惯于泰侈,风俗习于游荡,京师其尤甚者,自京师始,概乎四方,大抵富户变贫户,贫户变饿者,四民之首,奔走下贱,各省大局,岌岌乎皆不可支月日,奚暇问年岁?"③并将清王朝衰落的原因直指官僚体制和贫富分化,"贫相轧,富相耀,贫者阽,富者安,贫者日愈倾,富者日愈壅。或以羡慕,或以愤怨,或以骄汰,或以啬吝,浇漓诡异之俗,百出不可止。"④龚自珍尽管没有直接引进西方的思想,但他对社会现实的批判对晚清一代人具有深刻影响。梁启超在《论中国学术思想变迁之大势》中直言,"晚清思想之解放,自珍确与有功焉。光绪间所谓新学家者,大率人人皆经过崇拜龚氏之一时期。"⑤

随后,林则徐、魏源、徐继畲等对封建制度进行了更为深刻的批判,并开始了解西方概貌。尽管林则徐的思想出发点是维护封建统治,然而不可否

① 中国第一历史档案馆.鸦片战争档案史料(第一册)[C].上海:上海人民出版社,1987:20.

② 熊月之.中国近代民主思想史[M].上海:上海社会科学院出版社,2002:65.

③ 龚自珍.龚自珍全集·西域置行省议[C].上海:上海人民出版社,1975:106.

④ 龚自珍.龚自珍全集·平均篇[C].上海:上海人民出版社,1975:78.

⑤ 梁启超.清代学术概论[M].上海:上海古籍出版社,2000:63.

认是注重了解西方的先驱。他将《世界地理大全》、《澳门新闻稿》分别译为《四洲志》、《澳门月报》,并摘译了德庇时等的著作,这些成为当时较早系统介绍西方知识的书籍。在抵御英国侵略时,为获知英国的情况,林则徐曾广为搜集西方图书,找人翻译。1841 年林则徐被革职去往新疆的途中,将《四洲志》的文稿交付魏源,并将《海国图志》的编撰任务嘱托给他,希望他尽快为国人提供一部了解世界、以抵抗西方侵略的海防全书。魏源也早有其志,并在其后的诗文写道"万感苍茫日,相逢一语无。风雷憎蠖屈,岁月笑龙屠。方术三年艾,河山两戒图。乘搓天上事,商略到鸥凫。"①果然,魏源没有辜负林则徐的嘱托,他于 1842 年 12 月便成书,其书共 50 卷,约 57 万字,其中地图 23 幅,洋炮图式 8 页。1847 年他将原有的 50 卷扩充至 60 卷;为搜集最新的材料,魏源还亲自到香港、澳门等地进行考察求访,1852 年扩充至 100 卷。

此外,时人还提及西方政治制度。林则徐论及英国的君主立宪制,"国中有大事,王及官、民俱至巴厘满衙门,公议乃行。"②魏源则介绍美国的民主共和制度,"公举一大酋总摄之,匪惟不世及,且不四载即受代,一变古今官家之局而人心翕然,可不谓公乎! 议事听讼,选官举贤,皆自下始,众可可之,众否否之,众好好之,众恶恶之,三占从二,舍独狥同,即在下预议之人亦先由公举,可不谓周乎!" ③按照他的理解,国会选举遵循少数服从多数的原则,是公允的做法。他高度评价美国的民主共和制度,"数百年来,育奈士迭(United States,即美国)遽成富强之国,足见国家之勃起,全由部民之勤奋,故虽不立国王,仅设总领,而国政操之,舆论所言必施行,有害必上闻,事简政速,令行禁止,与贤辟所治无异,此又变封建郡县官家之局,而自成世界者。"④在魏源看来,民选总统制下国民通过议会参与国政,举国上下齐心协力,把国家管理得井井有条,国家因而富强。1897 年,《实学报》曾登载专文《拟海国图志后续:海国图志一百卷》,"海国图志一百卷,邵阳魏默深先生所

① 来新夏. 林则徐年谱新编[M]. 天津:南开大学出版社:499.

② 林则徐著,张曼评注. 四洲志[M]. 北京:华夏出版社,2002:116.

③ 魏源. 外大西洋墨利加洲总叙[C]/中共中央党校文史教研室中国近代史组编. 中国近代政治思想论著选辑. 北京:中华书局,1986:100 ~ 101.

④ 中央研究院近代史研究所. 近代中国对西方及列强认识资料汇编第 1 辑第 1 分册[M]. 台北:中央研究院近代史研究所,1972:206.

著也。先生……破除世俗庸琐之见,深有志于古之作者。"①可见,《海国图志》盛赞,魏源也被称为近代以中西政治制度相比较中以如此热情的字眼称赞西方民主制度的第一人。②

无独有偶,徐继畬的著作《瀛寰志略》对欧美国家的民主制度也予积极称颂。1848 年他写成《瀛寰志略》一书,"华盛顿,异人也。起事勇于胜广,割据雄于曹刘,既已提三尺剑,开疆万里,乃不僭位,号不传子孙,而创为推举之法,几于天下为公。"③字里行间洋溢着对华盛顿及美国民主制度的好感,这段话后来成为美国政府几年华盛顿的纪念碑的碑文。曾任民国教育部长的张一麐就颇受启发,"余年十六时,得五台徐松庵先生《瀛环志略》,读至华盛顿故事,辄为心醉,自忖民主政体安得及吾身而亲见之。" ④可见,《瀛环志略》在指引人们由专制制度转而了解共和制度方面具有重要价值。此外,冯桂芬、郑观应、王韬等都或多或少在著作中提及西方民主制,如郑观应在《盛世危言》中指明,"育才于书院,论政于议院,君民一体,上下同心。"⑤

与林则徐、魏源、徐继畬一样,梁廷枬也是一名对西方的民主制度抱有浓厚兴趣的朝臣,著有《粤海关志》、《海国四说》、《夷氛闻记》。《海国四说》最具代表性,其中的《合省国说》、《兰仑偶说》分别是对美、英的历史、地理、政治、经济、文化等的简要记述,而于美国的资产阶级民主政治制度介绍尤多,如"自(美利坚)立国以来,凡一国之赏罚禁令,咸于民定其议,而后择人以守之。未有统领,先有国法,法也者,民心之公也。统领限年而易,殆如中国之命吏,虽有善者,终未尝以人变法。"⑥梁廷枬丝毫没有掩饰自己对美利坚民主政治的羡慕之情,"凡一国之赏罚禁令,咸于民定其议","未有统领,先有国法",法是全体民众都必须遵守的规则,不管其身份是统领还是百姓。

鸦片战争不仅掀开了中国近代史的篇章,也促使中国人民在苦难的深渊中开启了向西学求索的道路。林则徐、魏源、徐继畬、梁廷枬都是清王朝

---

① 实学报馆. 拟海国图志后续:海国图志一百卷[J]. 求实报,1897(1~14),697~698.
② 熊月之. 中国近代民主思想史[M]. 上海:上海社会科学院出版社,2002:79.
③ 转引自史革新. 中国社会通史(晚晴卷)[M]. 太原:陕西教育出版社,1996:570.
④ 转引自熊月之. 中国近代民主思想史[M]. 上海:上海人民出版社,1986:84.
⑤ 郑观应. 郑观应集·上册[C]. 上海:上海人民出版社,1982:967.
⑥ 转引自龚书铎,史革新. 中国社会通史(晚清卷)[C]. 太原:山西教育出版社,1996:570.

的大臣，他们在不懈的著书立说中向人们传递了新鲜的信息：民众选举、国法为重、官员任期有限……所有这些听起来难以置信的信息，刺激着中国人民的神经，犹如宁静的湖面投入一颗石头，引来了阵阵涟漪。

（二）出使人员的实地观感

林则徐、魏源等著作中的描述已令人神往，这一时期出使人员的实地观感则更真切丰富、有血有肉。1866 年，斌椿受委派随中国海关总税务司、英国人赫德到欧洲各国考察，先后游历法国、英国、荷兰、丹麦、瑞典、芬兰、俄罗斯、德国、比利时等 11 国。随后，志刚、孙家谷随蒲安臣访问欧美，崇厚则率团考察法国；1872 年陈兰彬受派遣率留学生访美。1875 年开始，中国正式派遣郭嵩焘出使英国，开创了近代中国向外国派遣公使的先例。这一时期出使的还有陈兰彬（美国）、何知璋（日本）、刘锡鸿（德国），此后出使人员渐多。根据《清史稿 · 交聘年表一》的记载，自郭嵩焘起至 1894 年甲午战争前，中国派驻欧美的使节有 15 名；另外，1887 年清政府通过考试选拔 12 名游历使赴世界四大洲 20 多个国家进行历时 2 年的考察。①

这些出使人员多属士人阶层，其中汇聚郭嵩焘、薛福成等文化精英，也包括张荫桓、陈季同等开明人士。他们游走异域，不仅带回了西方风土人情的新鲜气息，更通过笔记、日记、信函、著述等将对民主制度的理解阐述的淋漓尽致。摘举郭嵩焘为例，他在出使英国之前遭遇巨大的阻力，至交好友纷纷劝说他婉言谢绝以保全名节，同僚以“寄生”、“辱国”等字眼予以讥讽与羞耻，有人作诗“出乎其类，拔乎其萃，不见容尧舜之世；未能事人，焉能事鬼，何必去父母之邦？”②纠结、犹豫的状态，令他多次上奏辞退，未果后带着愤怨，亦带着对新世界的渴望而被逼上梁山的。③ 夹裹在开眼看世界的热潮和守旧势力的阻挠间，郭嵩焘“行动则因动辄得咎，几经蹉跌，锐气就显得消减了。”④然而出使后却有叹为观止之感，“西洋一切情事，皆著之新报。议论得

---

① 曹流. 论晚清外交使节的欧美之旅[J]. 桂林旅游高等专科学校学报，2004(1)：82.

② 中国革命博物馆. 近代中国报道(1839～1919)插图本[M]. 北京：首都师范大学出版社，2000：273.

③ 夏泉. 郭嵩焘出使英国时的矛盾心态[J]. 近代史研究，1990(3)：289.

④ 钟叔河. 论郭嵩焘[J]. 历史研究，1984(1)：119.

失，互相驳辨，皆资新报传布……所行或有违忤，议院群起攻之，则亦无以自立，故无敢有恣意妄为者。当事任其成败，而议论是非则一付之公论。”①在这里，郭嵩焘的视野已经远远超越了封建专制的思想禁锢，开始探究言论自由、议会制度等。

然而，保守势力的强力批驳并未阻止出使人员对异域政治制度的引荐。斌椿随后论及英国由各乡公举600人“共议地方公事，意见不合者听其辩论，必俟众众论佥同，然后施行，君若相不能强也。”②薛福成更直接阐述民主制和君主制的利弊得失，“民主之国，其用人行政，可以集思广益，曲顺舆情；为君者不能以一人肆于民上，而纵其无等之欲”，“然其弊在朋党角立，互相争胜，甚且各挟其私见而不问国事之损益”；“君主之国，主权甚重，操纵伸缩，择利而行”，“然其弊在上重下轻，或役民如牛马，俾无安乐自得之趣”、“而况舆情不通，公论不伸，一人之精神，不能贯注于通国。”③那么他自己赞许的政治制度是什么？他在光绪十六年7月的日记中表达道，“西洋各邦立国规模，以议院为最良。然如美国则民权过重，法国则叫嚣之气过重；其斟酌适中者，惟英、德两国之制颇称尽善。”④不视西方的民主制度为奇谈怪论，而有侧重地介绍其优越之处，是这一时期出使人员在日记、函件及著述中展现的共同特征。当然，出使人员并非完全沉醉于西方民主制度的优越性，也有个别出使人员察觉了其虚伪、阴暗的一面，如马建忠曾在1877年给李鸿章的信里提到“上下议院徒托空谈”、“每逢选举之时贿赂公行”等弊端。

这一时期出使人员的域外游记作品迭出，主要包括《乘槎笔记》（斌椿，1866年）、《初使泰西记》（志刚，1868年）、《伦敦巴黎日记》（郭嵩焘，1876年）、《英招日记》（刘锡鸿，1876年）、《航海述奇》（张德彝，1868年）、《再述奇》（张德彝，1868年）、《三述奇》（张德彝，1868年）、《四述奇》（张德彝，1868年）、《游日光山记》（黎庶昌，1882年）、《使德日记》（李凤苞，1878年）、《出使英法俄国日记》（曾纪泽，1878年）、《欧游杂录》（徐建寅，1878

① 郭嵩焘.伦敦巴黎日记[M].钟叔河，主编.长沙：岳麓书社，1984：401～402.

② 斌椿.乘槎笔记[M].钟叔河，主编.湖南人民出版社，1981：25.

③ 薛福成.出使英法义比四国日记[M].钟叔河，主编.长沙：岳麓书社，1985：536～537.

④ 薛福成.出使英法义比四国日记[M].钟叔河，主编.长沙：岳麓书社，1985：197.

年)、《使美纪略》(陈兰彬,1878 年)、《出使英法意比四国日记》(薛福成,1890 年)等。总而言之,出使人员以切身体会真切地传达了西方民主制度的利弊得失,对于探寻出路的中国人民而言不时透露出新鲜信息,具有初步的启蒙意义。

(三)传教士的推波助澜

近代通商口岸开放以后,西方人源源不断进入中国,传教士正是中西文化交流的重要媒介,"可以笼统地说,晚明以来到达中国的西洋人主要有三种:一是传教士,二是商人,三是外交官。但从晚明到清代中期,能深入内地,能深入宫廷与民众之中的人只有传教士。……晚清以后,商人与外交官的活动显著加强,但传教士来华的活动则更加公开更加深入,其影响程度依然远在外交官与商人之上。"①传教士在中国翻译和编写了一批史地、政治书籍(见表 3):

表 3　外国传教士在华编著的政治、史地书目一览(1860 ~ 1898 年)②

书名	著者、译者	出版单位/时间	备注
万国通鉴	(美)谢卫楼赵如光述	–/1882 年	五卷,地图册,坊间石印改名《万国史论》
地理全志	(英)慕维廉	上海美华书馆/1883 年	二册
天下五洲各大国志要	(英)李提摩太著	广学会/–	一册一卷
列国变通兴盛记	(英)李提摩太著	广学会/–	一册四卷
欧洲史略	(英)艾约瑟辑译	总税务局/1886 年	一册十三卷

① 丁韪良.花甲记忆——一位美国传教士眼中的晚清帝国[M].沈宏,恽文捷,郝田虎译.桂林:广西师范大学出版社,2004:总序.

② 参阅刘悦斌.戊戌维新运动史话[M].北京:社会科学文献出版社,2000:78.,黄新宪.基督教教育与中国社会变迁[M].福州:福建教育出版社,1996:86 ~ 88.

续表

书名	著者、译者	出版单位/时间	备注
希腊志略	(英)艾约瑟译	-/-	一册七卷
罗马志略	(英)艾约瑟译	-/-	一册十三卷
大英国志	(英)慕维廉译	益智书会/1881年	三册八卷
联邦志略	(美)裨治文撰写	-/-	记美国历史,一册一卷
西学考略	(美)丁韪良著	同文馆/-	二册二卷
西学略述	(英)艾约瑟著	-/-	一册十卷
中西关系略论	(美)林乐知	-/1876年	一册四卷
自西徂东	(德)花之安	广学会/-	五册
中西互论	(美)林乐知	广学会/-	一卷
治国要务	(英)韦廉臣	广学会/-	一册
时事新论	(英)李提摩太	广学会/1894年	三册十二卷,附图说一册

传教士除编写书籍外,还自办中文报纸。最有名的《万国公报》,原名《教会新报》,是1868年9月5日由林乐知等在上海创办的刊物,1874年9月第301卷改为《万国公报》;至1883年7月第750卷停刊;1889年2月复刊后成为广学会的机关报。《万国公报》每卷记载中国时事等平均13页多,占全报近半篇幅;外国时事平均5页;史地、格致知识平均7页多;宗教知识、传教士活动情况平均2页;关于西方社会政治及学说的介绍,通常放在外国时事、史地知识之中。① 总体来看,《万国公报》进行宗教传播的篇幅甚至远低于有关西方国家社会政治状况、社会政治学说的报道,"本馆常译泰西各国事迹而论及民主国矣,且论各国章程与公议堂等事矣。惜华人未住居西国,未读西国书籍,安知何为民主国乎?又安知各国章程及公议堂之谓乎?本馆之所以译论此事者,非有辩论之心,亦无以此争长之意也,无非欲阅公报者知民主国之所由来及西国章程与公议堂之详细耳。"②表面看来开拓国

① 熊月之.中国近代民主思想史[M].上海:上海社会科学院出版社,2002:117.

② 译民主国与各国章程及公议堂[J].万国公报,1875(340):20~22.

人的视野是进行西方民主思想介绍的直接缘由,然而播散西方的民主思想才是内在意蕴,"各国所行诸大端,其中最关紧要而为不拔之基者,其治国之权属之于民,仍必出之于民,而究为民间所设也。推缘其故,缘均是人也。……或为君,或为臣,耳目手足无所加焉。降而至于小民,耳目手足无所损焉。因恍然于治国之法亦当出之民,非一人所得自主矣。"①《万国公报》于1875年登载的这段话代表了典型的西方式民主观念,清晰地阐述了平等作为现代政治、伦理的根基地位,将平等与民主政治结合起来,强调了"治国之法亦当出之民",是对专制制度的强烈反叛,蕴含争取个体权利的意味,为其后人们为公民权利的奔走呼号播下了思想的种子。

更值得一提的是,"citizen"一词也经传教士译介。1864年美国传教士丁韪良翻译出版的《万国公法》中将其翻译为"人民",其中有"他国被害,并他国人民受屈"②等文字。此后出版的《公法会通》、《公法便览》等都沿袭了这种译法,将"citizen"译为"人民"。丁韪良还初步勾勒了"人民"的基本内涵:其一,《公法便览》提及"凡此国人民寄居彼国,一经遵例入籍,即作为彼国之民",换言之人民是具有"国籍"之民;其二,《星轺指掌》、《公法会通》中提到"人民有迁徙外邦之权利"、"人民侨寓某国,应烙遵其法律"等,这是对"人民"权利义务的直接描述;其三,《公法会通》还提到,"夫国内民皆赤子,其守法之责,无论尊卑贫富均同,邦国之平行而权利相等,亦复如是","人民"应有平等地位。概言之,丁韪良不仅引入"citizen"概念,还初步呈现了"citizen"的属性:具有国籍、权利和义务对等、个体之间平等,令人耳目一新。

二、上下求索:思想家的"国民人格"向往

"在近代史上,公民比任何社会人物更有活力",③这不仅还原了西方的历史面貌,在一定程度上也是近代中国社会的写照。人们对西方式民主进

① 译民主国与各国章程及公议堂[J].万国公报,1875(340):20~22.

② 惠顿.万国公法[M].丁韪良,译.何勤华,点校.北京:中国政法大学出版社,2003:34.

③ 〔英〕托马斯·雅诺斯基.公民与文明社会[M].沈阳:辽宁教育出版社,2000:1.

行了试探性的引入和推介，将“离奇和遥远”[①]的异国拉进视野。近代中国人们对“公民”的思想探寻是经由“国民”这一概念过渡而来，更确切地说近代中国人普遍使用“国民”而较少提及“公民”。

（一）舶来的“国民”

1901 年《说国民》一文开篇设问，“今试问一国之中可以无君乎？曰可”，因“民主国之总统不可谓之君，招之来则来，挥之去则去，是无所谓君也”，那么“一国之中可以无民乎？曰不可”，因“民也者，纳其财以为国养，输其力以为国防。”[②]这段论述抛却封建专制制度下的“君”观念，在与“国”对应的维度界定“民”之地位，“虽然大地之上，同是动物也，而有人类禽兽之分；同是人类也，而有白黄红黑之分；即同是一民也，而卒不成其为民者也。故奴隶无权利，而国民有权利；奴隶无责任，而国民有责任；奴隶甘压制，而国民喜自由；奴隶尚尊卑，而国民言平等；奴隶好依傍，而国民尚独立。此奴隶与国民之别也。”[③]《论中国国民之品格》亦将中国国民品格归纳为“独立性之柔脆”、“公共心之缺失”、“自治力之欠缺”。[④] 这些论述勾画了近代“国民”的基本特征——权利、责任、自由、平等、独立、自治。概括地说，“国民”概念的使用较为普及，其所蕴含的特定价值已为人们所接纳，“国民”概念频繁见诸报纸杂志。例如，《论中国国民创生于今日》（《清议报》1900 年第 67 期）、《论今日中国存亡其责专在于国民》（《清议报》1900 年第 53 期）、《论国民公共之义务》（《鹭江报》1903 年第 36 期）、《创造文明之国民论》（《译书汇编》1903 年第二卷第 12 期）、《论中国国民之品格》（《新民丛报》1903 年上编第 1 期），等等。

实际上与近代很多新生词汇一样，“国民”一词并非汉语固有之物，而是中国知识分子自日本借用而来的西洋翻译名词；日本在吸纳西方政治观念时，将“citizen”翻译为“国民”而非“市民”，语义上的偏移透露出一个讯

① 康有为，梁启超，钱单士厘. 欧洲十一国游记二种 · 新大陆游记及其他 · 癸卯旅行记 · 归潜记[M]. 钟叔河，主编. 长沙：岳麓书社，1985：总序.

② 作者不详. 说国民[J]. 国民报，1901，1(2)：1.

③ 作者不详. 说国民[J]. 国民报，1901，1(2)：1.

④ 作者不详. 论中国国民之品格[J]. 新民丛报，1903，上编(1)：14～17.

息——近代日本的国民建构与其建设国族的历史进程是紧密相关的。①中国人引入“国民”一词,亦非以“市民社会”为基础,而是基于内忧外患的特殊境遇。以梁启超为代表的戊戌知识分子变法失败后逃亡日本,接触到大量反映西方政治、社会、经济思想的著作,经反复筛选酝酿将“国民”引入中国。1896 年梁启超翻译日本古城贞吉的文章时,已采用了“国民”一词,“中国立国于亚洲之东,生民群聚,自古以来,其思想与行为,未尝稍变,徒拘泥古昔之教义礼法,以为能事,而藐视外人,不知方外之广,平日经万起万灭之变,苟与其生计无关痛痒,即己国情形,尚懵若不知;又焉能窥视他人也。若极而论之,则不得谓为一国之民也,假称为一国之民,亦不得谓之有国民之定形也。”②1898 年康有为在《上清帝第六书》中也使用了“国民”一词,“采万国之良法,协国民之同心。”③学界一般认为近代意义上的“国民”一词始自 1899 年《论近世国民竞争之大势及中国之前途》,这正是梁启超流亡日本后通过日文译本大量接触西方政治观念与言语词汇后赋予“国民”一词新的内涵。梁启超在分析国民与国家之异的基础上,就中国之前途激愤道“今我中国国土云者,一家之私产也;国际云者,一家之私事也;国难云者,一家之私祸也;国耻云者,一家之私辱也。”④长此以往,国不知有民而民不知有国,“今也在国民竞争最烈之时,其将何以堪之！其将何以堪之!!”⑤中国数千年来未有国民,仅有“私”民罢了,而今遭遇国难,欲立足于世界,必先塑造国民,那么究竟应具备何种素质才称其为国民？与“私”相对者,才为“国民”。显然,梁启超的表述已经改造和超越了中国固有之“国民”内涵。

思想的传播总是与特定的境况结合在一起,特殊的境况决定了任何思想的传播都不是复制的,而是经过筛选和改造的。⑥ 有关“国民”的描述,吻合了启蒙知识分子挽救民族濒危状况的热切渴望。中、西、日多重文化的跨

① 沈松侨. 国权与民权:晚清的“国民”论述,1895 – 1911[J]. 台湾:中央研究院历史语言研究所集刊·第 73 本(4),2002:686 ~ 689.

② 〔日〕古城贞吉著,梁启超译. 中国论[J]. 时务报,1896(17):24 ~ 26.

③ 康有为. 康有为政论集:上卷[C]. 汤志钧编. 北京:中华书局,1981:213.

④ 梁启超. 论近世国民竞争之大势及中国之前途[J]. 清议报,1899(30):3 ~ 4.

⑤ 梁启超. 论近世国民竞争之大势及中国之前途[J]. 清议报,1899(30):3 ~ 4.

⑥ 陈永森. 告别臣民的尝试:清末民初的公民意识与公民行为[M]. 北京:中国人民大学出版社 2004:20.

语际运作造成了"国民"在语义上的不断漂移,从而使这一语汇在近代中国具有糅杂、混淆的意义,[①]以至于"国民"应时而生又风行一时,成为晚清知识阶层惯用的语汇。自1901年起,中国留学生于东京创办《国民报》,截至宣统三年(1911年),海内外各类期刊以"国民"二字为名者,至少有15种之多。[②]可见"国民"观念流传之广,影响之深。

除"国民"外这一时期广泛使用的"民"概念还有"新民"、"公民"等,它们都具有新的内涵,指称具有一定现代属性之民,但人们惯用的仍是"国民"一词,"国民"实际上是从"一国之民"向完整意义上的"公民"的过渡词汇。[③]晚清以来的"国民"一词,就其实质层面而言,与英文中的citizenship颇为相似,展现了晚清以来中国知识分子在政治上的一种崭新的意识觉醒。[④] 这一观点也得到了国内学者的支持。[⑤]

(二)公民人格的初步构建

近代中国"国民"概念与西方公民在产生背景、内在元素、发展脉络等方面各有不同,但不可否认"国民"具备了公民的雏形。除了词汇的引入外,人们还就塑造怎样的国民、怎样塑造国民等问题进行探讨。梁启超严斥封建专制制度下人作为"奴隶"的存在方式,强调人的自由、平等。按照梁启超的理解,"自由者,奴隶之对待也",在给康有为的信中他论述道,"中国数千年之腐败,其祸极于今日,推其大原,皆必自奴隶性来;不除此性,中国万不能立于世界万国之间。"[⑥] 1901年《清议报》论及"立乎大地球之上而误生于支

① 沈松侨.国权与民权:晚清的"国民"论述,1895~1911[J].台湾:中央研究院历史语言研究所集刊·第73本(4),2002:686.

② 史和,姚福申,叶翠娣.中国近代报刊名录[M].福州:福建人民出版社,1991:216-219.

③ Joshua A. Fogel and Peters G. Zarrow, Imagining the people: Chinese intellectuals and the concept of citizenship, 1890~1920[M]. New York: M. E. Sharp, Inc, 1997:18.

④ 沈松侨.国权与民权:晚清的"国民"论述,1895~1911[J].台湾:中央研究院历史语言研究所集刊·第73本(4),2002:685.

⑤ 刘泽华.论从臣民意识向公民意识的转变[J].天津社会科学,1991(4).,马小泉.地方自治:晚清新式绅商的公民意识与政治参与[J].天津社会科学,1997(4).及张锡勤.中国20世纪初"国民"问题讨论综述[J].求是学刊,1994(4).

⑥ 梁启超.梁启超文集·致南海夫子大人书[C].陈书良,编.北京:燕山出版社,1997:698.

那嗣。数百代奴隶之祖宗,守四千年奴隶之习惯";[1]1903 年《湖北学生界》撰文沉痛批判中国民众之奴性,"中国者,喜为奴隶之民族也。一日不为奴隶则一日不快……讲学者为学之奴,拜金者为金之奴,民为官之奴,弟为师之奴,妻为夫之奴,子为父之奴,为专制君主之奴,为异族钳制之奴"。[2] 因此,民之革新,是当务之急。

在梁启超的文章中,"国民"、"新民"交替出现,用以阐述与以往的奴隶相异之追求。笔者将其视为公民思想发展阶段中的一种语词表达方式而不加严格区分。为了塑造新民,梁启超 1902 ~ 1906 年间在《新民丛报》连续发表 20 余篇文章,以《新民说》为题命名之,精心铸造了理想"新民"。有关"新民"的界定中最广为人知的莫过于"新民云者,非欲吾民尽弃其旧以从人也。""新"有两层含义,其一淬厉其所本有而新之;其二采补其所本无而新之;[3]梁启超将"新民"与国家理想、自由、权利、义务、公德、合群、生利、自尊等现代性词汇联系起来,有关新民的人格特质就多达十几种。[4] 严复则更切实地进行教育探索,系统地提出近代中国教育的目标——"鼓民力"、"开民智"、"新民德"。"鼓民力",即发展体育,增强国民体质;"开民智",即废除八股制度和训诂辞章之学,开发国民智慧;"新民德"即改变三纲五常的封建伦理,用资产阶级的民主、自由、平等、博爱塑造爱国之新民。在这三者之中,"不佞以为智育重于体育,而德育尤重于智育",[5]鼓民力、开民智、新民德需并驾齐驱、不可偏废,"三育"的有机结合是改变中国民众"愚"、"贫"、"弱"的途径。尽管梁启超、严复构建的公民人格以西方资产阶级思想为蓝本,未必可以完全移植入中国,但有关公民人格的构建是一种积极、有益的尝试。

---

① 公奴隶力山. 说奴隶[J]. 清议报,1901(80):5027.

② 作者不详. 奴痛[J]. 湖北学生界,1903(4),103.

③ 梁启超. 新民说[M]. 沈阳:辽宁人民出版社,1987:87.

④ 黄仁贤. 梁启超的"新民说"与近代公民教育理念的形成[J]. 教育评论,2003(1):84 ~ 86.

⑤ 严复. 论教育与国家之关系[J]. 东方杂志,1906,3(3):31.

三、革故鼎新:民国成立与民主思想的绽放

辛亥革命宣告清朝封建统治的终结。1912 年 1 月孙中山即位大总统,庄严宣告资产阶级领导的民主共和国——中华民国正式成立。孙中山在《临时大总统就职宣言》中指出政府的职责是“尽扫专制之流毒,确定共和,普利民生,以达革命之宗旨”,民主观念渐兴。

(一)革新的教育思想与教育方针

南京临时政府颁布《中华民国临时约法》,宣布“中华民国人民一律平等,无种族、阶级、宗教之区别”,规定人民“身体非依法律不得逮捕拘禁审问处罚”、“家宅非依法律不得侵入或搜索”、“保有财产及营业之自由”、“言论著作刊行及集会结社之自由”等,确保了人民的选举、参政、居住、言论、机会、信教等自由权利,充分展示了自由、平等和主权在民的原则;同时,命令各级官厅禁毁刑具,释放“贱民”;革除“大人”、“老爷”等封建称谓,代之以“先生”、“君”等平等称呼。如此种种,“民主”、“共和”非但不是异端邪说,反而被视为时髦的标签,以“民主”、“共和”等命名的政党,多达五百余家。①

由于政体的变化,封建教育宗旨和教育思想与时代潮流逆行而广遭驳斥。1912 年 7 月 10 日在北京召开临时教育会议,蔡元培主持会议并征求全国教育家意见,在开幕式上的演讲中提出“君主时代之教育方针,不从受教育者本体上着想,有如用一个人主义,或用一部分人主义,利用一种方法,驱使受教育者迁就他之主义”;②民国教育方针则应“从受教育者本体着想,有如何之能力,方能尽如何之责任,受如何之教育,始能具如何能力”。③ 那么“共和国教育”如何从受教育者本体出发培养健全的人格?蔡元培指出“教育者,养成人格之事业也”,④“教育有二大别:曰隶属于政治者,曰超轶乎政

① 熊月之.中国近代民主思想史[M].上海:上海社会科学院出版社,2002:474.

② 蔡元培.临时教育会议日记[J].教育杂志,1912,4(6):1~2.

③ 蔡元培.临时教育会议日记[J].教育杂志,1912,4(6):1~2.

④ 蔡元培.1900 年以来教育之进步[M]/张圣华,编.蔡元培教育名篇,北京:教育科学出版社,2007:29.

治者”,[①]前者包括军国民教育、实利主义教育、公民道德教育;后者包括美育和世界观教育。蔡元培把公民道德教育置于十分重要的位置,“五者以公民道德为中坚,盖世界观及美育所以完成道德,而军国民教育及实利主义,则必以道德为根本”,[②]且“教育而至于公民道德,宜若可为最终之鹄的矣”。[③]在蔡元培看来,“何谓公民道德?曰法兰西之革命也,所标揭者,曰自由、平等、亲爱。道德之要旨,尽于是矣”,[④]公民道德的基本内容应是法国资产阶级革命所标榜的自由、平等、博爱。

蔡元培的教育思想淋漓尽致地体现在对民国教育宗旨的考量上。1912年2月,《对于教育方针之意见》中蔡元培指出,“忠君与共和政体不合,尊孔与信仰自由相违”。[⑤] 他提出了新的教育方针,经讨论临时政府通过“注重道德教育,以实利主义、军国民教育辅之,更以美感教育完成其道德”的新教育宗旨并于1912年9月2日公布实施。除世界观教育未被采用外,蔡元培的其他思想教育主张均得以反应。这一教育宗旨的形成与颁布,从根本上与清末的教育方针划清了界限,树立养成国民健全人格的目标导向,对促进共和政体下的教育发展和公民培养具有积极的历史意义,标志着中国教育近代化历程中一个旧时代的结束和一个新时代的开启。[⑥] 与此同时,教育部还下令取消了读经科,明令各种教科书务必合于共和民国宗旨,这已是巨大的进步。蔡元培逝世后,获以“不朽的教育宗旨”之至高评价,“蔡先生承继儒家思想,精通泰西学问,他这个教育宗旨,是有他独到的见解的”。[⑦]

---

① 蔡元培. 对于新教育之意见[M]/张圣华,编. 蔡元培教育名篇,北京:教育科学出版社,2007:1.

② 蔡元培. 全国临时教育会议开会词[M]/高平叔,编. 蔡元培教育论集,1987:54.

③ 蔡元培. 对于新教育之意见[M]/张圣华,编. 蔡元培教育名篇,北京:教育科学出版社,2007:3.

④ 蔡元培. 对于新教育之意见[M]/张圣华,编. 蔡元培教育名篇,北京:教育科学出版社,2007:2.

⑤ 蔡元培. 对于教育方针之意见[M]/高平叔,编. 蔡元培全集·第2卷[M]. 中华书局,1984:130.

⑥ 田正平. 中国教育史研究·近代分卷[M]. 上海:华东师范大学出版社,2009:174.

⑦ 冯蔚国. 蔡元培先生对于教育文化的贡献[J]. 今日青年,1941,12:36.

(二)学者著述中的公民教育思想

1914 年,《进步》杂志刊文《共和国之公民教育》,言及“共和国之公民所首重者,养成担荷艰巨急公自治之公民耳”,①然“返顾吾国长教育者,方以严行取缔学生,禁止干涉政治,为教育大方针。若学生于求学期内苟能注重读经研求儒训,虽于人民之疾苦、地方之利害、政治之组织、公民之资格一切置之不问,亦无不可……我共和国之公民教育,仅养成一古代之书生而已”。②关于公民教育的论述在报刊、书籍、杂志中的传播已经较为普遍。笔者查阅 1912～1916 年的论著如表 4、表 5 所示:

表 4 学者编著、翻译或译述的公民教育著作一览(1912～1916 年)

著作名称	著者/译者	出版社/年代
《法国公民教育》	华南圭译述	商务印书馆/1912 年
《公民模范》	翁长钟编著	中华书局/1914 年
《公民鉴》	(美)斯密司、马维克著,苏锡元译	商务印书馆/1914 年
《现代教育思潮》第一编	绍兴、樊炳清合著	商务印书馆/1915 年
《凯善西台奈氏教育说》	绍兴、樊炳清合著	商务印书馆/1916 年

表 5 《教育杂志》登载的公民教育文章一览(1912～1916 年)

文章名称	卷/期	年份	作者
《公民教育问题》	第 5 卷第 10 期	1912 年	天民
《凯善西台奈之教育说》	第 5 卷第 10、11、12 期	1912 年	志厚
《公民教育论》	第 8 卷第 5、6 期	1916 年	天民
《德国之公民教育》	第 8 卷第 7、8 期	1916 年	天民
《学校之社会的训练》	第 8 卷第 7 期	1916 年	天民
《公民的训练法》	第 10 卷第 4 期	1916 年	太玄

除罗列的文章外,《中华教育界》1916 年第 5 卷第 1 期、第 8 期分别刊登抱木和顾树森的文章《论民国小学宜设国民科》、《人格教育之精神》、《论共

① 作者不详. 共和国之公民教育[J]. 进步,1914,5(2):6.
② 作者不详. 共和国之公民教育[J]. 进步,1914,5(2):7～8.

和国国民教育之精神》等。综合来看,这一时期的著述多以译介国外公民教育思想为主,尤其以德国、法国为主,凯兴斯泰纳(又音译“凯善西台奈”)的公民教育学说在中国得到了关注和传播。

译介教科书亦可视为宣扬公民教育的另一形式。以《法国公民教育》为例,引介的目的在于“民国新立,政体共和;然欲实行共和政治,必先使人民人人知共和之本旨;欲人们知共和之本旨,必以共和国之制度学理,使国民略知大概”,①主要分八个篇目讲述法国的公民教育:

第一篇:尚武

第二篇:纳税

第三篇:刑法

第四篇:下议院、法律、政府

第五篇:国家、村、府、行政

第六篇:自由、平等、亲爱

第七篇:改政

第八篇:人权之文告

其中,举第六篇为例,“自由、平等、亲爱”篇目下分十节:

第一节　共和国的箴言:自由

第二节　如何是自由

第三节　不侵害他人之自由

第四节　不能自由不为 自由当纪念何人

第五节　法国人如何平等

第六节　际遇之不同不足妨社会之平等

第七节　务使人人皆能受学

第八节　彼此宜相爱 亲爱以正当为先

第九节　亲爱在正当之上亲爱者利人之谓也

第十节　亲爱与慈惠之别

第十一节　共和三箴言之永生

《法国公民教育》的引入与民初弘扬平等、自由、亲爱的价值理念相吻

① 华南圭.法国公民教育[M].上海:商务印书馆,序.

合。此间，有关法国的政治的介绍、研究渐成浪潮：《法兰西之宪法改革论》（《东方杂志》1911 年第 8 卷第 11 号）、《法兰西新内阁》（《东方杂志》1911 年第 8 卷第 2 号）、《法兰西新内阁之辞职》（《东方杂志》1912 年第 9 卷第 9 期）、《法兰西大总统之改选》（《东方杂志》1912 年第 9 卷第 10 期）、《法兰西自由法说》（《独立周报》1913 年第 13 期）、《法兰西之新政潮》（《独立周报》1913 年第 13 期）、《法兰西共和国民之特质》（《进步》1914 年第 6 卷第 4 期）等的刊出，恰恰表达了国人对法国式民主的向往。国人学习西方的触角不拘于法国，更向一切先进的国家探寻新思想，主要是德国和美国。

总而言之，这一时期除了以蔡元培为代表的思想家对公民道德教育的推进外，学界也开始对公民教育的思想引进和理论探索。自公民人格构建而至公民教育思想引进，构成这一时期的主要特色；但毕竟处于公民教育理论的初始阶段，对理论的介绍略显单一和肤浅。

四、曲折前行：复古思潮中民主求索的短暂阻抑

民国既成立，公民教育的推进本应获得更宽松的环境，然而尊孔思潮未曾停息。从呼吁恢复读经始至袁世凯复辟，民初掀起了一股尊孔读经的复古潮流，有关复古教育与反复古教育的斗争使得公民教育的思想探索陷入迟滞。

（一）思想迷乱中的复古潮流

1912 年 3 月篡夺了辛亥革命胜利成果的袁世凯在北京就任中华民国临时大总统；1915 年 12 月 12 日袁世凯宣布承认帝制，定 1916 年为“中华帝国洪宪元年”，恢复君主专制制度下教育文化的复古行径在封建余孽的叫嚷声中得以实施。民国虽然成立，但社会动荡的现实伴生着人们的思想迷乱，袁世凯更是趁机借“孔子”以蛊惑人心。1913 年 6 月 22 日袁世凯发表《尊崇孔圣令》，称“天生孔子为万世师表”。这一言论，是为袁世凯假借孔子之名而行复辟之实的舆论准备。1914 年 2 月 7 日发布《规复祭孔令》，9 月 25 日颁发《亲临祀孔典礼令》，随后亲率百官在孔庙三拜九叩，进行全国规模的祭孔活动。

尊孔思潮反映在教育中，即宣扬读经。袁世凯在《注重德育整饬学风令》中严斥学校管理不善，“凡考察京外各学校，其管理认真日有起色者实不多见；大都敷衍荒嬉，日趋放任，甚至托于自由平等之说，侮慢师长，蔑弃学规，准诸东西各国学校取服从主义，绝不相同。倘再事因循，不加整饬，恐学风日坏，污俗随之，关系于世道人心者至大。”[①]1914年教育总长汤化龙《上大总统言教育书》中阐述道，“比年以来，吾国教育界所最滋物议者，靡不曰：道德堕落；少年徒逞意气，无以为之准绳。忧时之士，思而不得其故，爰倡二说，以图补救：一中、小学校课读全经，俾圣贤之微言大义，浸渍渐深，少成若性。此厚根柢之说也。一以孔子为国教，一切均以宗教仪式行之，俾国民居于教徒之列，守孔子之言行如守教诫，此崇信仰之说也。”[②]汤化龙企图“于中、小学校修身或国文课程中采取经训，一以孔子之言为旨归”，[③]并“定教授要目，自初等小学以迄中学，其间教材之分配，条目之编列均按儿童程度，循序引伸”。[④] 汤化龙的言论被袁世凯批“卓识伟论”，并“由部即本斯旨详审修订等因”。这充分展示了袁世凯政权对蔡元培将孔子思想排斥出国民教育体系中的不满，暴露了袁世凯复辟帝制的企图，意味着民初教育改革的果实得以否定。

公民教育推进因复古思潮而阻抑的直接体现是1914年6月颁布的《教育部饬京内外各学校中小学修身及国文教科书采取经训务以孔子之言为指归文》，“中小学校修身及国文教科书内采取经训务以孔子之言为指归”，[⑤]因“孔子之道，夫妇之愚，可以与知，其微言大义亦多散见群经之内，则于学校教科书中采取其言行之切于伦常日用者，发扬吾国民固有之秉彝而示以懿

---

① 袁世凯. 注重德育整饬学风令[M]/舒新城，编. 中国近代教育史资料（下册）. 北京：人民教育出版社，1985：1057.

② 汤化龙. 上大总统言教育书[M]/舒新城，编. 中国近代教育史资料（下册）. 北京：人民教育出版社，1985：1058.

③ 汤化龙. 上大总统言教育书[M]/舒新城，编. 中国近代教育史资料（下册）. 北京：人民教育出版社，1985：1059.

④ 汤化龙. 上大总统言教育书[M]/舒新城，编. 中国近代教育史资料（下册）. 北京：人民教育出版社，1985：1059.

⑤ 教育部. 饬京内外各学校中小学修身及国文教科书采取经训务以孔子之言为指归文[M]. /舒新城编. 中国近代教育史资料（下册）. 北京：人民教育出版社，1985：1059.

德，庶国民教育对于国民模范人物，本良知之信仰乃益显其效能”，[①]因此以尊孔指导教育，“用意之深，至堪敬佩”。同年12月，教育部颁布的《整理教育方案草案》再次强调“中小各学校修身国文教科书，采取经训，以保存固有之道德”。[②]

为彻底改变民国教育的方向，1915年2月袁世凯在《颁定教育要旨》里公布了“爱国、尚武、崇实、法孔孟、重自治、戒贪争、戒躁进”的教育宗旨，对民初以来社会上萌生的民主、平等观念大加挞伐，从内容到形式基本回复到清政府1906年所颁布的教育宗旨的水平，[③]这充分说明近代民主思想的衍生及公民教育的推进是艰难而曲折的。

（二）尊孔社团的推波助澜

自袁世凯下令“尊崇伦理”，全国上下出现了众多尊孔小团体（见表6）。一些尊孔会社还办有会刊，如《孔教会》创办的《孔教会杂志》、《经世报》，孔社的《孔社杂志》等。其中影响较大的孔教会，至1913年底在各地有分会130个，涉及21个省市，并在海外的东京、纽约等设有分支。

表6　主要尊孔社团一览（1912～1916年）[④]

社团	会址	发起人	成立时间
宗圣会	山西太原	赵戴文、景定成等	1912年2月
昌明礼教设	上海	杨士琦、谭人凤等	1912年5月
读经会	上海	郑孝胥、王仁东等	1912年7月
尊孔会	——	姚子梁	1912年7月
孔教会	上海、北京	陈焕章、沈曾植等	1912年10月
孔道维持总会	——	贺寿煦等	1912年12月

① 教育部.饬京内外各学校中小学修身及国文教科书采取经训务以孔子之言为指归文[M]/舒新城编.中国近代教育史资料（下册）.北京：人民教育出版社，1985：1060.

② 教育部.教育部整理教育方案草案[M]/舒新城编.中国近代教育史资料（下册）.北京：人民教育出版社，1985：230.

③ 田正平.中国教育史研究·近代分卷[M].上海：华东师范大学出版社，2009：196.

④ 张卫波.民国初期尊孔思潮研究[M].北京：人民出版社，2006：32～34.，张岱年.孔子百科辞典[M].上海：上海辞书出版社，2010：629～632.

续表

社团	会址	发起人	成立时间
孔道会	山东济南	王锡蕃等	1913 年 3 月
孔社	北京	徐琪、饶智元等	1913 年 4 月
孔教公会	北京	姚子方、王式通等	1913 年 5 月
性道会	北京	孔庆霖、赵增厚等	1913 年 7 月
大成社	北京	殷炳继	1913 年 10 月
尊孔文社	青岛	劳乃宣、卫礼贤	1913 年
环球尊孔总教会	上海	沈维迎、沈士成等	1913 年 10 月
尚贤堂	上海	李佳白、丁韪良	——
曲阜经学会	山东曲阜	孔祥霖	1915 年 11 月

他们不仅倡导尊孔读经，鼓吹三纲五常，恢复祭孔跪拜之礼，甚至呼吁定孔教为国教。1913 年陈焕章、严复、梁启超等联名上书请愿，要求在宪法草案中定孔教为国教，引发了一场“孔教运动”。可以说，在这场复古逆流中，北洋政府是主导力量，他们以国家权力实现对教育、政治、经济的控制；尊孔社团则是尊孔思潮的民间推手，他们借重《不忍杂志》、《孔教会杂志》、《宗圣报》等大肆鼓吹尊孔读经，更有清朝遗老遗少争相表演尊孔复古的把戏，与袁世凯政权形成上下呼应之势。

事实上，每复古一次，关于“读经”与“尊孔”两个问题即重提一次，而主张读经之意，为的是要尊孔，所以这两个问题实是一个。①以袁世凯为代表的尊孔派力倡尊孔读经；时人也曾就尊孔与读经之关系进行争论。1915 年《大中华》杂志刊发《尊孔与读经》，主张令一般学生“皆必祭孔”，而不必“皆必读经”：

鼎革以远，因社会风纪之稍凌夷，忧时者乃倡议尊孔，以为维持世道人心之计，此诚救时之良策也。盖欲培养国民之品格，必不可无伟大之人物以作之典型。俾全国之信仰皆集于一人……而此可为师表之人物，通观古今，无出孔子之右者。故以尊孔为淬励民德之本，诚适合于我国之国情也。②

① 陈青之. 中国教育史[M]. 北京：东方出版社，2008：535.

② 吴贯因. 尊孔与读经[J]. 大中华，1915，1(2)：1.

虽然孔固当尊,而今之倡议尊孔者,动谓孔子之道散见于群经,欲令学校生徒皆必读经,谓是为振兴孔教之良法,不知孔子之当崇拜,在其道德之美、人格之高,而为社会之模范……读经与尊孔各别为一问题,非尊孔即必读经,而不读经即非尊孔也。是故欲问经之应使学生遍读与否,当先问经之自身是否有使学生遍读之价值。而尊孔之说不与焉,吾以为经之在今日仅可籍以研究古学,其在专门大学之文科学生诚属必读之书,若在一般学生则非必读之书。①

时人对尊孔思潮的批判和读经科的取缔之声不绝入耳,《论小学堂读经之谬》(顾实,《教育杂志》1909 年第 1 卷 4、5 期)、《说两等小学读经讲经之害》(何劲,《教育杂志》1911 年第 3 卷第 5 期)、《读经问题之商榷》(丁德合,《中华教育界》1914 年第 20 期)等文章连续刊出,读经科的废除已成大势所趋。不过,历史的辩证法充分说明,尊孔读经与封建帝制在两千多年的封建专制统治中相结合而集聚的巨大能量很难单通过民主制度的建立就被涤除。袁世凯本人的心态和行为也在特定的历史环境中呈现复杂多变的特征,“教育言论和教育活动的矛盾性,生动地反映了清末民初这一历史时期整个中国社会文化的失范与教育发展的曲折。”②要对封建专制制度进行根本性离异,使得民主观念沁人心脾,亟需思想文化领域的涤荡。

五、浓墨重彩:新文化运动前后的思想革新

作为 20 世纪中国最重要的思想启蒙运动,“五四”运动开启了新的文化价值体系,并以《新青年》为嚆矢和主要阵地,唤起了人们的思想革新,促动了中西文化的强烈交融。陈独秀、李大钊、胡适等先驱高举科学与民主的旗帜,试图用西方资产阶级的新文化、新思想、新道德、新观念来批判和改造中国封建主义的旧文化、旧思想、旧道德和旧观念,以期通过“国民性改造”,唤起民众“伦理的觉悟”。

---

① 吴贯因. 尊孔与读经[J]. 大中华,1915,1(2):2~5.

② 田正平、夏益军. 关于开展“袁世凯与清末民初教育研究的几点设想”[J]. 社会科学战线,2010(5):212.

新文化运动伊始，就与对民主的热烈追求紧密联系在一起。陈独秀作为民主观念的主要倡导者和阐释者发表《敬告青年》一文，将矛头直指封建主义意识形态。他开篇便提及“自主的而非奴隶的”，“等一人也，各有自主之权，绝无奴隶他人之权利，亦绝无以奴自处之义务。奴隶云者，古之昏弱对于强暴之横夺，而失其自由权利者之称也。自人权平等之说兴，奴隶之名，非血气所忍受。”①陈独秀还强调“新文化运动要注重团体的活动”，“新文化运动倘然不能发挥公共心，不能组织团体的活动，不能造成新集合力，终究是一场失败，或是效力极小。”②他断言“伦理的觉悟，为吾人最后觉悟之最后觉悟。”③自1915年第一卷第一号起至1917年7月，陈独秀共在《新青年》发表政论、书信和杂谈60余篇，高举“民主”和“科学”两面大旗，对中国传统伦理道德进行了深刻、锐利的反思和批判，试图从专制、迷信、权威和偏见中解放人的理性，以建立自由平等和独立人格为核心的新道德。④ 鲁迅则用形象、犀利的笔触直击封建礼教和家族制度的“吃人”本性——“我翻开历史一查，这历史没有年代，歪歪斜斜的每页上都写着‘仁义道德’几个字。我横竖睡不着，仔细看了半夜，才从字缝里看出字来，满本都写着两个字是‘吃人’！”⑤在多篇作品中，鲁迅将国民性中自私、贪婪、卑怯、麻木、苟活等劣根性描述得淋漓尽致，他急切地呼吁，“凡是愚弱的国民，即使体格如何健全，如何茁壮，也只能做毫无意义的示众的材料和看客，病死多少是不必以为不幸的。所以我们的第一要著，是在改变他们的精神。”⑥除陈独秀、鲁迅外，胡适、刘半农等都成为新文化运动的代表人物，他们掀起一股热切的国民性改造思潮，促使人们的思想得到空前的解放。此后，“国民性”、民主等概念渐成为人们热衷谈论的字眼。例如1916年3月14日《申报》编辑曾论及：

国之所与存亡者何物乎？亦曰国民性而已。所谓国民性者，一国之民有卓然自立之特性，以表异于他国者也。质言之，能知己与国之关系，又知

① 林文光选编. 陈独秀文选[M]. 成都：四川文艺出版社，2008：15.

② 林文光选编. 陈独秀文选[M]. 成都：四川文艺出版社，2008：15.

③ 林文光选编. 陈独秀文选[M]. 成都：四川文艺出版社，2008：25.

④ 董根明. 陈独秀与近代中国[M]. 合肥：合肥工业大学出版社，2007：14.

⑤ 鲁迅著，傅光明主编. 狂人日记[M]. 北京：京华出版社，2004：4.

⑥ 鲁迅著，任溶溶主编. 呐喊[M]. 杭州：浙江少年儿童出版社，2006：自序.

己国与他国之关系者也。由此卓然自立自特性,而发诸行为,于是乃见不屈不挠之精神,故有国民性之民,然后可以为国民;有国民性之国民,然后可以成国。不然而失其国民性者,国且不知其所以为国,非索然无生气,即泛滥无归束耳。①

1920~1921年《申报》有多篇文章谈及"国民性",如《进退与国民性》、《革除不良之国民性》、《多妻制之国民性》、《运动会所现之国民性》、《我国之国民性何在》等。尽管这些讨论不尽深入、犀利,但新文化运动后人们对"国民性"予以更多关注。在对国民性的批判和探讨中,可望见人们对公民人格的向往,而这也成为中国公民教育得以落实的重要推动力。毋庸置疑,国人对公民理想的向往,历经了迂回反复追寻的过程,可见公民人格已成为不可逆转的时代潮流和人们的自发追求。

第二节　借鉴与移植:植入中国土壤的异域理论

近代以来传播西方教育理论已成为教育界的共识,民国以后人们更期待塑造具有公民资格之人以实现共和理想。英、美、德等国家流行的公民教育理论,经教育界与思想界之引介而陆续进入中国,予时人以启迪,凯兴斯泰纳与杜威是其中较有代表性的人物。

一、凯兴斯泰纳公民教育思想的引入

凯兴斯泰纳(George Kerschensteiner,1854~1932年,又译为凯善西台奈、凯善斯泰拉、恺善西台奈、凯钦斯泰纳等,略称为凯氏、恺氏②),德国教育理论家,著有《德国青年的国民学校》(1901年)、《学校组织形式的根本问题》(1907年)、《国民教育的概念》(1910年)、《性格和性格教育》(1912年)、《劳作学校要义》(1912年)、《教育者的灵魂和教师培养的问题》(1921年)、

① 一子.国民性[N].申报,1916-03-14(3).

② 早期译者多翻译为凯善西台奈、凯善斯泰拉、恺善西台奈、恺氏等,近年来学界则多译为凯兴斯泰纳;作者在行文中采用凯兴斯泰纳的译法,在引用中则尊重原文而使用凯善西台奈、凯善斯泰拉、恺善西台奈、恺氏等译法。

《教育组织的理论》(1932 年)等,凯兴斯泰纳提出公民教育和劳作学校的主张。

"现时德国教育界对此问题(公民教育)倡道正盛。此类著述,数年间出版已至七八十种,可见教育之趋势与夫研究教育者之心理无不倾注于此。……各著述中较详于理论者如凯善西台奈氏之国家的公民教育观念,喜令该氏之国家的公民教育问题、本质及方法,法斯他氏及眉萨氏之国家的公民教育问题、利曼之法治的教育。"①引进德国的教育思想成为 20 世纪初中国学界的潮流之一,"今日德国学子,论教育者颇众;其说足以倾听一时者,端推凯善西台奈"。② 围绕凯兴斯泰纳的公民教育思想,学界进行了积极推介。

(一)对凯氏公民教育根本观念的辨析

《教育杂志》刊发的署名为天民的《公民教育问题》指出,"恺善西台奈之说为近时德国公民教育问题发端之一,恺氏以近世立宪国日渐发达,其国民务宜加以教育,使大多数之感情、思想、意志、行为成为国家的公民。然此问题,在各种教育问题中实最困难,必须解释明了庶免种种误会。" ③天民就凯兴斯泰纳公民教育根本观念进行了多方面的辨析。

首先,公民教育与政治党派观念。

人们常将公民教育与政治党派观念相混杂,凯兴斯泰纳则认为"此实大误",二者"藐不相涉"。"乃以为国家为本位,振起国民之精神,使各尽其材,从事职业以营共同生活,而国家之大团体赖以巩固,固非人人投身政治之谓也。苟稍杂政治党派之臭味则其根本已误矣"。④ 换言之,凯兴斯泰纳始终"十分明确地把培养有用的国家公民,当作国家国民学校的教育目标,并且是国民教育的根本目标。"⑤有用的国家公民须有能力而且愿意承担这个国

① 天民. 公民教育问题[J]. 教育杂志,1912,5(10):116.

② 绍兴,樊炳清. 凯善西台奈氏教育说[M]. 上海:商务印书馆,1916.

③ 天民. 公民教育问题[J]. 教育杂志,1912,5(10):116.

④ 天民. 公民教育问题[J]. 教育杂志,1912,5(10):116.

⑤ 〔德〕凯兴斯泰纳著,郑惠卿译. 凯兴斯泰纳教育论著选[M]. 北京:人民教育出版社,1993:15

家的任何职业活动,以此直接或间接地促进国家目标的实现。因此,要通过国民学校帮助每个受教育者选择一种职业并尽力从事好这项职业。从这个意义上说,政治党派观念远比公民教育狭隘,二者不可混为一谈。

其次,公民教育与公民教授。

公民教授,“浚发国民之知识时并授以关于民法、经济等各种事项,俾知公民之权利、义务即为合度”,①但即使人们通过博闻强识获得公民所必需之知识,却不能谓公民教育之完成,因“公民教育者,必使国民具如此之精神,有如此之行为,蕴为品性、养成习惯,品性习惯决不能责之于此种教授也”,②因此公民教育非仅为公民教授可取代。

再次,公民教育与经济的、技术的教育。

在凯兴斯泰纳看来,公民必须的道德包括智虑、诚实、忍耐、注意、勤勉、节俭等方面,况不止如此,“为公利以抑制私利,为全体以牺牲个人,方为公民最重要之道德。”③这样的精神、这样的行为远非经济、技术的教育所能奏效的,因“不过于生存竞争之中较胜一筹决不能养成公民之真精神。”④因此,劳动才能与热情对国民教育是必要的,但劳动才能与热情并不自发地产生国民美德,因而经济的、技术的教育不能替代公民教育。

最后,公民教育与社会教育。

人们往往以为二者相异,但凯兴斯泰纳则认为社会教育为公民教育的一部分。社会教育有种种解释,“由广义言之,则以尽力于社会为主,而不能即谓为公民教育,如由科学、技艺等方面力求进步以谋社会文化之发达,……与吾人所谓国家之公民为国家尽力之观念终不能合而为一”,⑤这即公民教育与社会教育的不同之处。

此外,教育上有种种主义,或仅取其一,或取统辖多数主义之至高目的,“恺善西台奈氏则谓公民教育实可统辖教育上各种主义者也,本此意以推行

① 天民.公民教育问题[J].教育杂志,1912,5(10):117.
② 天民.公民教育问题[J].教育杂志,1912,5(10):117.
③ 天民.公民教育问题[J].教育杂志,1912,5(10):117.
④ 天民.公民教育问题[J].教育杂志,1912,5(10):117.
⑤ 天民.公民教育问题[J].教育杂志,1912,5(10):118.

之,则人类活动之最高目的”。[①] 天民以为凯兴斯泰纳的这一观点与古之柏拉图、近世之喜拉耶麦有共通之处,“真正公民以实现国家最高目的之故,必须努力进行,自忘其身。世界之内种种职业更仆难数,人人当竭其天赋能力,各自奋勉以图功,……此即真公民之本分。故不问其职业种类如何,皆当充分诠发此根本义蕴,此即公民教育之本质,而教育之目的亦在是矣。”[②]在这一教育目的的指引下,可以养成国民共同的基本观念、乐于工作耐于劳苦的习惯,并形成人人能因公而制私、为群而抑己的良好习惯。

天民在对凯兴斯泰纳思想的推介中,使用“其说颇有力也”、“恺氏此说实为精神不磨”、“恺氏之言实可谓深切著明矣”、“恺氏此说至稳健适当者也”、“其说庶几明确矣”等措辞来表达对凯兴斯泰纳观点的推崇,足见当时凯兴斯泰纳思想所获的认可。通过不同概念、范畴的比较来凸显公民教育的意蕴,是厘清公民教育内涵的有益尝试,并已涉及民国以来人们探讨公民教育时常提及的一些概念,如公民教授、政治教育等。

(二)对凯氏公民教育思想要义的解读

《教育杂志》1912 年第 5 卷第 10、11、12 期连续刊载署名为志厚的文章,以《凯善西台奈之教育说》为题系统介绍凯兴斯泰纳的公民教育思想;商务印书馆出版的《凯善西台奈氏教育说》则进行了系统的梳理和总结,这两者更侧重于对其精神要义的解读。凯氏思想的背景被描述为——“凯氏久为明亨市视学员。一千九百年厄尔福特之休德烈学会征文,以青年教育策为问。盖自十四岁卒小学业至二十岁应征入军籍,此间修养功夫,所关綦重。而向者尚无适当之教育法,故议者忧之。凯氏爰著一书,题曰《公民教育论》,以应学会之征。读者称道,膺上赏。”[③]关于凯氏公民教育思想要义的解读包括:

其一,推重国家本位的公民教育。

《凯善西台奈之教育说》、《凯善西台奈氏教育说》中都提到了国家本位

① 天民. 公民教育问题[J]. 教育杂志,1912,5(10):118.

② 天民. 公民教育问题[J]. 教育杂志,1912,5(10):119.

③ 志厚. 凯善西台奈之教育说[M]. 教育杂志,1912,5(10):71.

的公民教育:

凯氏于公民教育论之第一章首论教育目的,谓不可不由国家之职能而出,且历举古今学子之说,以证实之。其第二章则进而论国民教育之本质,以为国家所由有教育者,无他,欲令多数国民领会国家之职能,而挟其诚心与勇力,各罄厥能,贡诸国家。其次则教育上所以发展国民能力之方,不可不求其充实而确切,故必令多数国民皆有,各完其职责,各全其地位之能力而后可。公民教育之精神,即系于此。①

凯氏是国民教育理论的主要倡导者之一。他所倡导的国民教育,内涵在于教育要培养"有用的国家公民",②为实现国家目标服务。按照凯氏的理解,国家作为人类集团,是理想的道德组织,有必要引导人们进入道德生活。能为现有国家服务的人,即有用的国家公民。从某种意义上说,凯氏所理解的国民教育,是国家本位的公民教育。

其二,公民教育普及的条件有内、外之分。

凯氏分两层解释公民教育之普及,即内部的条件与外部的条件。外部的条件具体指代经济、政治、社会、国民文化等方面。凯氏列举的种种要点包括:(1)劳动时限问题与劳工俸给问题,徒弟与劳动的关系尤受注意。此等问题虽任诸经济学家自由论究,然而从公民教育的角度来看,限制徒弟劳动时刻确为目前要图也。(2)改善居处问题。为都会下级人民计,改善家庭一举尤为急务,此虽属社会问题,然而对于公民教育实有直接或间接的关系,如德国陋室中多人同起卧,此实种种弊俗所由出。因为家庭道德是社会道德的源泉,譬如尚规律、好勤劳、爱家族,这些都是德行中的至要,却求诸下级人民之家庭必不可得,因为他们虽有家却不解家庭之真味。"既无可以慰悦心神之地,则夫徜徉街市而恣饮以谋乐,又奚足怪?"③因而改善下级人民之家庭,"洵一重要问题矣。"(3)青年择业问题。青年谋求职业,非仅欲增进其职业上的知识、锻炼其职业上的技能,盖又欲以公民的生活之兴味导引青年也,浪游无事乃人间最不幸之生活,且如此一来必定贻恶果于子弟,其

① 志厚. 凯善西台奈之教育说[M]. 教育杂志,1912,5(10):72.

② 凯兴斯泰纳著,郑惠卿选译. 凯兴斯泰纳教育论著选[M]. 北京:人民教育出版社,2004:4.

③ 志厚. 凯善西台奈之教育说[M]. 教育杂志,1912,5(10):74.

例固不遑枚举矣。是故,劳动乃人类之本分也;敬业乃生活之真诠也。(4)养成不重特权而重实力之风。凯氏以为今之卒业某类学校者,俨然占有特权。非出身良好者,虽才力优异,在众相排挤之下遂使其人无伸展之余地,卒至意气颓丧、能力消磨,为害至深。社会风气须逐渐转移至人人不问身份高低但问知识能力,才不会有湮灭人才之虑。(5)使上流社会咸具好尚劳动之精神。德意志西北一带,士夫以不解劳动自诩高雅,遂与劳动社会划若鸿沟。教育公民者,必使上流人士真知劳动之可贵,至甘执贱役。除如上五个方面外,凯氏又论及增进民庶文化,如女子才能逊于男子,不可不设法增进女子的才能。可以认为外部条件主要是指教育与社会的关系。

内部的条件,是从心理上考察,主要是利己心与利他心的调和。根据凯氏的观点,利己与利他的冲动相并而存,生物皆如此,人类更如此。然而,人跟动物的不同之处在于,动物的利己冲动经日益强,人的利他冲动则可展拓,人类的自我观念完全而明确。人类一切行为无不受利己、利他冲动的影响。利己心如趋于恶则为自私自恣,趋于恶则为自尊自治;利他心亦有区分,有名为爱人实则博一己虚名者,亦有心在公益不惜以一身牺牲者。利己或是利他,都是教育的结果。通过教育,人们可以明了个人安宁与公众安宁的关系,个人幸福与家族幸福、团体幸福、国民幸福的关系,由此利他的冲动可以变化为致身之诚、尚公之心、合群爱国之念等"道德的势力",而这正是教育的目的所在。

其三,公民科应重实际训练。

凯氏认为学校设立公民科由来久矣,但不过授以知识却未尝导之于实行。所谓公民教育者,理论足可贵,但实际为更贵。怎样才可实现公民训练?凯氏称适切之法有二:体育的组合与社交的组合。一方面,唯有遵循一定规律以锻炼身体者,乃能收锻炼意志之效,人们却往往忽略并存在认识误区,或认为生徒参加职业活动就不患运动不足,或认为体育固然重要,但应授科目已多,无暇时余力。这两种说法实际都有谬误。另方面,社交的组合,即夜会、演艺等。这些并非以技艺为目的,其真正目的在于引起青年娱乐之兴趣而将其导向高尚之途。凯氏主张开展公民道德训练,他甚至强调补习教育的内容应涵括"实际的公民训练"一项,以地方自治团体为模范,于学校之中设立种种制度,以使学校的实际生活成为一个有机的组织。

(三)凯氏公民教育思想传播之缘由

事实上,20 世纪以前德国将宗教作为国民学校的主要学科和陶冶公民的有力手段;20 世纪初开始倡导以提高国民素质和政治水平为目的的公民教育。这主要是基于两个原因:第一,社会各阶层都处在经济穷困中,社会民主主义运动得势,需要那些过去对政治保持冷漠的民众关心政治,因而要开展政治教育;第二,皇帝和政府为镇压社会民主主义运动,需要依托于政治教育。[①] 1909 年,在参议官的创议下,开设了"德国公民教育会议"。1911 年改称"公民陶冶及训练会议",以促进德国国民尤其是青少年的公民训练为宗旨。该会议为公民教育作出了不懈的努力,举办演讲会、发行书刊,迅即又创立"青年德意志联盟",在政府和社会公共团体的支持下全面开展公民教育运动。1919 年"公民科"经德国宪法规定为学校的一门学科。

凯氏的公民教育理论正是在这样的背景下诞生的,"凯兴斯泰纳所谓公民教育者,盖由两种思想衍而出之。其一,教育之事不可不以国家为本位。……其二,则谓将来之教育不可不于经济方面、实业方面、生利方面十分顾虑。"[②]凯兴斯泰纳以为二者有内在联系,不能互相分离,"惟确然立于陶冶国民之基础之上,而目光所注常在社会之经济的关系、国家之有教育,其本质实存于兹耳。"[③]一战期间民族主义思想高扬,战争的现实迫切需要每一个人成为有用的良好的国家公民,全体国民团结一致服从国家的总体目标,而这需要借助公民教育。对于彼时中国而言,凯氏国家本位的公民教育观契合共和建国的现实需要,也契合人们对共和国民的理想愿景,在国人自臣民向公民的思想转轨中掀起一股涟漪。从一定意义上说,凯氏公民教育思想对民初中国的影响,更多停留在思想层面,较少涉及实践层面,随后便被杜威来华的狂热场景所取代。

---

① 〔日〕佐藤正夫著,钟启泉译. 教学原理[M]. 北京:教育科学出版社,2001:134.

② 绍兴,樊炳清. 凯善西台奈氏教育说[M]. 上海:商务印书馆,1916:2~3.

③ 绍兴,樊炳清. 凯善西台奈氏教育说[M]. 上海:商务印书馆,1916:2~3.

二、杜威来华对中国公民教育的促动

作为一名伟大的、享有世界声誉的人物，美国实用主义哲学家、教育家杜威曾对很多国家产生影响。然而正如胡适所言，自中国文化与西洋文化产生接触，尚没有一名外邦学者在中国的影响达致杜威这样大。[①] 布里维特也曾言杜威的"最大影响在中国"。[②] 吴俊升在《增订杜威教授年谱》中亦表示，就中国教育者受外国学者的影响而言，最广泛与深远的以杜威为第一人；就杜威给予国外教育影响的影响而言，最巨大者也以中国为第一国。[③]"五四运动"前夕，杜威受邀来华，他主张的自由主义和民主主义理念深刻影响当时的教育家和思想家，使得中国进入到以杜威等的公民教育模式为指导[④]的阶段。

（一）杜威来华及其理论传播

杜威的中国之行是20世纪前期中国社会备受瞩目的事件。其实，早在杜威来华之前，他的教育思想及"实用主义"名词已经在中国流播。

1. 杜威来华前实用主义在中国的传播。

周洪宇、向宗平认为蔡元培最早论及杜威教育思想。[⑤]《对于教育方针之意见》中蔡元培论及，"于是有第二之隶属政治者，曰实利主义之教育，……此其说创于美洲，而近亦盛行于欧陆。"[⑥]"今日美洲之杜威派，则纯

① 滕大春. 杜威和他的《民主主义与教育》[M]/〔美〕杜威著，王承绪译. 民主主义与教育. 北京：人民教育出版社，1990：39.

② 单中惠. 现代教育的探索——杜威与实用主义教育思想[M]. 北京：人民教育出版社，2001：478.

③ 滕大春. 杜威和他的《民主主义与教育》[M]/〔美〕杜威著，王承绪译. 民主主义与教育. 北京：人民教育出版社，1990：39.

④ 代贝、周光稷. 价值与模式：历史视野中的我国公民教育及其展望[J]. 教育学报，2007(4)：64.

⑤ 周洪宇，向宗平. 杜威教育思想在中国的传播及其影响[J]. 河北师范大学学报，2001(2)：60. 及金林祥. 蔡元培论杜威[J]. 湖南师范大学教育科学学报，2009(1)：11.

⑥ 蔡元培. 对于教育方针之意见[M]/高平叔编. 蔡元培教育文选. 北京：人民教育出版社，1980：1.

持实利主义者也。"[①]蔡元培用"实利主义"来归纳和宣传杜威的思想。1918年5月30日,蔡元培在演讲中提及实用主义,称"知教育者,与其守成法,毋宁尚自然;与其求划一,毋宁展个性。请举新教育之合于此主义者数端。一曰托尔斯泰(Tolstoy)之自由学校……。二曰杜威(Dewey)之实用主义……。"[②]蔡元培详细介绍了实用主义学说,称《学校与普通生活》一书"力言学校科研与社会隔绝之害"。[③]

除蔡元培外,其他教育家和研究者也纷纷关注并论及"实用主义"。1912年黄炎培在《教育杂志》第7期发表《学校教育采用实用主义之商榷》,称实用主义即"打破平面的教育,而为立体的教育。""今观吾国教育界之现象,虽谓此主义为唯一之对病良药可也。"[④]同期刊登的还有庄俞《采用实用主义》一文,开篇论及"实用主义云何?使儿童在学校所受之教育悉能适于社会生活之需要而已。我国今日教育之现状就表面言,未始不蒸蒸日上,按之实用相去不啻霄壤。今之主持教育者但知筹巨款建大学校、专门学校,规模求其宏,仿效求其似。历数年后果能致用与否胥不之顾。长此不变,事倍功半,而国民隐受其祸矣。"[⑤]文中称实用主义为"欧陆学校之先例"、"我国学校教育之良药"、"全国教育界注意",表示对黄炎培的赞同。1913年《中华教育界》再次登载《学校教育采用实用主义之商榷》,足见其影响力之广。1914年顾树森撰文论及"吾国兴学十余年,学愈兴而国愈贫,教愈普而人愈无职业。此无他,一言以蔽之,曰不适实用而已。"[⑥]顾树森连续在《中华教育界》1914年第13、14、15、16期发表《实用主义生活教育设施法》,以倡导实用主义。此外《实用主义产出之第一年》(黄炎培,《教育杂志》1915年第7卷第1期)、《实用主义产出之第二年》(黄炎培,《教育杂志》1916年第8卷第1

---

① 蔡元培. 对于教育方针之意见[M]/高平叔编. 蔡元培教育文选. 北京:人民教育出版社,1980:5.

② 蔡元培. 新教育与旧教育之歧点[M]/高平叔编. 蔡元培教育文选. 北京:人民教育出版社,1980:49~50.

③ 蔡元培. 新教育与旧教育之歧点[M]/高平叔编. 蔡元培教育文选. 北京:人民教育出版社,1980:49.

④ 黄炎培. 学校教育采用实用主义之商榷[J]. 教育杂志,1912,5(7):59.

⑤ 庄俞. 采用实用主义[J]. 教育杂志,1912,5(7):87.

⑥ 顾树森. 实用主义生活教育设施法[J]. 中华教育界,1914,13:1.

期)、《实用主义手工新教材》(赵传璧,《教育杂志》1916 年第 8 卷第 5 期)、《实用主义潮流之作文教授》(张显光,1917 年第 9 卷第 8 期)等文尽管未必直接提及杜威,但为人们接纳"实用主义"这一概念做了铺垫。

此后学界研究杜威的兴致渐浓。1916 ~ 1918 年杂志登载直接介绍杜威教育学说的文章,如《杜威氏明日之学校》、《杜威氏之教育哲学》(《教育杂志》,署名"天民");《杜威教育主义》(《新教育》,沈恩孚)、《杜威氏之教育主义》(郑宗海)等,系统而全面地介绍杜威的教育理论。因而杜威访华之前,实用主义在中国已成为具有影响力的教育思想。

1919 年杜威受邀访华之前,中国学界还专门酝酿宣传杜威本人及其学说。3 月 31 日陶行知撰文《介绍杜威先生的教育学说》称杜威是美国哥伦毕业大学教员,亦是当今的大哲学家和大教育家,"这次来到东亚,必定与我们教育的基本改革上有密切关系。"[①]该文登载于《时报·教育周刊·世界教育新思潮》第 6 号。1919 年《新教育》第 3 期还专门刊出"杜威号",刊文包括《杜威哲学的根本观念》、《杜威的伦理学》、《杜威的论理学》、《杜威的教育哲学》。杜威抵沪之前,《申报》专门发文称"美国哲学家杜威博士自西京来电,定三十日到沪。博士为世界思想领袖,教育先导。"[②]这些刊文,在一定程度上激发了人们对杜威及其学说的浓厚兴趣。

2. 杜威中国之行及影响。

1919 年,杜威在日本东京帝国大学讲学时收到了来自中国的邀请信。在北京大学、江苏教育会、浙江教育会、南京高等师范学校、尚志学会共同邀请下,杜威于 1919 年 4 月底抵达中国。时值"五四运动"前夕,中国知识界热切渴求新知识、新思想、新学说,杜威的到来恰逢其时。甫一抵达中国,杜威便受到热烈的欢迎,被誉为"美国大思想家大教育家,久为吾国学界所钦佩。"[③]5 月 3 日杜威在江苏教育会举办首场演讲,题目为《平民主义的教育》,由蒋梦麟担任翻译,场面极为热烈:

美国教育大家、世界思想领袖约翰杜威博士 Dr. John Dewey,此番来华

---

① 陶行知. 介绍杜威先生的教育学说[M]//华中师范学院教育科学研究所主编. 陶行知全集·第一卷(论著 1913 - 1926). 长沙:湖南教育出版社,1984:102.

② 作者不详. 杜威博士之抵沪期[N]. 申报,1919 - 04 - 28(11).

③ 作者不详. 杜威博士到沪[N]. 申报,1919 - 05 - 01(10).

引起了中国教育界的关注。五月三日四日博士在江苏省教育会演讲平民主义和教育的关系,到会的人狠(很)多,而且有从别个地方特为赶到上海来的,那也可见一般人的景仰了。①

此次杜威博士徇江浙两省省教育会及北京大学校之请来华演讲。国内教育家莫不引领而望,冀得一闻博士伟论。五月三四两日博士在上海、江苏省教育会演说,听者之众,几于无席可容。两日演说之辞,已见中西各报。远方人士,有不及亲聆博士言论者。但读五月四五两日各日报,自能窥见博士来华后之言论。②

此后在中国长达两年零两个多月的时间里,杜威足迹遍布 11 个省和 3 个城市,分别是北京、上海、天津、江苏、浙江、直隶、奉天、湖北、湖南、陕西、福建、广东、山东、江西等省和 3 个城市,做了大小演讲二百余次。③ 杜威每到一处皆引起轰动,"几乎全国主要的杂志都刊登杜威演讲的中文本"。④ 杜威在广东演讲时因不能久滞,"百粤人士甚为怏憾",至杜威离粤时"百般设法阻止其行,大有扳辕挡路之慨"。⑤ 1919 年 10 月 20 日,适逢杜威 60 岁生日,教育部、北京大学、尚志学会与新学会在中央公园来今雨轩开庆祝杜威博士生日会,到会 60 余人,推王宠惠先生为主席,时任北京大学校长蔡元培致辞,胡适翻译。⑥ 在致辞中,蔡元培将杜威与孔子比对,称:

我所最先感想的,就是博士与孔子同一天生日,这种时间上的偶合,在

① 潘公展笔述.记杜威博士演讲的大要[N].新教育,1919,1(3):326.

② 周由廑.约翰杜威博士教育事业记[N].东方杂志,1919,16(6):40.

③ 单中惠.现代教育的探索——杜威与实用主义教育思想[M].北京:人民教育出版社,2001:487.及元青.杜威与中国[M].北京:人民出版社,2001:序、66。关于杜威在华共做了多少次演讲,学界说法不一,目前尚缺完整、可靠的资料。杨东平认为杜威在中国"进行了百余场讲演"(参见杨东平,《艰难的日出——中国现代教育的 20 世纪》,上海文汇出版社,2003 年,48 页);孙培青、杜成宪认为杜威"前后讲演 87 场"(参见)孙培青、杜成宪,《中国教育史》,上海华东师范大学出版社,2009 年,396 页);也有学者认为"他(杜威)在沈阳、济南、扬州、南通、苏州、杭州、长沙、武昌、广州、福州等地所做的此类(教育类)演讲是数也数不清的"(张宝贵,《杜威与中国》,石家庄河北人民出版社,2001 年,46 页)。目前可见的资料中,较为详细的统计数据为 115 次(王颖,《杜威教育学派与中国教育》,北京理工大学出版社,2007 年,249 ~ 254 页),书中详细列出了演讲的具体时间、题目、地点和翻译者。但因杜威的演讲范围极广,有的演讲是在名不见经传的小地方,因而王颖的统计亦有疏漏之处。

④ 单中惠.现代教育的探索——杜威与实用主义教育思想[M].北京:人民教育出版社,2001:489.

⑤ 转引自元青.杜威与中国[M].北京:人民出版社,2001:67.

⑥ 作者不详.杜威与中国[J].广益杂志,1919(6):7.

科学上没有什么关系;但正值博士留滞我国的时候,我们发现这相同的一点,我们心理上不能不有特别感想。

……

即以教育论,孔子是中国第一个平民教育家。……我觉得孔子的理想与杜威博士的学说,很有相同的点。这就是东西文化要媒合的证据了。但媒合的方法,必先要领得西洋科学的精神,然后用他来整理中国的旧学说,才能发生一种新义。①

研究和翻译杜威的著作亦成学界热潮。1919 年 10 月江苏省立第二师范学校编辑出版《杜威在华演讲录》;1919 年 10 月新学社编辑出版《杜威在华演讲集》;1920 年 8 月北京晨报社出版《杜威五大讲演》;1920 年 11 月中国泰东图书局出版《杜威三大演讲》;1921 年 1 月刘伯明翻译、上海棋盘街文瑞楼出版《思维术》;1921 年 8 月中华书局出版元尚仁译介的《德育原理》,1921 年 9 月泰东图书局发行《杜威罗素演讲录合刊》;1921 年 10 月商务印书馆发行《杜威教育哲学》;等等。民国时期仅翻译出版的杜威作品就有 10 余本:

表 7 杜威著作中译本一览(1912~1949 年)②

中文书名	英文书名	译者	出版单位	出版年份③
《思维术》	How We Think (1910)	刘经庶	南京高等师范学校	1918
《思维术》		刘伯明	中华书局	1921
《思想方法论》		丘瑾璋	世界书局	1935
《思维与教学》		孟宪承、俞庆棠	商务印书馆	1936
《学校与社会》	The School and Society(1899)	刘衡如	中华书局	1921

① 蔡元培. 杜威六十岁生日晚宴会演说词[M]//高平叔编. 蔡元培哲学论著. 石家庄:河北人民出版社,1985:207-208.

② 北京图书馆编. 民国时期总书目(1911~1949):教育·体育[M]. 北京:书目文献出版社,1995:25~26. 参阅肖朗,田海洋. 近代西方道德教育理论的传播与民国德育观念的变革[J]. 社会科学战线,2011(7):208~209.

③ 有多个版次译著的著作,"出版年份"特指初版时间

续表

中文书名	英文书名	译者	出版单位	出版年份
《德育原理》	Moral Principles in Education (1909)	元尚仁	中华书局	1921
《德育原理》	Moral Principles in Education (1909)	张铭鼎	商务印书馆	1930
《儿童与教材》	The Child and the Curriculum (1902)	郑宗海	中华书局	1922
《教育上的兴味与努力》	Interest and Effort in Education (1913)	张裕卿、杨伟文	商务印书馆	1922
《明日之学校》	School of Tomorrow(1915)	朱经农、潘梓年	商务印书馆	1923
《民本主义与教育》	Democracy and Education (1916)	邹韬奋(原题邹恩润)	商务印书馆	1928
《民主主义与教育(1－5分册)》	Democracy and Education (1916)	邹韬奋	商务印书馆	1929
《教育科学之源泉》	The Source of A Science of Education(1929)	张岱年、付继良	人文书店	1932
《教育科学之源泉》	The Source of A Science of Education(1929)	丘瑾璋	商务印书馆	1935
《哲学的改造》	Reconstruction in Philosopy (1920)	许崇清	商务印书馆	1933
《哲学的改造》	Reconstruction in Philosopy (1920)	胡适、唐擘黄	商务印书馆	1934
《道德学》	Ethics(1908)	余家菊	商务印书馆	1935
《经验与教育》	Experience and Education (1938)	李培囿	正中书局	1942
《经验与教育》	Experience and Education (1938)	李相勖、阮春芳	文通书局	1941
《经验与教育》	Experience and Education (1938)	曾昭森	商务印书馆	1940

续表

中文书名	英文书名	译者	出版单位	出版年份
《科学的宗教观》	A Common Faith (1934)	吴耀宗	青年协会书局	1936
《今日的教育》	Education Today (1940)	董时光	商务印书馆	1946

除杜威本人的直接影响外，一批师承于杜威的教育家，如胡适、陶行知、陈鹤琴等吸取杜威思想中的合理因素，并试图结合中国国情进行教育探索。

(二)杜威来华对中国公民教育的促动

杜威的实用主义哲学标榜科学和民主精神，与“五四”时期先进知识分子倡导的科学与民主的潮流相一致，对探求革新的教育界产生巨大的感召力，在一定程度上促动了公民教育的发展。

首先，鼓舞公民教育理想。表8摘举了杜威在华部分演讲的题目，他在演讲中反复使用“共和国”、“民治”、“公民教育”、“自治”等词汇，向人们展示了一幅民主社会的美丽画卷。

表8　杜威在华讲演摘举(1919～1921年)①

时间	题目	地点	翻译
1919年			
5月	真正之爱国	南京	
5月	共和国之精神	南京	
6月8,10,12日	美国之民治的发展(3讲)	北京教育部会场	胡适
10月10日	品格之养成为教育之无上目的	大学校礼堂	胡适
10月11日	教育上的自动	体育会大讲堂	胡适
11月22日	自治演讲	北京	胡适

① 参阅袁刚，孙家祥，任丙强．民治主义与现代社会——杜威在华讲演集[M]．北京：北京大学出版社，2004：783～787．及王颖．杜威教育学派与中国教育[M]．北京：北京理工大学出版社，2007：249～254.

续表

时间	题目	地点	翻译
12月17日	大学与民治国舆论的重要	北京大学	胡适
1920年			
1月20日	西方思想中之权利观念	中国大学	胡适
4月22日	科学与德谟克拉西	中国科学社	
5月18日	学生自动之真义	镇江	刘伯明
5月20日	自动的真义	扬州	刘伯明
6月2日	国家与学生	上海沪江大学	
6月3日	公民教育	上海浦东中学	刘伯明
6月3日	德谟克拉西之意义	中华职业学校	刘伯明
6月12日	德谟克拉西的真义	杭州青年会	郑晓沧
6月13日	德谟克拉西的社会分子应有的性质	杭州第一师范	郑宗海
6月22~25日	学生自治	无锡	
9月16日	学生自治的组织	北京	
10月27日	学生自治	长沙第一师范	
1921年			
4月14日	自动的研究	福州青年会	王淦和
4月15日	民治的意义	福州尚友堂	王淦和
4月20日	国民教育与国家之关系	福州青年会	
4月20~22日	自动与自治(3讲)	福建第一中学	

1920年6月3日杜威以《公民教育》为题在上海浦东中学进行讲演。杜威称要做一个良好的公民需要具备的几种资格是:其一,政治方面,要辅助和支持中央政府,为国家谋求公共利益;其二,家庭方面,年少时要做个好子弟,将来要做好父母,以便教养孩子成为好公民;其三,经济方面,既要谋求个人的经济,也要谋求公共的经济;其四,社会交际方面,要利用闲暇促进人与人的交往,以防有害身心的事情发生。①

① 杜威.公民教育(在上海浦东中学的讲演)[M]/单中惠,王凤玉编.杜威在华教育讲演.北京:教育科学出版社,2007:262.

此外,杜威还提出三个办法以培养公民资格。其一,关于学校组织与管理方面,杜威称学校就是一个社会,因而学生在学校里接受的公民训练,就是公民教育。① 其二,关于授课及学生在课室的态度,"普通一般学生上课时太注重个人,以为求知识只为了自己受用的,不管公共的进步。教师的教授方法也不好,教授时总培养此种个人的精神,不培养公共的精神和互助的精神。"②程度高的生徒教低能生徒,是杜威建议用以培养学生互助精神的一种方法。其三,"把现行的学科根本改组,改成与社会有密切关系的学科。"③换言之,学校教育万不可专教学生以抽象的、不切实际的理论,而应于"社会上实用的工具和工艺品或社会上的卫生注意起来",例如读外国地理须要晓得国际间和商业上的关系;读本国地理须要晓得商业状况和社会状况。杜威将公民教育与实用主义相关联,"惟实用教育是有两种:一种为狭义的,只为个人谋生活、谋发财,那是不中用的;一种为广义的,是教人晓得他所学的同社会有关系、有价值。一般受教育的人,应该晓得他所受的教育不是为个人的,乃是为社会谋幸福、谋利益的,这才是实用的教育。"④

其次,推动学生自治。除对公民教育的宣扬、鼓励外,杜威在讲演中多次提到学生自治。1919 年杜威在北京高等师范进行演说,适逢该校十一周年的纪念日和学生自治会的成立日,杜威以《学生自治》为题发表演讲,后经整理发表于《新教育》上。1920 年又发表《学生自治的组织》。杜威指出:

普通的见解,都以为自治就是从旁人管理我们,换为我们自己管理自己。此不过把管理之权归到自己身上,这话固然不错,但是有了自己管理之权,就有了自己管理的责任。……从前被人治的时候,有人替我思想;种种的建设,种种的需要,都委之于人。于今自治了,须得自己思想,自己去做那种种建设和需要的事情,这不是加重我们的思想责任么?这样看起来,自治

① 杜威. 公民教育(在上海浦东中学的讲演)[M]/单中惠,王凤玉编. 杜威在华教育讲演. 北京:教育科学出版社,2007:263.

② 杜威. 公民教育(在上海浦东中学的讲演)[M]/单中惠,王凤玉编. 杜威在华教育讲演. 北京:教育科学出版社,2007:264.

③ 杜威. 公民教育(在上海浦东中学的讲演)[M]/单中惠,王凤玉编. 杜威在华教育讲演. 北京:教育科学出版社,2007:264.

④ 杜威. 公民教育(在上海浦东中学的讲演)[M]/单中惠,王凤玉编. 杜威在华教育讲演. 北京:教育科学出版社,2007:265.

比被人治还难着百倍。①

学生自治的组织,可以把“自治”和“组织”分做两个概念,这两个概念是一样的重要。许多的学生,都把“自治”的意义误会。只顾了自己的“自”字,忘却了还有管束自己的“治”字。自治的意义“不是绝对的不许外界插入干涉,乃自己练习管束自己的意思”。学生组织这一种机关,乃专为管理自己的,不是去管教习、校务及学校以外的一切事的。②

杜威的学生自治理念与“学校即社会”等观念密不可分,鼓励在学校开设学生自治组织,将学校视为“民主国的缩影”,鼓励学校在学生未进入社会之前就进行民主生活的训练,这一观念深刻影响了我国的教育界和思想界,也极大地推动了学生自治在我国的推行。

① 杜威.学生自治[J].新教育,1919,2(2):164.

② 杜威.学生自治的组织(在北京的讲演)[M]/单中惠,王凤玉编.杜威在华教育讲演.北京:教育科学出版社,2007:404.

第二章　本土语境下公民教育的自主生长

作为西方民主政治的产物，公民教育是伴随着公民的产生而出现的。近代中国引入和借鉴西方公民教育理论，并试图使其在本土孕育生根。从清末萌芽到民初勃兴，再到南京国民政府时期的演变，中国公民教育走出了与西方迥异的道路。

第一节　从无到有：修身教育的更易与公民教育的萌生

中国的公民教育经由修身教育转变而来。民国以后，“民治社会的教育目的，在于发展同情的、智慧的、自动的公民”，[①]然而“我国数千年来均为专制独裁政体，人们对各事并不参与，亦无参与之权，只需安分守己，顺帝之则，便是良民。”[②]修身科不适于造就“共和国民”的新时代，公民教育应运而生。

一、外向求索：修身步入课程体系

“我国教育，素重道德训练，粤籍古昔，圣门训徒，列礼为六艺之一；而洒扫应对，定为弟子分内之事，是为修身教育之嚆矢。降及后世，师傅相承，未尝或替。流风所及，垂二千余年。迨清季变法，废科举，设学堂，教育制度一宗日本，于是小学校之教科中始设有修身一科，与国文、算术等科相提并论，

① 彭基相.公民的训练[J].教育杂志，1924，16(9)：1.
② 余光砺.中学公民科之编制[J].中华教育界，1924，14(4)：2.

为实施道德训练之科目。”①近现代意义上的修身科,是学校教育体制的制度性变革洪流中经中外文化碰撞与融合而产生的。

(一)师法日本的修身课程

19 世纪早期,西方传教士就开始零星地在教会学校开设新式伦理学课程,但修身进入课程体系是学习日本的结果。19 世纪后期游历日本的人员多提及日本的“伦理”、“修身”课程。1877 年随驻日大使何如璋出使日本时,黄遵宪曾撰写《日本国志》一书,介绍明治维新四年的情况,“设立文部省,寻颁布学制于各大学区,分设诸校,有外国语学校,以英语为则,有小学校,其学科曰读书、曰习字、曰算术、曰地理、曰历史、曰修身。”②随后,傅云龙《游历日本余纪》亦提及,“有高等女学校……其学不外汉文、国语、英语、伦理、地理、数学、史学、理学、家事、图画、音乐、体操。”③黄遵宪、傅云龙等带回的有关“修身”、“伦理”课程的信息,为人们带来了新鲜的资讯,此后人们对修身科的引介加速。1898 年姚锡光进一步确认了修身科的性质,“日本教育之法,大旨概分三类,曰体育、曰德育、曰智育,故虽极之盲哑推之女子,亦有体操,重体育也。言伦理,言修身,在德育也。凡诸学科皆智育也,此虽在女子,所不废也。”④吴汝纶在考察神户幼儿园和小学校时,看到学校教师用英雄模范的德行节操来对学生开展修身教育,认定这比中国用四书五经之道教化学生要好,并表示“吾国若仿行此,当不堪难,恐无诸乳母教师耳”。⑤1901 年 5 月,罗振玉、王国维等在上海创办《教育世界》,大量引进国外尤其是日本的教育理论,罗振玉本人也撰文建议中小学开设伦理课程,以至“‘保持国粹’四字成一时众人所言,持续其效果”。⑥ 有学者比较了罗振玉草拟的《小学堂章程宗旨》、清政府颁布的《钦定学堂章程》及日本 1900 年的《改正

---

① 盛朗西. 小学课程沿革[M]. 福州:福建教育出版社,2008:5.

② 黄遵宪. 日本国志[M]. 上海:上海古籍出版社,2001:340.

③ 罗森等著,王晓秋点,史鹏校. 早期日本游记五种[M]. 长沙:湖南人民出版社,1983:157.

④ 转引自董宝良. 中国教育史纲(近代之部)[M]. 北京:人民教育出版社,1990:246.

⑤ 赵建民. 清末吴汝纶赴日考察与中国近代学制的启始[C]/胡令远,徐静波. 近代以来中日文化关系的回顾与展望:复旦大学日本研究中心第九届国际学术研讨会论文集,上海:上海财经大学出版社,2009:31.

⑥ 罗振玉. 罗雪堂先生全集(第五编)[M]. 台湾:大通书局,1973:16.

小学校令》的相关条款，发现其中强调“道德教育”知识的内容乃至具体表述几乎没有什么差别。[①]

不仅如此，“伦理学”一词也是由日本引进我国的。据学者考证，至少在1897年以前“伦理学”这一汉字词已经从日本传入中国。[②] 20世纪初“伦理学”在中国的传播得益于梁启超、樊炳清、蔡元培、王国维等人，其中梁启超贡献最著。1902年6月，他在《新民丛报》连载的《东籍月旦》就有题为“伦理学”的文章，在比较中日“伦理学”异同的基础上，指出“中国之谓伦理者，其范围甚狭，未足以尽此学之蕴也”，而日本文部省新近所发训令中关于中学所教伦理道德之要领包括“（一）对于自己之伦理（健康、生命、知、情、意、职业、财产等）；（二）对于家族之伦理（父母、兄弟、姊妹、子女、夫妇等）；（三）对于社会之伦理（他人之人格等）；（四）对于国家之伦理；（五）对于人类之伦理（爱国、兵役、租税等）；（六）对于万有之伦理（天然物、真善美等）”，[③]他进而感慨道，与我国伦理教育相比，“何啻霄壤”，因而外国伦理学书籍不可不读。

（二）修身科目的设立

在师法日本的大趋势下，张之洞在《筹定学堂规模次第兴办折》中，建议小学课目设“修身”，文普通中学设“伦理”，文高等学堂设“道德学”，基本确定了清末课程改革中增加修身、伦理科的格局。1903年，管学大臣张百熙遵旨议奏张之洞的上折时指出，“伦理即修身……惟修身偏重私德，伦理兼及公德。小学既课修身，应如原定中学改课伦理。”[④]伦理、修身虽在名称、内涵上略有所异，但很快被混同。1902年颁布《钦定学堂章程》，中小学均设立修身科。不可否认，修身科的设立带有明显的日本化的痕迹。表9显示了1902年《钦定学堂章程》与1899年日本《中学校令施行规则》的课程设置情况，两者均设修身科，唯前者课时总数更多。

---

① 吕达. 中国近代课程史论[M]. 北京：人民教育出版社，1994：175.

② 黄兴涛，曾建立. 清末新式学堂的伦理教育与伦理教科书探讨[J]. 清史研究，2008(1)：53.

③ 梁启超. 饮冰室文集全编(卷十九)[M]. 上海：新民书局，1933：3～6.

④ 朱有瓛. 中国近代学制史料·第二辑(上册)[M]. 上海：华东师范大学出版社，1983：65.

表9 日本中学校与清末中学堂课程之比较①

日本(《中学校令施行规则》,1899年)	清末(《钦定学堂章程》,1902年)
修身	修身
	读经讲经
国语及汉文	中国文学
外国语	外国语
历史	历史
地理	地理
数学	算学
博物	博物
物理及化学	物理及化学
法制及经济	法制及理财
图画	图画
唱歌	
体操	体操
12门	12门

同样,《钦定学堂章程》也将修身科作为小学阶段施行直接道德教学的课程,并在课目表中位列第一。在《钦定学堂章程》中,蒙养学堂与寻常小学堂修身科的教学时数为6小时/周,占全部教学时数的1/6,如表10;中学五学年中修身科均为1小时/周,如表11。

① 参考吕达.课程史论[M].北京:人民教育出版社,1999:165.;王伦信.清末民国时期中学教育研究[M].上海:华东师范大学出版社,2002:90.

表 10 《钦定学堂章程》(1902 年)规定之课程(小学)[①]　单位:课时/周

	蒙养学堂				寻常小学堂			高等小学堂			总计	比例
	一	二	三	四	一	二	三	一	二	三		
修身	6	6	6	6	6	6	6	1	2	3	48	13.1%
读经	6	6	6	6	6	6	6	3.5	2	2	49.5	13.5%
读古文辞			3	3	2						8	2.2%
国文			3	3	4						10	2.7%
作文	6	6	6	6		2	3	4.5	6	6	45.5	12.4%
习字	6	6	6	6	6	4	3	1	1	1	40	10.9%
算术	2	2	2	2	2	2	4	4	4	3	27	7.3%
史学	2	2	2	2	6	6	6	3	3	2	34	9.3%
舆地	2	2	2	2	4	4	2	5	4	4	31	8.4%
理科			2	2	2						6	1.6%
体操	6	6	6	6	6	6	6	4	5	5	56	15.3%
图画			3	4	5						12	3.3%
周总时数	36	36	47	48	49	36	36	26	27	26	367	100%

表 11 《钦定学堂章程》(1902 年)规定之课程(中学)[②]　单位:课时/周

	第一学年	第二学年	第三学年	第四学年	第五学年	总计	比例
修身	1	1	1	1	1	5	2.8%
读经讲经	9	9	9	9	9	45	25%
中国文学	4	4	5	3	3	19	10.6%
外国语	8	8	8	6	6	36	20%

① 参考陈侠. 近代中国小学课程演变史[M]. 福州:福建教育出版社,2007:12～13.

② 参考陈侠. 近代中国小学课程演变史[M]. 福州:福建教育出版社,2007:12～13.

续表

	第一学年	第二学年	第三学年	第四学年	第五学年	总计	比例
历史	3	2	2	2	2	11	6.1%
地理	2	3	2	2	2	11	6.1%
数学	4	4	4	4	4	20	11.1%
博物	2	2	2	2		8	4.4%
理化				4	4	8	4.4%
法制及理财					3	3	1.7%
图画	1	1	1	1		4	2.2%
体操	2	2	2	2	2	10	5.6%
	36	36	36	36	36	180	100%

尽管有关修身科课程设置的规定首见于1902年，《钦定学堂章程》是以法令形式规定修身科课程的开端。但实际上早在1897～1898年个别新式学堂就已在实施分科教学时开设修身科，如无锡的三等公学堂、广州的时敏学堂等。① 然而《钦定学堂章程》未及实行即已作废，新行颁布的《奏定学堂章程》依然保留修身科的科目设置和地位，仅教学时数减少。然而较之《钦定学堂章程》，《奏定学堂章程》加大了同样具有道德教育意蕴的讲经读经科目的分量（初等小学堂占全部课时的2/5、高等小学堂占1/3、中学堂占1/4），且《学务纲要》更有“中小学堂宜注重读经以存圣教”等节，可见清政府道德训教的力量并未因修身科的略微调整而弱化。中学教育方面，1909年、1911年两次实行文实分科，修身科的课时数都与《奏定学堂章程》保持不变；小学教育方面，1909年、1911年分别颁布的《改订初等小学堂章程》、《改订两等小学堂章程》中，修身科的教学时数也基本保持不变。

出于对日本教育的认同，清末引入了修身一科。为何修身科一经引入便迅即进入课程体系且置于课程首位？这与人们对修身科的认识有关。1908年中国引自日本的修身书中提及，修身科是为“造就人格之根本而立也”；那么人格之根本是什么呢？即“养育其道德心”，而道德心见之于修身

① 郑航．中国近代德育课程史［M］．北京：人民教育出版社，2004：37.

科。进而论述道：

见之于中国、日本，名为修身学，欧洲各国名之为道德学，实则一而已矣。……十九世纪以来，不论东西各国，男女各校，必以修身为开宗明义第一科，学良有以也。东西国情不同，而其注重修身以养成国民之道德心则同。①

修身科被视为"养成国民道德心"的首要学科。《奏定学堂章程》曾阐述道，"至于立学宗旨，无论何等学堂，均以忠孝为本，以中国经史之学为基"。②《学务纲要》明确指出"以忠孝为敷教之本"。1906 年，学部成立后颁定的教育宗旨为"忠君、尊孔、尚公、尚武、尚实"，核心是"忠君"。忠孝思想是制定教育宗旨、修订学校规章制度的依据和准则，清政府培养忠孝之民的目的明显。

（三）修身科目的内涵渐变

中华民国成立后，蔡元培初步提出"军国民教育、实利主义、公民道德、世界观、美育"的指导思想，并以此为基础制定了国民教育宗旨。南京国民政府为对封建教育进行改造，还颁布《普通教育暂行办法》和《普通教育暂行课程标准》，规定中小学的课程及教学时数，保留修身科且仍占首席地位，各学年每周教学时数大体亦与前期的规定相同。1915 年袁世凯复辟，修身科经历了短暂的调整。1912～1916 年间修身科课时变动如表 12：

表 12　教育部文件中修身科课时数变动一览（1912～1916 年）

小学			中学		
法令文件	课时总数	比例	法令文件	课时总数	比例
《普通教育暂行课程标准》(1912)	16（初等小学堂、高等小学堂 2 课时/周）	（男）7.4% （女）7.3%	《普通教育暂行课程标准》(1912)	4	（男）3.13% （女）3.03%

① 〔日〕水谷道孝讲述，孙清如编辑. 女子师范讲义 · 第一种修身学[M]. 东京：爱善社，1908：绪论.

② 毛礼锐，沈灌群. 中国教育通史（第四卷）[M]. 济南：山东教育出版社，2005：213.

续表

小学			中学		
法令文件	课时总数	比例	法令文件	课时总数	比例
《教育部公布小学校令》(1912)	14(初等小学堂、高等小学堂2课时/周)	(男)7.2% (女)7.1%	《教育部公布中学校令》(1912)	4	(男)2.9% (女)3.0%
《教育部公布国民学校令》、《教育部公布高等小学校令》(1915)	16(国民学校三、四年级3课时/周,其余2课时/周)	(男)7.8% (女)7.7%			
《教育部公布预备学校令》(1915)	设置修身科,但各科教学时数未有规定				

实际上,1916年10月修改《国民学校令实施细则》,修身要旨始有"自第三年起兼授公民须知,示以民国之组织及立法司法行政大要"的规定,尽管公民教育尚未成为一门独立的课程,但在修身科内兼授"公民须知"已经实现了从无到有的转变。进入课堂和教科书,不能不说是公民教育发展中的一个突破。

二、顺应趋势:修身向公民的转换

1912年教育部公布的《新教育宗旨》已有"道德教育"一纲。尽管在学校科目中尚未有公民的名目,但在对新教育宗旨的不断解释中,"公民"、"公民道德教育"等概念被反复提及、广泛使用。因此,1912年的教育宗旨,被后人视为我国公民教育的始端。[①] 1912年以后,公民教育进入课程体系的呼声

① 蓝维,高峰,吕秋芳,邢永富. 公民教育:理论、历史与实践探索[M]. 北京:人民出版社,2007:332.

愈来愈高,人们在为此进行着不懈的努力。

(一)著作、报纸中的大声疾呼

时人在《教育杂志》刊文称"共和立宪之国民,果当以如何方法以养成之乎?则余敢直截解答曰:'非实施公民教育不可。'"①此间,仅《教育杂志》、《中华教育界》刊出的文章中呼吁公民教育的篇目就不在少数。

1916 年刊登的《德国之公民教育》一文,作者天民考察了德国近况,称"国民体格之强壮"、"国家意识之牢固"、"爱国之精神旺盛"、"尚武气象之富盛"、"经济思想之发达"、"经济的能率之大"、"科学的知识之普及"为"德国强盛之所以","以上五六七之三项既已备具,更贯之以国家的意识、爱国的精神,热诚努力而进行其经济力及工业贸易,遂非常进步,大有一日千里之势"。② 作者随即呼吁:"更于新教育政策之下,建立教育方针,而亟亟焉实行以奏其实绩,其最新注目之教育,即所谓公民教育也",③推行公民教育之急切心态可见一斑。同年顾树森《论共和国国民教育之精神》,表达更为直接:

> 立国于大地之上,必有所以立国之精神足以辅助国家巩固其基础、增进其实力,而后国家乃能日臻强盛。此精神维何?曰一国之国民性是也。旷观近世欧美列强无不兢兢焉注重此点。调查各国国民之特性与本国国民相与比较研究之,训练而改良之,取人之长补吾之短,保存其固有之美德,祛除其恶劣之根性,俾国民资格日臻完全得以生存于优胜劣汰之世,其意至深远也。然欲养成此等国民健全之精神,果由何道而致之乎?曰惟国民教育是已。……国民教育,非仅关于国民知识上之问题,乃国家全体发达上之问题也。④

国家强盛的因由在于"国民性",要养成"国民健全之精神",必依托于"国民教育"。国民教育实为国家发达的重要问题,故而不可小觑。此外时

---

① 台湾师范大学学术研究委员会.明日的公民教育——教育的回顾与展望[M].台湾:台北幼师文化事业公司,1983:34.

② 天民.德国之公民教育[J].教育杂志,1916,8(7):51~52.

③ 天民.德国之公民教育[J].教育杂志,1916,8(7):53.

④ 顾树森.论共和国国民教育之精神[J].中华教育界,1916,5(8):1~2.

人有些已开始切实讨论公民教育如何开展的问题,如《教育杂志》发表的以“太玄”署名的文章就专题论及公民的训练法,在国家公民教育的浪潮中开始公民自治训练方案的初步设计:

此训练方案非初小以上之程度不能实施,与此方案中左记之各种会合至为重要。试观下之说明则于方案全部之精神当可明了矣。其会合之名称如左(下)。

(1)级友会。

(2)干事会。

(3)代议员会。①

人们还极力倡导学生自治、训育等,后文将专门论述。这些共同促使公民教育的浪潮渐高,为公民教育切实进入学校课程做了充分的舆论准备。在这些声浪之下,1916年10月修改的《国民学校令实施细则》中修身要旨始有“自第三年起兼授公民须知,示以民国之组织及立法司法行政大要”的规定,这也为公民科摆脱修身科的“母体”而正式设立打下了基础。

(二)教育组织的实际促动

1919年,全国教育会联合会第五届大会提出,“民国主权,属于国民全体,……凡属国民,自应具有公民知识。”②大会通过《编定公民教材案(函各省区教育会)》的决议案,指出因1916年10月于修身课内兼授公民须知却没有添设“公民科”;况中等学校最后一年虽有“法制”科,但每周仅有一小时,“所含公民教材极为简略”,为使青年学子“得知公民应负之责任”,需编写公民教材。关于编定公民教材的方法,大会提出:(1)编订公民教本,专供中小学校教授公民科使用。这类资料和教本应由各省区教育会选聘教育家精选教材,按其程度,分别编写。(2)编订公民常识表,作为通俗讲演的资料。在这里,编订公民教材的提议具有两个关键意义,其一影响其后公民科单独设立的提案能否得以顺利通过;其二第一次在教育文件中正式使用“公

① 太玄.公民的训练法[J].教育杂志,1918,10(4):95~97.

② 第五届全国教育会联合会.第五届全国教育会联合会议决案[J].教育杂志,1919,11(12):51.

民科”这一学科名称,其中提出的公民知识、公民常识、公民的责任等应纳入公民科教材的建议,成为地方学校开展公民科授课时的主要参考。① 江浙两省教育会随即开始编订公民教育专册,将其分为道德、卫生、经济、法制四编。② 此后,一些学校也开始了改组修身科的尝试。1922 年 1 月,舒新城考察发现,江苏省立第一中学校开设公民科、南京高等师范附属中校开设公民学、北京高等师范附属中校并设修身和公民科。③ 同年 3 月,吴俊升等对江浙 2 省 12 个地区 56 所小学的调查发现,“修身已有以公民代之之趋势”。④

三、取而代之:公民教育得以确立

修身科向公民科的转变已是大势所趋,然而人们对于公民科设施方式仍存争议。在多方协调折中的基础上,1922 年公民科作为一门独立学科进入课程体系,公民教育得以落实。

(一)公民科设施方式之争

壬戌学制中设立公民科,是公民教育在学科理论、课程实践层面获得制度承认的最好确证。但围绕公民学科如何实施,却存有不小的争议。争议的中心话题在于公民教育应融入各科之中,还是应单独设立公民科,由此形成了两种不同的声音——混科制和分科制。细究起来,产生这一问题的缘起在于“公民教育的实施一大部在课外,一小部在课内;课内的公民教育,一部分在各科中,一部分别设公民学科,公民学科在公民教育中实占很小的位置;而必须设科的理由,因为关于公民智识方面,实有须详细指导,或做有系统的研究者。”⑤对于公民科的设置办法,细分起来有下述几种:

混合于常识科中 他们把史地、卫生、自然、公民几项,合并教学,以为初级小学的儿童,年龄幼稚,能力有限,不宜分科太细。几项合并教学,事项支

---

① 原春辉. 中国近代教育方略[M]. 台北:台北兴台印刷,1963:32.
② 舒新城. 近代中国教育思想史[M]. 福州:福建教育出版社,2007:252.
③ 舒新城. 中学学制改革问题[J]. 教育杂志,1922,14(1):3~10.
④ 周之淦. 公民学课程大纲[M]. 上海:商务印书馆,1923:19.
⑤ 赵宗预. 小学校的公民教育[M]. 上海:新时代教育社,1928:24.

配,可以自由活动,理论未尝不是。不过公民科因为合并于常识科的缘故,教学的机会很少,实际上觉得不够。

混合社会科中 他们把史地、卫生、公民合成社会科。比较第一个方法,妥当些。因为这四项的关系,本很密切,并为一科,尚属使得;不过分量支配还是成为问题的。

别立一科目 这是最近的主张,因为觉得公民科十二分的重要。教育者应该做一次系统的研究,全校的公民科,由一个教师去担任,各级前后有照顾;因为合并于他科中,往往容易遗漏,不是一个教师担任,更易前后脱节的缘故。①

以上罗列的是当时意见较为集中的三种观点,前两者可说是混科制的代表,第三种则代表分科制。根据小学校公民教育的实际状况,具有小学实际办学经验的赵宗预建议:(1)有关三种方法的取舍,学级多的学校,可用第三法;学级少的学校,可用第二法,第一法总以不用为是;(2)有关时间的支配,每周至少要有一百分钟左右,可分为2节甚至3、4节,低年级每节时长可短,高年级可长。

张粒民则明确表示支持混科制,指出德、美等国大部分是合并于历史一科中,虽有另设公民科或民政(civil government)一门者,但多数皆从第7或8学年始行分教。同时,还清晰地指出独立设科固然利于教材的组织,但从"教授的利便和儿童的心理"来看未必有益。独立设科的情况下,"须放弃系统的研究方法,而代以下法:从儿童所可际逢之一些'具体的问题'起首,选取各种对于儿童有真实兴趣之'公民问题',从他们的观点而从事研究。"②

混科制、分科制孰优孰劣,时人各执一词。支持混科制的学者主要基于三种因素的考量:其一,知识结构。公民教育的内容与诸多学科关系密切,在小学阶段不宜分科;其二,心理结构。儿童对世界的认识始于整体和感性,而且公民教育的有些内容本身蕴涵在其他学科中,若强行划分过细的学科范畴反而使儿童认知受限;其三,公民教育的特性。公民教育须课内、课外贯通,公民科授课并不能实现公民教育的全部目的,与其他学科混合是实

① 赵宗预.小学校的公民教育[M].上海:新时代教育社,1928:25.

② 张粒民.小学公民教育及教学法[M].上海:商务印书馆,1925:58.

现公民教育效果的必须手段。但是，即便混科制的支持者，在一个核心问题——公民科应与哪些学科混合、如何混合——也不能达成一致。

支持分科制的学者重在突出公民科的地位和意义。作为培养合格公民的一门基础性学科，所包涵的知识必定是零碎庞杂的，“夫儿童将来为组织社会之分子，以其必与社会共同以生也。周于其身者，事物之关系，至错综而繁密，岂仅以有选举权而为法律之隶属哉？……其人必有科学艺术之训练，历史人情之推察，交际交通之常识，坚忍劳苦之美质；心灵而手敏，目远和体健；一言以蔽之，干事才也。”[①]学校必“以培植良国民为务”，必专设科公民科，以发挥提纲挈领的功能，彰显学校教育之目标指向，同时单独设科可避免公民教育成为摆设，以陷入虚化的处境。

事实上，公民教育尚未引入我国之前，已存在混科制和分科制的分歧，杜威便是混科制的支持者。在多番讨论后，颁布的新学制最终采取的方案是：初小设社会科，将公民、历史、地理、卫生（初中阶段取消）并入其中；高小和初中单独设立公民科。这种设计，既考虑了不同学级学生的心理特征，更凸显了公民科的学科特色，兼采纳了混科制和分科制之长。

（二）新学制的颁布与公民科（社会科）的设立

公民科取代修身科的理由于1922年7月中华教育改进社在济南召开的第一届年会中《修身科宜改称公民科》的议案中将理由归纳为三：其一，修身科局限于个人修养，不适于共和社会；其二、修身科重道德涵养轻法律观念，不适于法治国家；其三、修身科标准过旧，多强调消极方面，不适于团体合作。1923年，东南大学教授程湘帆进一步将改修身科为公民科的理由概括为：

（一）范围太狭也。公民之不可不修身，尽人皆知；然吾人于修身，有不可不知者二事：(1)修身非必为吾人最后之目的；(2)修身之标准与范围，非一成不变者。

（二）标准太旧也。……然自中外交通以来，君主制度已变作民主制度；民治精神已蓬勃于社会人心；国外商务既日见澎涨；国内实业亦日益发达；

---

① 张粒民．小学校的公民教育[J]．教育杂志，1924，16(4)：2.

此种势力皆足以支配社会将来之改造。试问,公民当有若何之知识、习惯、技能、欣赏、观念、理想,始得适宜于此变动之环境乎?

(三)太重学理也。

(四)教材支配未能适当也。公民教材之支配,必按学童之年龄与该年龄中公民生活上之必要经验为标准。

(五)不能造成法律的观念也。①

按照程湘帆的解释,修身科重在个人道德之修养,因而不适用于法治国家也。公民科教育之目的则不然,“凡一切弊病之属于修身科者,一扫而空之,宜乎其为大多数人所竭力提倡也。”②事实上,以公民科(社会科)取代修身科,是在教育人士的推动之下实现的。壬戌学制本身是对美国中小学课程体系的模仿,因此仿照美国设立公民科(社会科)也是情理之中的事。民主政体下人们的思想观念、行为习惯、知识技能都须有所不同,“必使学生明了严格,以及今日之社会实在的状况,而有应付之知识与适宜之能力。比如今日之男女问题、家庭问题、择业问题、教育问题、自治问题、南北统一问题、五族调和问题等等,实为处此社会、处此国家、处此世界者所不可不知、不可不解决者,而皆非旧式修身范围所及。”③况且修身教材,多是抽象学理,教法又多空谈。

事实上,废除修身科的主张并非一蹴而就,学界对修身科的态度也悄然转变。其一,纵向来看,1916 年前讨论“修身”问题的文章数量较多且集中于探讨如何更好地进行修身教授,其后则渐少。1912 ~ 1916 年间发表的文章,如贾丰臻《修身作法教授谈》(《教育杂志》,1912 年第 4 卷第 9、10、11 期)、贾丰臻《修身教授及操行调查说》(《教育杂志》,1912 年第 5 卷第 6 期)、允明《修身教授案编辑法》(《中华教育界》,1913 年第 4 期)、侯鸿鉴《修身作法教材之商榷》(《教育杂志》,1914 年第 6 卷第 11 期)等,甚至还引入了国外思想以补充和提升修身教授,如时成《法国之修身教授》(《教育杂志》,1912 年第 4 卷第 12 期)、《法国中小学修身科教授要目》(《教育杂志》,1912 年第

① 程湘帆.小学课程概论[M].上海:商务印书馆,1923:61 ~ 67.

② 张粒民.小学公民教育及教学法[M].上海:商务印书馆,1925:9

③ 张粒民.小学校之公民教育[J].教育杂志,1924,16(4):1.

4 卷第 1 期)、丁锡华《日儒福泽谕吉之修身要领》(《中华教育界》,1914 年第 13 期)等;1916～1918 年时段内的文章较少,1920 年后则鲜有。其二,横向来看,辛亥革命以后的修身教授除保留中国传统伦理道德外,还增添了资产阶级的新道德规范,修身教授之法也更丰富多样,正如蔡元培先生在《中学修身教科书》中所言,“教授修身之法,不可徒令生徒依书诵习,也不可但由教员依书讲解。应就实际上之种种方面,以阐发其旨趣,或采历史故实,或就近实事,旁征曲引,以启发学生之心意”。[①] 贾丰臻表达了同样的观点,强调修身教授“贵有兴味”、“贵合儿童心理”、“当教诗歌”。[②] 从清末到民初,修身科虽保留名称不变,但内部已发生变化,蕴含了向公民科转变的因子,况修身科已不合于时代。

芝加哥大学某中国学生,曾将一般通用之中华与商务两书馆出版之国民修身教科书做详细的研究,结果如次:

教材之性质	字数(以百分计)
政治生活	三七.七〇
抽象的道德	一四.五〇
家庭生活	九.二〇
健身	八.〇〇
学校生活	六.五〇
职业生活	三.五〇
宗教生活	二.六〇
其他	一八.〇〇
	总共　一〇〇.〇〇[③]

按照儿童与该年龄所应有的经验来看,初级小学教材应偏重于“家庭生活、学校生活与游戏生活”,而在教材中仅占 23.7%;相反具有抽象意义的政治、道德却占 52.2%。由此看来,修身科已不适用于社会发展的需要,被公民科取而代之是大势所趋。终于,1922 年底北洋政府公布的壬戌学制中规

① 刘立德. 儒家修身理论与近代修身课本[J]. 北京大学学报(哲学社会科学版),1998(6):77.

② 贾丰臻. 修身教授革新之研究[J]. 教育杂志,1918,10(1):3～4.

③ 张粒民. 小学校之公民教育[J]. 教育杂志,1924,16(4):3～4.

定,中小学设立公民科,内容如下:

(a)小学阶段

小学课程分国语、算术、卫生、公民、历史、地理(前四年卫生、公民、历史、地理合并为社会)、自然园艺、公用艺术、形象艺术、音乐、体育等11目:

表13 1922年壬戌学制规定之课程标准(小学)

<table>
<tr><th colspan="2" rowspan="2">学科</th><th colspan="4">国语</th><th rowspan="2">算术</th><th rowspan="2">卫生</th><th rowspan="2">公民</th><th rowspan="2">历史</th><th rowspan="2">地理</th><th rowspan="2">自然</th><th rowspan="2">园艺</th><th rowspan="2">公用艺术</th><th rowspan="2">形象艺术</th><th rowspan="2">音乐</th><th rowspan="2">体育</th></tr>
<tr><th>语言</th><th>读文</th><th>作文</th><th>写字</th></tr>
<tr><td rowspan="2">百分比%</td><td>初级小学</td><td colspan="4">30</td><td rowspan="2">10</td><td colspan="4">社会20</td><td colspan="2">12</td><td rowspan="2">7</td><td rowspan="2">5</td><td rowspan="2">6</td><td rowspan="2">10</td></tr>
<tr><td>高级小学</td><td>6</td><td>12</td><td>8</td><td>4</td><td>4</td><td>4</td><td>6</td><td>6</td><td>8</td><td>4</td></tr>
</table>

(b)初中阶段

初级中学课程设社会科(公民、历史、地理)、言文科(国语、外国语)、算学科、自然科、艺术科(图画、手工、音乐)、体育科(生理、卫生、体育)等6科作为必修学科。

表14 1922年壬戌学制规定之课程标准(中学)

学科	社会科			言文科		算学科	自然科	艺术科			体育科		共计
	公民	历史	地理	国语	外国语			图画	手工	音乐	生理卫生	体育	
学分	6	8	8	32	36	30	16	12			4	12	164

小学阶段,初级小学设社会科(公民、地理、历史、卫生合并教学),公民科占社会科的1/4,授课时数占总课时的20%;高级小学单独设公民科,授课时数占总课时的4%。中学阶段,初中阶段设公民科,计6学分;普通高中阶段分设社会研究、人生哲学,授课时间为3小时/周,分别计4、6学分。至此,公民科作为一门独立学科被确定下来,标志着我国学校公民教育正式发展起来,学校生活中的公民训练也广泛开展起来,公民教育在中国也实现了从

无到有的历史性转变。

第二节　上下互动：公民教育的图景绘描与本土实践

事实上，公民教育在中国的开展始于民间促动，进而进入官方政策文本；公民科设立后，官方倡导与民间推力互相作用，推动公民教育黄金时代的到来。

一、关于公民教育的实际讨论

1922 年壬戌学制及课程改革，是近代中国学校教育追求现代性的滥觞。① 新制课程颁行之后，国内学校，“奕然有生气”，然而小学公民教育却在经受“委屈”：②

其一，没有享有与其他课程同等的待遇，在学科标准厘订、教材编写、实施方法探究等方面“惨淡经营”。

其二，学校以为“公民”是修身科的替代而已，“有许多学校拿一本从前的修身教本，上公民课以敷衍面子；也有许多学校，上公民课的时候，大用其训话的指示，而专讲那些“修身德目”、“伦理实践”；也有许多办教育的人异口同声地说“修身科换一个招牌叫公民科，名称虽有新旧之分，根本上却没有什么不同。因为公民科就是从前修身科的化身。”③

公民科所经受的这两个“委屈”，前者是被“漠视”，后者是被“误解”，公民科的遭遇不只如此。1925 年中华教育改进社第四届年会公民教育组刘鹗书提议《中等学校宜及时提倡孔道培养国民品性以遏乱源而巩国基》，猛烈抨击公民科代替修身之举，呼吁应倡明孔道，“修身为我国实行道德之一科，其名词复见于经传。告朔饩羊，本不应废，今既代以舶来品之公民科，似亦不可抛弃私人道德。偏重公民知识，以致流弊潜滋，不可穷诘。古来之兼善

① 吕达. 中国近代课程史论[M]. 北京：人民教育出版社，1994：337.

② 徐元善. 小学校公民教育之五大问题[J]. 新教育，1925，10(1)：95～96.

③ 徐元善. 小学校公民教育之五大问题[J]. 新教育，1925，10(1)：96.

天下者，皆始于独善其身，今则自身未修，即倡言服务；不能自治，竟狂言治人，是皆未奉教于孔子也。而暗受偏激教科书之害，亦复不浅。有教人之责者，宜共思所以匡救之。"①

可见，尽管公民科设立，但公民教育在获得关注、认同方面还有很长的路要走。为了澄清人们思想认识中的误区，推进公民教育，学者和研究者们不断著书立说，展开讨论。这一时期以商务印书馆为主出版了熊子容《公民教育》、周之淦《公民学课程大纲》、程湘帆《小学课程概论》、余家菊《训育之理论与实际》等，直接或间接论及公民科教学；还翻译出版了斯纳藤《公民教育》、小尾范治《公民教育概论》等；《教育杂志》、《中华教育界》等登载诸多篇幅以探讨公民教育问题。人们对公民教育、教学的讨论更加深入，视野更为开阔。

（一）公民科具怎样之性质与理念

公民科由修身科转化而来，人们在进行界定时往往将二者相提并论、加以比对："公民学的性质，就是想使我们能做健全的个人，能适应团体的生活，……公民学决不是抽象的、玄想的理论科学，他实在是给我们一点暗示、一些动机，使得我们能就活动的范围内，以创造经验，以表现能力，倘把这个观点看错了，仍像以前修身科一样，那便是我们学习公民学的大失败了。"②1924年，中华教育改进社年会各组宣读论文，冯顺伯、金崇如、王仲和三人提交的《初中公民学教本》，也试图辨明公民学的学科性质：

有人谓政法常识是公民学，又有人谓卫生、道德、政治、经济是公民学，又有人谓公民学即新式的修身。我们觉得果真公民学即是上指的种种东西，学校中何不即设立那些东西的科目，又何必巧立名目标出公民学呢？公民学既经特别设立，自有特殊的性质、特殊的范围、特殊的目的，遂有独立成一科目的价值了。公民学可以收集政治常识的材料，却不是政治常识。因为不是仅仅造成一种公议投票的公民。公民学可以收集卫生、道德、政治、经济中的智识，却不是把这四种材料照样分部提出纲要灌给学生的。公民

① 舒新城. 近代中国教育思想史[M]. 福州：福建教育出版社，2007：256.

② 孙祖基. 公民学学习法[J]. 学生杂志，1923，10(6)：1.

学教员又何苦替应用生理学、社会学、政治学、经济学教员，费心血教四部缩影的科学呢？公民学更不是新式的修身：因为单讲个人道德，不涉及社会生活，不了解人生知识，公民还是一种不完全的公民。所以我们觉得公民学所要养成的公民；狭义言之，是中国的理想的国民；广义言之，是社会的标准人物。①

将公民科定位于培养“中国的理想的国民”与“社会的标准人物”，显然与旧式修身迥异。公民科的开展自然不能沿袭修身科的做法，应有耳目一新之理念。公民科该持怎样的教学理念？以何者为出发点和落脚点？“谈公民教育易，谈小学校的公民教育难。空谈公民教育，只要能读外国书籍，迻译成书，易如反掌；谈小学校的公民教育，则不然。……议论不贵高深，而贵切实；不贵宏富，而贵扼要。小学教师学力有限，时间有限，说得高深了，反使他们模糊；说得宏富了，反使他们不易卒读。方法、课程，不贵新奇，而贵实用；不贵繁复，而贵简单。所谓实用，就是今日所知，便可起而实行，所谓简单，就是人人能做，校校能行。”②学界切切期望公民科确有实效，而不致徒有虚名、流于形式，因而关于公民教育的讨论更加务实，时时处处以儿童本位作为讨论公民科教学的出发点。

杨逸群首先指出，公民科的教学标准“须按儿童的能力限度和心理发达的顺序制定”，③而非似修身“好谈空虚的道德”且“无正当的标准”。1923年，由丁晓先、吴研因、沈百英、庄俞、杨斌如、冯达夫等一批著名的教育人士组成的“新学制实施讨论会”专门编写出版《新学制小学实施教学法》，其中有关“公民科”的专题讨论进一步指出“公民科的教学，和别种科目的教学法，有完全相同的地方就是适应儿童的需要。所有的研究问题，该向儿童方面去收集，儿童对于自己提出的问题研究起来，一定比了教师指定的问题肯用心讨论。”④因此，拿学生身边的、切近的、熟悉的和感兴趣的问题作为教学的素材，便更能引起学生的行为兴趣，而起到“小题大做”的功效。讨论会还援引了《新法后期小学公民教科书第一册》中的案例——“游戏的规则”进行

① 舒新城. 近代中国教育思想史[M]. 福州：福建教育出版社，2007：256.

② 赵宗预. 小学校的公民教育[M]. 上海：新时代教育社，1928：序.

③ 杨逸群. 新制小学公民课程的实际讨论[J]. 中华教育界，1924，14(5)：1.

④ 新学制实施讨论会. 新学制小学实施教学法[M]. 上海：商务印书馆，1923：49.

分析:

张生:李哥!你昨天为什么不来看比赛足球?你晓得我们学校已经得胜吗?

李生:张哥!我还不晓得。因为昨天我的哥哥回家来了,讲了许多故事给我听,我竟忘记来看比赛了。

张生:……

……①

学生学完这节课后,会产生组织足球队的动机,教师便可利用讲述足球队组织法及球队规则的契机,启发学生进行讨论。再如,假设一个学级里多数儿童主张组织学级自治会,教师便可因势利导发问“学级自治会该怎样组织”,定有一部分儿童贡献不够完备、成熟的意见,而遭到另一部分儿童的反对,教师可以因此一面诱导儿童“我们要解决这个问题,只要去调查别级的学级自治会怎样组织”,一面向儿童介绍参考书籍;等参考资料阅毕,就可以用全体儿童的智慧、思想进行取舍以确定一种新的学级自治会章程;同时,教师还可以讲一则与学级自治会有关系的故事,内容与学级自治会有关系,以鼓励和强化学生自治的兴趣。新学制实施讨论会还列举如何从儿童出发来进行公民科教学的注意要点:

一、批评自己校里的自治状况,可发生公民问题;

二、批评自己社会里的事业,可发生公民问题。

三、阅报可发生公民问题。

四、最好先就事实讨论,再参考书籍。

五、明白了公民常识,进一步还要指导他们做一个好公民。

六、各种礼仪做法要自然的、通用的、非泥古的、虚设的。

七、讨论时,不要空讲,空批评,要实做,要解决实际问题。②

1926年,张九如、周翥青合著《新学制小学各科教学法》,就公民科的“教学要则”进行了更为详尽的阐释,既凸显了儿童本位的核心要义,又体现了人们理想中公民科的教学特色:(1)重积极指导,轻消极训诫,以“刺激儿

① 新学制实施讨论会.新学制小学实施教学法[M].上海:商务印书馆,1923:49.

② 新学制实施讨论会.新学制小学实施教学法[M].上海:商务印书馆,1923:51.

童的感情"，以利"造成一种活泼的、有生气的、乐观的、沈毅的、热忱的人物"，而消极方面的事实只可偶然举例，"使儿童知道防戒的方法已足"，在儿童公民观念的形成方面，"陈义不应过高，要使儿童易于实行。"[①]（2）重日常熏陶，校内、校外一切偶发的事项与常见的现象，都可"引导儿童常常对着他发生问题，或集合众人来讨论，或集合家人来观察"，应时常引导儿童参加"公共事业的活动"和"课外活动"。[②]（3）尊重儿童公民人格，"看他即是一个公民"、"使儿童觉悟自己人格的可贵"。[③]（4）重学科联络，应"常常和他科联络教学"。[④] 这些新观念、新主张，渗透于公民科的教学中，令人耳目一新，也体现了与修身科在教学理念上的迥异。

从儿童出发，以儿童为本位，是这一时期课程的明显改进之处，"因为有儿童而后有教育，则教育当然以儿童为中心，而不能以学制为中心"。[⑤] 仅论小学课程，一改以往以成人为本位的观点，而处处以儿童的兴趣、能力和需要为出发点，去除不符合儿童身心发展的科目和内容，尤注重根据儿童心理的发展顺序以编写教材、应用教学方法。在课程上能如此快地从成人本位移向儿童本位，主要是由于欧美进步教育思想，尤其是杜威的教育思想在我国广泛传播及"五四"新文化运动推动了人们的思想解放，注重个性发展的结果。[⑥]

（二）公民科应制定怎样的教学计划

学界谈及公民科教学的程序和要目，一方面需根据要旨标准、材料分量的原理，另一方面要根据儿童心理发达的顺序、智力测验的结果，并草拟了小学公民科的教学程序、要目（注：本表格是根据杨逸群"教学程序"和"教学要目"整理而成）：

---

① 张九如，周翥青．新学制小学各科教学法［M］．上海：商务印书馆，1926：52.

② 张九如，周翥青．新学制小学各科教学法［M］．上海：商务印书馆，1926：53.

③ 张九如，周翥青．新学制小学各科教学法［M］．上海：商务印书馆，1926：53.

④ 张九如，周翥青．新学制小学各科教学法［M］．上海：商务印书馆，1926：53.

⑤ 李石岑．新学制草案评议［C］．学制课程研究号，上海：商务印书馆，1922：2.

⑥ 熊明安．中国近现代教学改革史［M］．重庆：重庆出版社，1999：68.

表 15　小学公民科教学程序及要目一览(杨逸群)①

<table>
<tr><th>学年</th><th>教学程序</th><th colspan="2">教学要目(教学次数)</th></tr>
<tr><td rowspan="2">第一学年</td><td rowspan="2">(1)家庭团体的生活和组织概况;(2)学校中所定规约的原由和遵守方法等;(3)自己对于家庭学校的各种作法和责任</td><td>第一学期</td><td>家庭的人(三);家庭个人的服务(三);家庭个人的责任(三);家庭的生活(三);家庭的组织(三);我和家庭的关系(二);怎样爱护家庭(三);学校的先生(二);学校的同学(二);学校的规则(四);学校的服务(四);学校的生活(四)</td></tr>
<tr><td>第二学期</td><td>学校的大体组织(四);我和学校的关系(二);怎样爱护学校(三);对父母怎样(三);对兄姊怎样(三);对弟妹怎样(三);对家仆怎样(二);对亲友怎样(三);对客人怎样(三);怎样尽责于家庭(二);对师长怎样(二);对同学怎样(二);对校役怎样(二);怎样尽责于学校(二)</td></tr>
<tr><td rowspan="2">第二学年</td><td rowspan="2">(1)学校团体的生活和组织概况;(2)邻居人互相间公共事业的研究;(3)市乡公共机关的观察和研究;(4)续自己对于家庭、学校的作法和责任</td><td>第一学期</td><td>父母为什么使我求学(二);我在家应怎样使得父母快乐(二);我在家应怎样自修(二);我在家应怎样服务(二);我怎样不负父母的希望(二);我入学校的目的(二);我怎样不负师长的训教(二);我校的性质(二);我校经费的来源(二);我校的学校市(二);学校市的组织(三);学校市的市议会(三);学校市的市公所(三);学校市的裁判所(三);学校市的公物(二);学校市的公共场所(二)</td></tr>
<tr><td>第二学期</td><td>服务生的责任(二);公物的爱护(二);公共场所的清洁(二);我和邻居的关系(二);我怎样对待邻居(二);我和邻居的公共事业应怎样(三);市公所的观察和研究(二);市议会的观察和研究(二);市公判所的观察和研究(二);教育会的观察和研究(二);农会的观察和研究(二);商会的观察和研究(二);警察局的观察和研究(二);通俗教育馆的观察和研究(二);公共体育场的观察和研究(二);公园的观察和研究(二);其他公共机关的观察和研究(三)</td></tr>
</table>

① 杨逸群. 新制小学公民课程的实际讨论[J]. 中华教育界,1924,14(5):3~10.

续表

<table>
<tr><th>学年</th><th>教学程序</th><th colspan="2">教学要目(教学次数)</th></tr>
<tr><td rowspan="2">第三学年</td><td rowspan="2">(1)自己对于家庭学校和学校自治的服务等;(2)市乡团体的生活和组织概况;(3)县省的组织概况;(4)我和市乡县省的关系</td><td>第一学期</td><td>做子弟的道理(二);怎样做好子弟(二);做学生的道理(二);怎样做好学生(二);学校市议员选举法(二);学校市议员的职务(二);学校市公所职员的职务(二);其他事务员的职务(二);什么叫市乡(二);市乡的大体组织(二);市乡议会(二);市乡公所(二);市乡公判所(二);公益机关(二);公安机关(二);我和市乡的关系(二);怎样做市乡的公民(二)</td></tr>
<tr><td>第二学期</td><td>什么叫县(二);县的大体组织(三);县议会(三);县公署(三);初级审判厅(三);我和县的关系(二);怎样做一个县的公民(二);什么叫省(二);省的大体组织(三);省议会(三);省公署(三);高级审判厅(三);我和省的关系(二);怎样做一省的公民(二)</td></tr>
<tr><td rowspan="2">第四学年</td><td rowspan="2">(1)公民对于市乡县省的服务及参与市乡县省公务的直接和间接方法;(2)国家组织概况;(3)我和国家的关系及公民的权利义务……等;(4)时事研究(与国语、历史等科联络)</td><td>第一学期</td><td>市乡医院选举法(三);市乡议会议员的职务(二);市乡公所议员的职务(二);市乡公判所职员的职务(二);其他事务员的职务(三);监督市乡各机关的方法(二);市乡参事会的组织(三);县议员选举法(三);县议会议员的职务(二);县公署议员的职务(二);初级审判厅职员的职务(二);其他事务员的职务(三);监督县中各机构的方法(二);县参事会的组织(三);时事研究</td></tr>
<tr><td>第二学期</td><td>省议员选举法(三);省议会议员的职务(二);省公署职员的职务(二);高级审判厅职员的职务(二);其他事务员的职务(三);监督省中各机关的方法(二);省参事会的组织(三);什么叫国家(二);国家的大体组织(三);国会(二);政府(二);大理院(二);我和国家的关系(二);怎样的做国民(二);国民的义务(二);国民的权利(二);国民的责任(二)</td></tr>
</table>

续表

学年	教学程序	教学要目(教学次数)	
第五学年	(1)公民对于国家的服务及参与国家公务直接和间接的方法;(2)国际的组织;(3)学校市乡县各种的组织事业;(4)维持学校的秩序和市乡县的治安方法	第一学期	参议员选举法(二);参议员的职务(二);众议员选举法(二);众议员的职务(二);大总统选举法(二);大总统的职务(二);内阁总长的职务(二);各部总长的职务(二);大理院议员的职务(二);怎样监督国会(二);怎样监督政府(二);我国在世界的地位(二);世界有名的民主政治国家的组织(四);国际联盟(二);国际交际(二);国际礼仪(二);人类的责任(二)
		第二学期	学生自治会的组织和责任(二);校务会的组织和责任(二);怎样维持学校风纪(二);市乡教育会的组织和责任(二);市乡商会的组织和责任(二);市乡警察局的组织和责任(二);市乡通俗教育馆的组织和责任(二);市乡公共体育场的组织和责任(二);其他机关的组织和责任(二);怎样维持地方的秩序(二);县教育会的组织和责任(二);县农会的组织和责任(二);县商会的组织和责任(二);县警察所的组织和责任(二);县通俗教育馆的组织和责任(二);县公共体育场的组织和责任;其他机关的组织和责任(二);怎样维持一县的治安(二);时事研究
第六学年	(1)省和国家的各种组织事业;(2)维持省和国家的治安方法;(3)国内妇女劳动……各特殊问题;(4)职业的种类和择业的方法;(5)本省中等学校的种类和选校应试等的升学方法;(6)提倡公益改良社会……等重要问题;(7)时事研究续前年;(8)完成公民的条件	第一学期	省教育会的组织和责任(二);省农农会的组织和责任(二);省商会的组织和责任(二);省警察厅的组织和责任(二);省通俗教育馆的组织和责任(二);省公共体育场的组织和责任(二);其他机关的组织和责任(四);怎样维持一省的治安(二);国有事业的种类(二);国有财产的范围(二);交通机关的组织(四);政党的组织(四);宪法大纲(四);怎样维持一国的治安(二)
		第二学期	立身的要素(二);持家的方法(二);处世的道理(二);改良家庭(二);尊重女权(二);慈爱劳动(二);职业的种类(二);择业的方法(二);本省中等学校的种类(二);选校应试的注意(二);提倡公益(二);改良社会(二);发挥民权(二);保障法律(二);人类互助(二);娱乐的方法(二);时事研究;怎样完成一个模范公民(二)

相较而言,张粒民对公民科教学的概括则更一目了然——课内教学与课外陶冶。前者重在引起学习公民智识的兴趣及养成公民习惯的指导,后者重在公民习惯的养成。张粒民将课内教学与课外陶冶分为两篇进行了详细的阐释,其中课内教学计划要目图式如下:

年级	一	二	三	四	五	六
目标	好儿童		好国民			

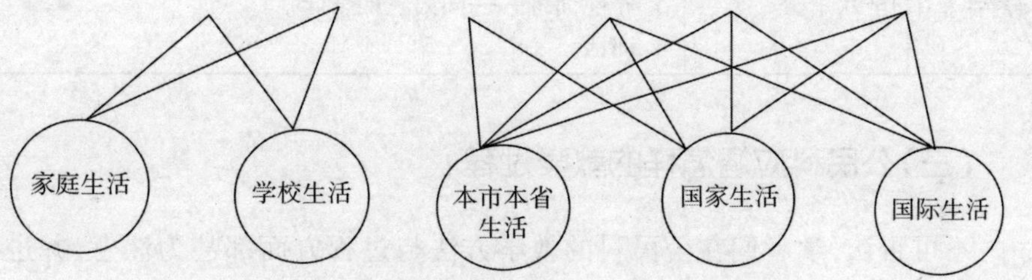

图 1　公民科课内教学计划要目图式(张粒民)

小学一、二年级公民科教学的目标在于培养“好儿童”,因此儿童应专注和了解家庭生活、学校生活;三、四、五、六年级则以培养“好国民”为导向,儿童应了解本市本省生活、国家生活和国际生活。那么,为切合“好儿童”和“好国民”的培养目标,每学年的教学应如何安排?张粒民进行了如下设计和安排:

表 16　公民科课内教学学年计划一览(张粒民)①

学年	教学时间	教学事项
第一学年	每周三十分至六十分	1. 例话——关于私德故事。 2. 作法——关于自己与学校之礼仪。 3. 养性训练——唱歌、反省、级训。 4. 训话。
第二学年	每周三十分至六十分	1. 例话——关于私德公德之故事、寓言、格言。 2. 作法——关于家庭之礼仪。 3. 养性训练——唱歌、反省、级训、愿词。 4. 训话。

① 张粒民. 小学公民教育及教学法[M]. 上海:商务印书馆,1925:24～27.

续表

学年	教学时间	教学事项
第三四学年	每周三十分至六十分	1. 例话——关于私德公德之故事、寓言、格言。 2. 作法——关于社会、国家之礼仪。 3. 养性训练——唱歌、反省、级训、愿词
第五六学年	每周四十五分至六十分	1. 例话——关于私德公德之故事、寓言。 2. 作法——关于社会、国家、世界之礼仪。 3. 养性训练——同第三四学年。 4. 训话。

(三)公民科应循怎样的教学过程

不可否认,学者们在公民科的教学方法与过程方面都甚为注意,并进行了细致的探究。杨逸群①和张粒民②分别针对不同教学方法和不同学级从横向维度、纵向维度设计了公民科的教学过程,如下图所示:

表 17　公民科教学过程之设计(杨逸群、张粒民)

杨逸群设计的教学过程			张粒民设计的教学过程	
属于故事修养方面的	属于社会组织方面的	属于服务自治方面的	第一二学年	第三四五六学年
一、引起动机 二、决定目的 三、讲演或范作 四、复演或仿作 五、讨论 六、判断 七、欣赏 八、实践	一、引起动机 二、决定目的 三、参观或调查 四、搜集资料 五、讨论 六、判断 七、欣赏 八、指导将来实践的方法	一、引起动机 二、决定目的 三、计划 四、试行 五、判断 六、欣赏 七、指导怎样实践的方法	一、引起动机 二、决定目的 三、讲演 四、讨论 五、整理 六、应用	一、引起动机 二、决定目的 三、讲演 四、讨论 五、整理 六、比较 七、表演 八、批评

张九如、周翥青将公民科的教学过程分为“行”的教学过程和“知”的教

① 杨逸群. 新制小学公民课程的实际讨论[J]. 中华教育界,1924,14(5):5.

② 张粒民. 小学公民教育及教学法[M]. 上海:商务印书馆,1925:30~32.

学过程,是基于两个原因——即知即行;如现在不能行,必使儿童彻底明白他在自身必有通行的机会——因此教学要旨是“知”“行”合一的。这一设计,是充分根据儿童心理活动过程而设计的,因而在教学活动中,导师的活动以完全让给儿童活动为原则。两个教学过程图示:

行的教学过程:

儿童活动 ⟷ 导师活动
↓　↓
决定目的 ⟷ 引起动机
↓　↓
考论理由 ⟷ 助搜资料
↓　↓
计划方法 ⟷ 鼓励试行
↓　↓
尽力执行 ⟷ 相机振导
↓　↓
赏鉴成绩 ⟷ 相伴鉴赏
↓　↓

知的教学过程:

儿童活动 ⟷ 导师活动
↓　↓
决定目的 ⟷ 引起动机
↓　↓
考论理由 ⟷ 助搜资料
↓　↓
把持定论 ⟷ 合组要义
↓　↓
自由应用 ⟷ 演绎新理

图2　公民科课内教学计划要目图式(张粒民)

从上述公民科教学过程的展示中可见,学者有关公民科的教学设计呈现两个明显特征:其一,注重教学过程的次序性和规律性。他们倾向于将教学过程理解为若干有次序且相关联的环节的行进过程,这些环节一般是不能随意删削、省略或倒置的,以保证公民科教学过程的科学、合理和有序。其二,强调儿童的中心地位。前已述及,儿童中心成为教育上的新趋势,在公民科教学中亦如此。上述图式中,不论各学者所设计的教学过程有何种不同,都始终将儿童本身的动机、目的作为至关重要的初始环节,同时学者们始终强调顾及儿童脾性,①尊重儿童心理活动过程。这与西方教育思潮尤其是教学实验及教学方法的引入密切相关。

(四)课外陶冶应如何进行

公民教育的开展本不应限于公民科,课外陶冶是进行公民教育可能且必须的途径。熊子容提及的课外陶冶方法包括:社会服务类和表演设计类,前者如校舍清洁运动、街衢清洁运动、灭蝇运动、童子军为公共团体服务运动、慰劳贫病运动、红十字会看护运动及侦查不法事情的运动等;后者如级会、朝会、周会以及学校、地方、国家的纪念日以及虚拟的选举会、审判会等。② 周之淦则补充提及了公民会、参加公共运动、利用各种假日演讲等。张粒民把课外的陶冶分为三项:

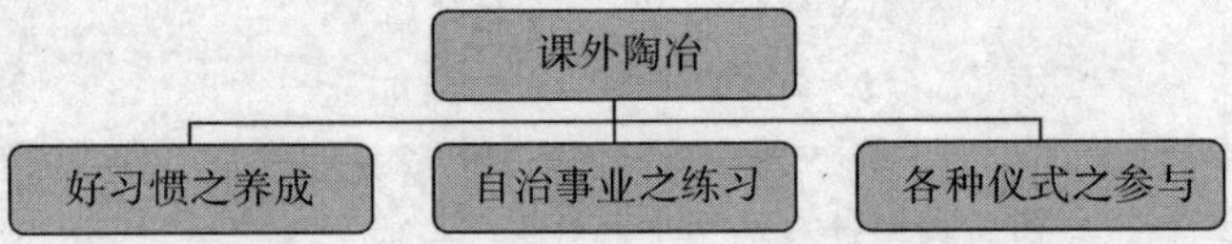

图 3　公民科课外陶冶图示(张粒民)

自治事业是指学校开展的儿童自治活动,是这一时期公民教育凭藉的一种重要方式,后文将专门论述。

就座　敛颚,闭口,脊柱始终正直,腰依椅靠,两足自然一致,两手置于腿上或机端。

作业　书写时,勿屈脊柱,左腕置于机面。读书时,其视距离宜适当(约一尺三寸)。直立而听人讲话时,勿置两手于胸前;作业之际,勿手持爱物。

身体　清洁手爪与齿,拭除鼻汗。③

南京高师附小出版之《好国民》针对儿童课外生活好习惯的养成有严格的规训要求,含有合理因素,如勿侵扰他人之习惯、体恤幼弱之习惯、爱护公

① 张粒民. 小学公民教育及教学法[M]. 上海:商务印书馆,1925:32 ~ 33.

② 熊子容. 公民教育[M]. 上海:商务印书馆,1923:44 ~ 47.

③ 张粒民. 小学公民教育及教学法[M]. 上海:商务印书馆,1925:34.

物等。但有些要求反而走向了极端,有压抑儿童个性之嫌:

国庆纪念式（国耻纪念式）	毕业式
儿童入席	儿童入席
职员入席	毕业生入席
升旗(下半旗)	职员入席
职员儿童向国旗行最敬礼	毕业生家属入席
唱国歌(停止)	来宾入席
职员儿童复向国旗行最敬礼	校长报告举行毕业式之宗旨
闭会	合唱国歌
	校长发给证书毕业生行敬礼
	赠给奖品
	唱校歌
	地方教育行政人员致训辞
	职员致勉辞
	来宾颂辞
	毕业生代表致谢辞
	唱毕业式歌
	毕业生对职员行敬礼
	毕业生与在校学生行告别礼

图4　仪式训练图示

此外,仪式参与是指通过各种仪式对儿童进行专门训练,以达到陶冶儿童情感、锻炼儿童意志的目的,仪式上的谈话、训话、祝文等可成为公民智识训练的重要手段。主要仪式包括国庆纪念祝贺式、圣诞祝贺式、国耻纪念式、学校创立纪念式、始业式、休业式、毕业式、儿童旌表式、历史上著名事变及伟人之纪念式等,具有固定的要求和程序,①如图4所示。

二、中小学公民教育的实地开展

1923年3月,吴俊升、倪亮、徐益棠、韩明夷、饶上达曾对江浙地区的江宁、江都、如皋、南通、丹徒、无锡、吴县、上海、嘉兴、海宁、崇德、杭县等12个地方56所小学校的课程情况进行调查。所有262级中教公民科的级数情况

---

① 张粒民.小学公民教育及教学法[M].上海:商务印书馆,1925:39~45.

如表18所示:

表18 江浙地区56所小学校公民科开设情况(1923年)①

校别	国民学校				高等小学校		
年级	1	2	3	4	1	2	3
各级总数	46	45	44	43	29	28	27
有公民学占各级总数之百分数②	6	41	9	41	35.5	32.5	26

尽管进行公民科教授比例在各学级都不足半数,但各学级中均已开设公民科,且考虑到新学制颁布时间不长,已足见公民教育之重要。

(一)公民教育之个案研究:江苏一女师附小③

江苏一女师附小对公民科教学有完整的规划和完备的组织。

1. 课程要则:涵养个人的德性,做一个良善公民。

2. 课程阶段:分两阶段进行。

第一阶段——第一~四学年。注意公民训练,使儿童了解模范公民的标准,然后帮助儿童扩充知识;

第二阶段——第五~七学年。为儿童提供"做良善公民"的材料,引导儿童选择、审查、判断。材料的选择应遵循的标准是:

---

① 周之淦.公民学课程大纲[M].上海:商务印书馆,1923:19.

② 此处引自原著,即开设公民学的学级占该学级总数的百分比,以"%"计。

③ 周之淦.公民学课程大纲[M].上海:商务印书馆,1923:21.

表 19 江苏一女师附小公民科选材标准

<table>
<tr><td rowspan="8">选材标准</td><td rowspan="7">公民训练</td><td rowspan="2">养性</td><td>唱歌要曲调纯正的、具有审美意蕴、歌词浅显、易使人感动的</td></tr>
<tr><td>自省要内容具体、事实明确的、新近的</td></tr>
<tr><td>信条</td><td>信条要事实显明、积极的、儿童可以充分想象和体会的、具有道德意蕴的</td></tr>
<tr><td>礼仪作法</td><td>礼仪作法须是易疏忽、日常却用得到的，最好是可以进行表演的</td></tr>
<tr><td rowspan="2">偶发事项</td><td>针对以往的训话应是便于补救又容易改进的；针对未来的训话须是讲明事实的又进行讨论的</td></tr>
<tr><td>时事须是可以引起儿童研究兴味、培养研究习惯和形成判断的</td></tr>
<tr><td></td><td></td></tr>
<tr><td>公民知识</td><td>讨论问题</td><td>讨论或研究的问题须是现代社会的重要问题或者和儿童有重要关系、可以培养儿童“做一个良善公民”习惯的</td></tr>
</table>

3. 课程纲要：由公民训练和公民知识两部分组成。

第一部分：公民训练

表 20 江苏一女师附小公民科课程纲要(公民训练)

课程纲要学年	第一学年	第二学年	第三学年	第四学年	第五学年	第六学年	第七学年
养性	歌词	歌词、信条	信条、歌词、偶发事项	信条、歌词、偶发事项	信条、歌词、自省、偶发事项	信条、歌词、自省、偶发事项	信条、歌词、自省、偶发事项
信条	私德的童话	私德公德的童话	私德公德的童话	私德公德的童话	私德公德的实话	私德公德的实话	私德公德的实话
礼仪作法	注重家庭、个人的	注重个人、学校的	注重学校、社会的	注重学校、社会的	注重学校、社会、国家的	注重社会、国家的	注重社会、国家、世界的
偶发事项							

第二部分:公民知识(始自第三学年)

表21　江苏一女师附小公民科课程纲要(公民知识)

第三学年	学校、市的指导	明白组织大纲;计划进行
	家庭服务的指导	明白家庭组织大要;明白什么事是应该帮做的,应该怎样去做
第四学年	学校、市的指导	明白一切组织;计划进行——尽个人的责任
	校外服务的指导	明白社会组织大要;知道怎样替社会尽力
第五学年	校内服务的指导	明白校内一切组织信号;计划进行——替大家谋幸福
	校外服务的指导	明白社会的组成法;计划新社会,了解现社会的优点怎样保存、缺点怎样补救
第六学年	校内服务的指导	明白校内一切组织信号;计划进行——替大家谋幸福;维护学校内部的精神;发挥、爱护校魂团魂
	校外服务的指导	明白建设家庭的方法;了解指导社会一般人民的要项和本国国家的组织
第七学年	职业选择的指导	尝试获得职业选择的经验;了解职业和自己的关系;指导生产的需要
	升学的指导	明白中、小学的不同之处;了解中学的组织入学手续;观察和了解修学时的中学生
	时事的指导	明白国家的地位和国民的责任

4. 教学法。

表 22　江苏一女师附小公民科教学法

<table>
<tr><td rowspan="7">教学顺序</td><td rowspan="4">公民训练</td><td>养性</td><td>静坐－提出自省项目，唱歌默诵信条，提出偶发事项－讨论判断或指导实践</td></tr>
<tr><td rowspan="2">信条</td><td>一二学年：引起动机－决定目的－讲演－复述－整理－表演（有时省）</td></tr>
<tr><td>三四学年：引起动机－决定目的－讲演－复述－表演（有时省）－整理判断</td></tr>
<tr><td>礼仪作法</td><td>引起动机－决定目的－研究－讨论－作法－演习（有时省）</td></tr>
<tr><td rowspan="3">公民知识</td><td>偶发事项</td><td>引起动机－决定目的－讨论判断或指导实践</td></tr>
<tr><td>研究问题</td><td>引起动机－决定目的－研究要点－计划－讨论实践的方法</td></tr>
<tr><td>训话</td><td>引起动机－决定目的－讨论判断或指导实践</td></tr>
<tr><td>注意事项</td><td colspan="3">养性训练在清晨第一时上课前五分钟；
教授例话，最好用故事的题目，勿用信条名称；
公民科最注重实践，教师宜时时留意儿童的行为德性；
教授信条，宜有系统，由部分渐及全部；
教授礼仪作法，要得到相当的机会；
晨会、午会，每周举行一次；夕会遇恰当机会则举行。举行之前均须加以适当的指导。</td></tr>
</table>

（二）公民教育之个案研究：国立北京师范大学附属小学校①

国立北京师范大学附属小学校位于北京琉璃厂厂甸（新开南新华街路东），即前清琉璃官窑旧址。学校成立于 1912 年 9 月 5 日，时名为北京高等师范附属小学校，招生 70 余人，男女生同校。1923 年 7 月 1 日因高等师范改为国立北京师范大学，故北京高等师范附属小学校更名为国立北京师范大学附属小学校（以下简称北师附小）。自 1922 年采用新学制，6 年毕业，不分初级与高级。1924 年，设有新制 13 个学级（一年甲、一年乙、二年甲、二年乙、三年甲、三年乙、四年甲、四年乙、五年甲、五年乙、五年丙、六年甲、六年乙）、旧制 3 个学级（高等三年级、四年单级、半日补习班）。在校学生总计

① 郑朝熙．国立北京师范大学附属小学校概况[J]．中华教育界，1924，14(2)：1～21．

788人,其中新制701人,旧制87人;男生602人,女生186人。

1. 教员构成及教学研究。

科目担任由级任、科任两种办法并行。如公民、国语及低年级之算术、体育等,由级任教员担任;其他科目由级任及专科教员分担。学校共有教职员32名,其中教授公民科的有15人,基本资料如下:

表23　国立北京师范大学附属小学校公民科教员情况一览

姓名	资格	职务	教授科目	处理校务	研究的主要科目
张振鸿	直隶第一师范学校毕业	一年甲级学级主任	公民、国语、数学	学用品课	算术、国语
张席丰	保定师范学校毕业	一年乙级学级主任	公民、国语、数学	教务课	公民、国语
崔唐卿	直隶第二师范学校毕业	二年甲级学级主任	国语、数学、公民	学籍课	数学、国语
赵镛	直隶第一师范学校毕业	二年乙级学级主任	国语、数学、公民	新闻课	国语、数学
钱绍会	直隶单极师范学校毕业	三年甲级学级主任	公民、国语、数学、体育	新闻课	国语、数学
朱延誉	直隶第一师范学校毕业	三年乙级学级主任	国语、数学、公民	成绩课	国语、公民
石登阁	直隶第四师范学校毕业	四年甲级学级主任	公民、国语、数学、体育	学用品课	国语、数学
王锡芸	直隶第一师范学校毕业	四年乙级学级主任	公民、国语、数学、体育	学籍课	国语、公民
赵其章	直隶第四师范学校毕业	五年甲级学级主任	公民、国语、历史	成绩课	国语、历史
于士俭	直隶第一师范学校毕业	五年乙级学级主任	公民、国语、习字	体育课、卫生课	国语、公民
刘肇荣	直隶第一师范学校毕业	五年丙级学级主任	公民、国语、习字	图书课	公民、国语

续表

姓名	资格	职务	教授科目	处理校务	研究的主要科目
杨树荣	直隶优级师范学校毕业	六年甲级学级主任	公民、国语、数学、习字	新闻课	国语、公民
齐彭纪	直隶第二师范学校毕业	六年乙级学级主任	公民、国语、数学	学籍课	公民、国语
郑其毅	日本宏文学院速成师范毕业	高等三年级学级主任	公民、国语、习字	新闻课	国语、公民
李子龄	冀县速成师范学校毕业	分校学级主任	公民、国语、数学、簿记	杂物课	珠算、国语

北师附小各学级均开设公民科，由级任主任担任；15 名公民科的教员均毕业于师范学校，全部兼授国语课，其中 11 名亦授数学课，也有少数教员兼授历史、习字、算术、簿记等课。可见，级任制是北师附小教授公民科的主要方式，授课教员也多有国语授课背景，这足见公民科与国语科的内在联系。

北师附小开展教学研究，分为公民、国语、数学、史地、观察科理科、体育乐歌、美术工艺、英语 8 科进行。作为八科之一，公民科有专门的学科研究会和教学法研究会。学科研究会以谋各学科的改良、进步为宗旨，设干事 1 人，管理学科一切事务；学科分会每周开会一次，日期、地址由干事确定。与之相应，教学法研究会每月开会一次，教员轮流进行研究的交流，其余教员共同聆听批评。

2. 课程。

北师附小课程标准中专门有关于公民科的规定：

第一学年：关于公德、私德之谈话；

第二学年：关于公德、私德之童话故事及时事的演习；求学上应具的智识；学校内的交际；

第三学年：关于公德、私德之实例及实行；求学上应具的智识；同学及亲友间的交际；

第四学年：学校、市、乡的组织和公民的责任；

第五学年：县、省、国家的组织和公民的责任；

第六学年：县、省、国家的组织和公民的责任；国际间的组织和公民的责任。

一～六学年间，公民科课程比重分别是5%、5%、6%、6%、7%、7%。按照六个学年的平均值(6%)计算，公民科低于国语(33.03%)、数学(16.17%)、体育(10.33%)、观察科(7.17%)、图画(6.83%)、工艺(6.83%)，而高于乐歌(4%)、历史(3.5%)、地理(3.5%)、理科(3.33%)和外国语(2%)。

教学中，北师附小采用分节制，每日分为四大节，一来采纳道尔顿制予学生自由的理念，二来便于学生在稍长的固定节时内对一学科有从容研究之可能。国语、数学、作文等可完全占用一大节，公民科则占每一大节的1/2或1/3。同时，鉴于各学科性质不同、儿童学龄不等的实际情况，各学级有灵活处理的余地。一、二学年采用设计式教学法，没有固定的时分表；三、四学年每大节可再分两小节或三小节，中间可换科目、换教师，学生也可稍事休息。五年乙级学习时分表如下：

表24　国立北京师范大学附属小学校五年乙级学习时分表

<table>
<tr><th>日期时分</th><th>月</th><th>火</th><th>水</th><th>木</th><th>金</th><th>土</th></tr>
<tr><td rowspan="2">8:00～9:40</td><td>数学</td><td>数学</td><td rowspan="2">地理</td><td>数学</td><td>英语</td><td>数学</td></tr>
<tr><td>乐歌</td><td>体育</td><td>英语</td><td>公民</td><td>体育</td></tr>
<tr><td>25</td><td colspan="6">休息</td></tr>
<tr><td rowspan="2">10:05～11:20</td><td rowspan="2">国语</td><td rowspan="2">理科</td><td rowspan="2">数学</td><td>乐歌</td><td rowspan="2">理科</td><td rowspan="2">作文</td></tr>
<tr><td>看书</td></tr>
<tr><td>70</td><td colspan="6">午餐及休息</td></tr>
<tr><td rowspan="2">12:30～14:00</td><td>英语</td><td rowspan="2">历史</td><td>国语</td><td rowspan="2">国语</td><td>国语</td><td rowspan="2"></td></tr>
<tr><td>体育</td><td>体育</td><td>体育</td></tr>
<tr><td>20</td><td colspan="6">休息</td></tr>
<tr><td rowspan="2">14:20～15:35</td><td rowspan="2">公民
习字</td><td rowspan="2">工艺</td><td>图画</td><td>图画</td><td>习字</td><td rowspan="2"></td></tr>
<tr><td>看书</td><td>体育</td><td>乐歌</td></tr>
<tr><td>40</td><td>扫除</td><td>扫除</td><td>扫除</td><td>扫除</td><td>扫除</td><td></td></tr>
</table>

3. 课内教学。

因各学科的性质和教学目的不同,北师附小将教学过程分为三类。(1)以解决一个问题为主的过程:引起教学的动机－决定目的－提出问题－讨论研究－批评判断;(2)以实现某观念或某计划为主的过程:引起教学动机－决定目的－计划方法－实行计划－批评结果;(3)以欣赏美的方面为主的过程:引起教学动机－决定目的－观察形势－研究内容－欣赏。

同时,利用适当时机对儿童进行恳切的训话,也是进行公民科教学的有效方式。训话宜具体,不宜抽象。训话的三种方式分别是:

其一,全体训话。每周月曜木曜两日集合全校儿童于固定场所,通报前一周的情况,促使儿童进行反省;或者通报本周预定的计划,促使儿童加以准备,并统一全校的精神和思想。

其二,学级训话。由级任教师对自己所任之学级,按照规定时间对儿童实施训话。训话需注意应合于校训的旨趣;应与其他学级相联络;应适合于学年程度。

其三,个人训话及类别训话。级任教师每周应择定数名儿童,至训话室进行个别训话;或者根据家庭、职业及个性等因素将儿童分为若干组,进行分组训话。

4. 课外活动。

儿童生活中课内课外很难分割,所以儿童在校期间时时处处都是教育场所。除规定的学习时间外,剩下的时间内开展的对儿童有裨益的活动统称为课外活动。北师附小的课外活动中与公民教育相关的主要是学生自治会和童子军。学生自治会成立于1920年5月7日,成立后校内事务如课外运动、公众卫生、新闻报道、书报管理、庭院照料、会刊编辑等之前由教职员承担的工作,转归学生自治会分股担任,教职员则承担指导责任。通过学生自治会将种种事务交予学生管理,学生随时随地得以锻炼,能力也随之提升。童子军由五年级以上各级组织,在教员中推选团长一名以主持童子军事务,并制定童子军规程,遵照执行。

三、全国公民教育运动的兴起

1924 年 10 月,江苏省教育会、中华职业教育社、上海家庭日新会、基督教青年会同时在全国发起公民教育运动。这场公民教育运动,经民间教育团体和基督教在华教育机构的推动,在全国各地迅速展开,一直持续到 1929 年前后,可称为公民教育史上的黄金时代。①

(一)公民教育运动的酝酿

自民国成立以来,公民教育在中国大地不断生长,"然公民教育之成为全国运动也,则发轫于青年会全国协会。"②青年会,即基督教青年会(Young Men's Christian Association,简称 Y. M. C. A),1844 年由英国商人乔治·威廉创立于伦敦,最初目的是通过正当的娱乐活动"以高标准基督徒的性格陶冶绸布业和其他行业中青年的精神面貌"。③ 在基督教教会和英国资产阶级的支持下,基督教青年会在英国迅速发展起来;随后青年会的组织在欧美其他国家如雨后春笋般涌现。1876 年上海有了青年会的影子。④ 1885 年在福州的英华书院和北通州的潞河书院由美国传教士发起组织学校青年会。1896 年各地的学校青年会还在上海召开第一次全国大会,并成立中华基督教学塾青年会作为全国性的组织。

中华基督教青年会率先开启 20 世纪 20 年代的公民教育运动,"公民教育运动之发生于中国,乃青年会之唯一提倡",⑤青年会总干事余日章则是主要的倡导者和发起者。1922 年春,余日章深感中国民众对于国家的观念和责任异常薄弱,公民为救国急务,故而征求各方意见,筹划公民教育实施之程序。1923 年春,青年会在南京举行全国干事大会时,正式提出公民教育为

① 傅国涌. 百年转型中的公民教科书[J]. 江淮文史,2011,3:156.

② 刘湛恩. 五年来之公民教育运动[J]. 青年进步,1927(100).

③ 江文汉. 基督教青年会在中国[C]. 文史资料选辑(第 19 辑),中华书局,1961:13.

④ 顾长声. 传教士与近代中国[M]. 上海:上海人民出版社,1991:301.

⑤ 刘湛恩. 五年来之公民教育运动[C]. 刘湛恩文集,上海:上海交通大学出版社,2011:54.,原出处为刘湛恩. 五年来之公民教育运动[J]. 青年进步,1927(100).

青年会的重大事工。同年冬，青年会在广州举行第九次全国大会，正式决议在其教育事业中提倡公民教育运动，以迎合社会需求，还推请余日章、刘湛恩负责公民教育进行事宜，全国公民教育运动由此发起。大会确定公民教育运动（以下也简称“公教运动”）的宗旨为六项：提倡广义的、建设的、纯正的爱国心；提醒公民服务的责任，训练公民高尚的人格；促进社会公共的福利，并唤起团体间互助的觉悟；宣传民治的精神和立国大道；讨论今日国中重要问题，如裁兵、禁烟、国民会议等；研究国际关系的要领，以谋世界友谊的进步。①

1924年春广州青年会首次试办公民教育，并组织公民研究社；随后北京青年会亦相继试办，加入研究会者极其踊跃。“以国势沉滞，日甚一日，非有大兴奋之霹雳，决不能振起沉木之惰性”，②青年会随即发表《公民教育运动的宣言及计划》，有意“利用五四运动和五九纪念的时期，举行一星期的公民教育大运动”。③ 倡议一出即引起强烈反响，《申报》称“中华基督教青年会全国协会，鉴于国运之分崩、时潮之澎湃，久欲提倡公民教育运动，养成一般人士之政治观念，鼓励公民应尽的责任，矫正旧时人民与国家秦越肥瘠之态度，使痛觉休戚与共之关系，……拟定于五月四日至五月十日全国举行一星期之公民教育运动，纪念‘五九国耻’之真象，光大‘五四运动’之精神，提倡广义的爱国。”④

（二）公民教育运动的展开

自1924年，公民教育运动在全国如火如荼地开展，一时形成热潮。在社会各界的支持下共举办五届公民教育运动。

1. 五届公民教育运动。

自1924年青年会举办第一届公民教育运动始，其后又陆续举办四届，将公民教育运动推向高潮。前三届均以“公民教育运动周”模式运作，自第四届始则扩充而成“公民教育运动旬”。具体情况如下：

---

① 刘湛恩. 五年来之公民教育运动[C]. 刘湛恩文集，上海：上海交通大学出版社，2011:56.
② 刘湛恩. 五年来之公民教育运动[C]. 刘湛恩文集，上海：上海交通大学出版社，2011:56.
③ 全国协会智育部. 公民教育运动的宣言及计划[J]. 青年进步，1924(71):97~98.
④ 作者不详. 青年协会拟办公民教育运动[N]. 申报，1924-03-23(14).

表 25　第一至五届公民教育运动情况一览（1924～1928 年）

届次	时间	实施情况
一	1924/5/4～5/10	实施状况：（1）以公民教育运动周模式运作，涉及广州、福州、上海、宁波、杭州、苏州、南京、芜湖、南昌、汉口、长沙、开封、郑州、太原、汾阳、烟台、济南、安东、哈尔滨、锦县、吉林、福建、兴化等 23 地。 （2）以演讲为主要形式，题目如“良好公民”（钟可讬）、“五四纪念与公民教育”（刘湛恩）、“国耻纪念之我见”（邵中辉）、“公民之权利与义务”（朱树翘）、“如何为良好公民”（袁观澜）、“公民之测验”（刘湛恩）等。① 演讲中采用幻灯片等生动活泼的宣传方式，将国旗、国歌、地图、公民教育图画、公民唱本、教育图标等予以展示，在公众场所放映。② （3）各地均有所创意，宣传形式多样。城市青年方面，宁波试行公民选举，测验民意之所在；太原联合各学校各公团长列游行，分队讲演，旗帜上大书关乎公民义务与责任各项，全城精神为之一振。学校青年会方面，福州各校青年会联合会合办讲演，唤醒一般人民之公民观念；苏州学生协会组织公民教育研究团；杭州举行中等以上学校公民教育演说竞争会，以公民与国耻为题。有些地方的商会、教育会、学校也举办游行、演讲等，参与公民教育运动。 成效与后续：“各地风行飚举，青年之获益匪甚少，又有各处之举办公民国货展览会，因时机恰合，故成绩亦甚佳。”③
二	1925/5/4～5/10	实施状况：（1）以公民教育运动周模式运作，“全国市会校会之加入者较前益增，达三十余处”。为筹划开展，通过日报上的宣传、发行公民教育特刊、在礼拜堂及会议中广而告之、张贴广告、分发各种印刷品等形式，以引起民众注意。散布的印刷品也是藉以宣传公教运动的重要途径，内容包括“青年会发起公民教育运动宣言书”、“怎样做公民”、“公民纲要”、“公民测验”、“公民教育图表”、“五色纸旗——上写‘我是一个好公民’”、“公民与国际问题”等。④ 为了吸引观众，公民教育周还采用了对联、杂画、交谊会、化装演讲、幻灯演讲、活动影戏、会餐、游戏与露天演讲、游行及提灯会等多种形式。 （2）活动将对象细分，更有针对性。如讲题因不同人群而有针对性地进行设计。校会及市会的成人部学生部会员 5 月 4 日～10 日的讲题分别是“何谓公民”、“公民与国家主义”、“公民与种族问题”、

① 作者不详. 青年会分期讲演公民教育[N]. 申报，1924－05－03(14).

② 陈秀萍. 沉浮录——中国青运与基督教青年会[M]. 上海：同济大学出版社，1989：30.

③ 刘湛恩. 五年来之公民教育运动[C]. 刘湛恩文集，上海：上海交通大学出版社，2011：56.

④ 刘湛恩. 公民教育运动计划[C]. 刘湛恩文集，上海：上海交通大学出版社，2011：22～23.

续表

届次	时间	实施情况
二	1925/5/4 ~5/10	"公民与民族文化"、"公民与国际经济"、"公民与国际政治"、"基督化的公民与世界友谊";而童子部、少年团、公民养成团和四育①养成团设计的讲题包括"何谓少年公民"、"中华民族的立国精神"、"少年公民与家庭"等;职工部和平民学校的民众则侧重讲"公民与平民"、"中华民国是什么"、"国旗与国歌"、"公民的正当权利"等。② (3)强调"知行合一",制定公民训练计划,由小而大、由近及远地养成良好公民。训练计划借助公民选举会、长兄会、公民测验、实地服务、调查等方式进行。鼓励公民实地开展和参与有意义的活动,如探望病人、赠送穷人东西、扫街、调查社会风俗等,以微小事件塑造合格公民。 (4)第二届公民教育运动周期间,共组织公民研究社 97 处,报名加入者 3000 人,举行讲演会 241 次,聚众至 7 万余人,公民宣讲队宣讲 64 次,队员有 295 人,公民问题竞赛参加者 3660 人,受测验者 5300 人,参观者 5 万人,国人对于此举之热诚日有增加,可以概见。③ 成效与后续:1925 年 8 月,青年会召开全国总干事会议,决议青年会应特别注重公民教育,以迎合社会急需,并订定三年计划——第一年提倡研究社、讨论团、宣讲队等;第二年提倡全城的公民研究会;第三年提倡全国的公民研究会,其程序包括名人至各市会巡回讲演、领袖研究社、各种讨论、城市及乡村宣讲。④ 随后,确定 1925 年十月十日"国庆日"为全国青年会一致举行之期,以唤醒人民道德的觉悟、思想的贯彻及和衷共济的精神,藉以整顿国是。⑤ 国庆日公民教育运动在各地青年会的共同努力下,如期举行,裨益良多,"夫每年国庆纪念日,徒为循例之庆祝,休课停业,以资娱乐,举行提灯之会以伸庆贺之意。事固不可谓非,而所裨殊鲜。今能利用此国庆良辰,灌输公民常识,敦请名人讲演公民必须之智识,庶几正本清源,累卵之中国,其有转弱为疆之望乎,吾知公民教育大运动,虽国庆日已过,仍为人人所当注意之事矣"。⑥

---

① 指德、智、体、群

② 刘湛恩. 公民教育运动计划[C]. 刘湛恩文集,上海:上海交通大学出版社,2011:24.

③ 刘湛恩. 五年来之公民教育运动[C]. 刘湛恩文集,上海:上海交通大学出版社,2011:57.

④ 作者不详. 青年会之公民教育运动[N]. 申报,1925－08－15(9).

⑤ 作者不详. 全国公民教育大运动之先声[N]. 申报,1925－08－28(9).

⑥ 絜庐. 国庆日公民教育运动之感想[N]. 申报,1925－10－15(13)

续表

届次	时间	实施情况
三	1926/5/3~5/9	实施状况:(1)以公民教育运动周模式运作,“此次加入运动之青年会,据调查,所得有二百余处之多,可云盛矣。”①因长期争斗、国事纷扰,因而此次“公民教育运动周”特别凸显对“和平运动”主题的倡导和研究,特制定细致的运动计划,包括公民演讲、公民研究团、公民宣讲队、国货展览、征文、演说竞进会、辩论、公民选举、公民测验、演剧或游艺会、游行散发传单及提灯会、刊行公教特刊、参观法庭监狱及其他公共机关、征求暑期宣讲队同志等。 (2)运作更加规范,筹划更加周密。如公民教育研究团,每团20~30人,每星期开会一次,研究各种公民问题,如民治问题、自治问题、不平等条约问题等,所出版之大纲已有20余种;公民宣讲队,每队5~10人,利用星期日、假期、寒假及暑假至城镇及乡村宣讲公民教育,已预备图画、唱本多种分赠;有系统的公民讲演,拟请名人如梁启超、胡适之、张君劢、张伯苓、马寅初等至各地青年会做有系统的演讲;公民养成团,类似童子军,专为10~15岁之青年而组织,一方面注意公民训练,一方面灌输公民常识,现在全国已有万余团员。② (3)专门针对女性开展特色活动。如上海女青年会公教演讲会鉴于妇女界中倡公民智识者鲜于男子,特开公民教育演讲会,专邀妇女界听众前往,刘湛恩博士以“女公民之责任”为题,谓今日女子应注意三点:提高女子地位,改进家庭及服务社会。此外,还有化装表演等,以吸引女性参与。③ 成效与后续:自青年会发起公民教育以来,政学各界非常赞许:中华教育改进社还特函请青年会预备公民教育材料,送往美国费城展览,而中央教育部及各省教育厅教育会等,亦均来函褒奖,并一致积极提倡。今者江苏省教育会已发起全省公民教育运动;各地各学校及教会,亦渐注意公民教育事业,并极愿与协会合作,一致进行。而中华基督教教育会更刊印公民教育特刊;华东基督教教育会则组织公民教育委员会。此外,北京青年会公民教育委员会余仕廉,亦发起中华公民教育促进社。各书坊如商务印书馆、中华书局等,均刊印公民教育特刊,或刊登公民教育广告。其他教育家及中外名流对于本项事业之褒奖赞许,更是数不胜数。此举之为全国人士所欢迎,于此可见一斑矣。④

① 作者不详. 公民教育消息汇志[N]. 申报,1926-05-12(11).

② 作者不详. 公民教育消息汇志[N]. 申报,1926-05-12(11).

③ 作者不详. 公民教育消息汇志[N]. 申报,1926-05-12(11).

④ 刘湛恩. 全国青年会公民教育运动报告[J]. 青年进步,1926(10):97.

续表

届次	时间	实施情况
四	1927/5/1~5/10	实施状况:(1)将“公民教育运动周”扩充而变成“公民教育运动旬”,利用每年5月1日至10日的一系列节日来进行——5月1日为劳工运动纪念日、5月4日为学生运动纪念日、5月7日和9日为国耻纪念日,5月10日为国际亲善日,趁此人心激发之时,举办公民教育运动。国庆节公民教育运动具有明确的主题——“公民应如何促全国统一”;甚至有严密的程序,如10月8日晚间举行的全民讲演会的流程为唱爱国歌——报告国庆节公民教育运动旨趣——讲演“全国统一之障碍”——讨论——征求同志加入公民研究团、宣讲队及养成团——唱爱国歌——散会,各类的庆祝会均如是。 (2)公民演讲、公民研究团、公民宣讲团、公民养成团、公民训练会、公民班等一贯之组织与活动持续开展。如公民训练会,其目的在于段期间内训练公民教育之领袖,使其自身经此指导,可以为完善之公民,又可以引导他人做良好之公民,上海青年会曾赓续举办三日,效果甚佳。① 又如,青年学子以爱国热忱,到内地乡僻之处,宣传公民常识,针对未受教育者,专门以讲述爱国故事、说书、新剧、幻术、音乐等形式进行,并随带国旗、中华民国地图、图画等物,以资警觉;一般乡民,均争相趋赴,乐而不倦没上海学校青年会联合会,曾于寒假时举办一次,成绩甚佳。② 此外,各地均因时因地制宜,太原青年会有研究团20余个,广州青年会研究团人数逾千;烟台、安东、厦门等多处举办公民班;而全国加入公民养成团者,共计万余人。 (3)公民教育印刷物广为刊行。如《怎样做公民》、《公民纲要》、《公民测验》、《公民教育图表》(包括《民为邦本》、《理想的公民》、《公民职务》、《精忠报国》、《职业自省》、《诸图表》等)、公民教育唱本(包括《大家做个好公民》、《救国新五更》、《公民须知》、《公民诗歌》等)、公民教育丛刊(包括《怎样做一个中华民国的良好公民》、《国际问题讨论大纲》、《和平运动》等),共计20种。 成效与后续:1927年以后社会形势发生变化,北方忙于复古,南方忙于实施党化教育,公民教育四字已不常见于教育刊物,而公民教育运动的另一个主要倡导者——江苏省教育会在1927年因国民革命军势力达到上海时,其本身尚且面临困境,所倡导的公民教育周更无从实现。③ 在政治形势变化的背景下,青年会本身也面临重重压力,公民教育运动渐有衰退之势。

① 刘湛恩. 五年来之公民教育运动[C]. 刘湛恩文集,上海:上海交通大学出版社,2011:58.

② 刘湛恩. 五年来之公民教育运动[C]. 刘湛恩文集,上海:上海交通大学出版社,2011:58.

③ 舒新城. 近代中国教育思想史[M]. 福州:福建教育出版社,2007:259.

续表

届次	时间	实施情况
五	1928/5/1 ~5/10	实施状况:(1)以公民教育运动旬模式运作。(2)以“人格建国”为总题,每日均有一专题,以发挥各纪念日之精神。① 成效与后续:1928年以后,轰动一时的公教运动便销声匿迹。

2. 社会各界的响应与支持。

中华基督教青年会发起和组织的公民教育运动,“要使一般有公民资格的公民,人人知道他的主权,知道他的责任,人人觉悟他自己的主权和责任,便人人起而担任公民应该尽的义务,还有什么人敢把国事骚乱、敢把国家陷于危险的地位”。② 公民教育运动之所以范围遍布全国,产生了较大的社会影响,与社会各界的响应、支持密不可分。

“对公民教育事业,与青年会同声相应者,则有各省教育会”,③其中江苏省教育会最为得力。江苏省教育会于1924年9月成立公民教育委员会,主要活动包括订立公民信条、组织公民宣讲队、发起模范公民选举和公民教育运动、开办公民教育讲习所、进行公民教育征文等。1925年,江苏教育会、中华职业教育社、上海家庭日新会三团体国庆日举行公民教育运动通启说:“我国之所以扰攘,最大原因,实在国民对于公民应负之责任,未能彻底明了,以致动为感情所驱使,酿成今日之现象。本此症结以施教,则舍公民教育,实无他法。”④因而决定提倡公民教育运动,于10月10日举行“双十节庆祝会”,程序为:全体向国旗行二鞠躬礼;唱国歌;演说(特约教育名人演说,关于公民教育问题);聚餐;讨论实施公民教育方法;余兴(国乐、昆曲、幻术)。⑤ 1926年4月,江苏省教育会举行公民教育讲习会,听众达360人;⑥5月,江苏教育会组织委员会制定公民信条,确定了好公民的标准:“(1)发展自治能力;(2)养成互助精神;(3)崇尚公平竞胜;(4)遵守公共秩序;(5)履

① 转引自吴亚玲.二十世纪二十年代中国公民教育运动初探[J].教育史研究,2010(3):56.,原出处中华基督教青年会第十一届全国大会全国协会报告书:28,上海档案馆U120-0-11.

② 刘湛恩.公民教育运动宣言[C].刘湛恩文集,上海:上海交通大学出版社,2011:27.

③ 刘湛恩.五年来之公民教育运动[C].刘湛恩文集,上海:上海交通大学出版社,2011:58.

④ 舒新城.近代中国教育思想史[M].福州:福建教育出版社,2007:249.

⑤ 作者不详.国庆日公民教育运动之积极筹备[N].申报,1925-10-03(7).

⑥ 孙广勇.社会变迁中的近代中国教育会研究[D].华中师范大学,2006:154.

行法定义务;(6)尊重共有财产;(7)注意公众卫生;(8)培养国际同情。”①同时,又复议决每年5月3日~9日为公民教育运动周,全省各学校于此期内朝会或其他集会时按照所列8条信条分日讲演。由中华教育改进社主持之《新教育评论》,亦于1卷20期发刊《公民教育专号》,按照江苏教育会所提之公项条目,由高仁山等分条各系短文以宣传之。② 经上海基督教青年会与江苏教育会提倡及《新教育评论》鼓吹,公民教育思想普及全国教育界,推广到学校以外。③

中小学是公民教育的积极响应者和参与者。公民科的设立,使得中小学成为公民教育的主要实践场所。加之五一、五四等重要纪念日期间一般都有纪念活动,因此中小学便踊跃参与公民教育运动。如苏浙皖三省组织师范附小联会,每届大会都有关于公民教育的议决案,关于小学公民教育问题,以该会所讨论者最为详细;④上海尚公学校在1925年5月学校公民教育运动中连续开展长达1个月的系列活动:⑤

表26　上海尚公学校公民运动周系列活动一览(1925年5月1日~5月31日)

1日	劳工纪念公教运动开幕仪式	3日	制作公民徽章	4日	唱公民歌
5日	交谊会讲德育故事	6日	发公民信条	7日	国耻纪念仪式、演说竞进会
8日	名人演讲	10日	讨论怎样做中国的好公民	11日	征集公教文字
12日	交谊会讲德育故事	13日	新闻社出公教特号	14日	出公民特号
15日	周会名人演讲	17日	征集公教图书	18日	出公卫特号
19日	交谊会讲德育故事并作法表演	20日	时事测验	21日	讨论不平等条约(公民课)

① 作者不详. 公民信条[N]. 申报,1926-05-03(7).
② 舒新城. 近代中国教育思想史[M]. 福州:福建教育出版社,2007:258.
③ 舒新城. 近代中国教育思想史[M]. 福州:福建教育出版社,2007:249.
④ 作者不详. 公民信条[N]. 申报,1926-05-03(7).
⑤ 作者不详. 公民教育运动消息汇志[N]. 申报,1926-05-05(11).

续表

22 日	周会辩论会	24 日	讨论关税问题(公民课)	25 日	讨论领事裁判权(公民课)
26 日	交谊会讲德育故事	27 日	讨论和平运动(公民课)	28 日	分发公民传单
29 日	周会公民娱乐会	30 日	五卅惨案纪念	31 日	公民选举

除此之外,新闻界的竭力鼓吹是公民教育运动深入人心的重要原因。自公民教育运动筹备始,申报就进行跟踪宣传。粗略统计,1924 年《申报》以"公民教育"为主题的报道为 4 篇;1925 年达 35 篇;1926 年 57 篇;1927 年 10 篇;1928 年以后则渐少。报道的内容涉及公民教育运动的筹备、通告、实况、地方特色及公民教育的观念、作法等。《申报》的《教育与人生》周刊于 1924 年 5 月 26 日刊行公民教育号;1926 年 5 月 3 日登载《公民教育究竟是什么》、《公民教育的重要》、《公民教育之新趋势》、《国家主义的公民教育观》、《公民教育的设施方法》、《中学校实施公民教育的方法》等系列文章,探讨公民教育的重要性、新趋势及做法。此外,中华教育改进社主持的《新教育评论》于 1926 年曾出版"公民教育专号",对江苏省教育会拟定的公民信条进行讲解、宣传;《中华教育界》也于 1926 年出版"公民教育号";商务印书馆还于 1926 年 5 月第三届公民教育运动周内举办图书展览,展出公民教育及适合公民阅读之书籍二百余种。

(三)公民教育运动归于沉寂

1928 年,公民教育运动的主要策划和实施者刘湛恩担任沪江大学校长,青年会的组织工作受到了相当的影响。1929 年 10 月,青年会召开第十一届全国大会,侧重以市政建设作为公民教育的新方向,公民教育的内容和方式发生变化。1930 年余日章因病休假,此后公民教育便逐渐淡出青年会的工作内容。

正如舒新城所言,"公民教育底含义虽因时代及学者的底见解而不尽一致,但大概均以养成奉公守法爱国爱人的德性为目的。故我们要问公民教育的真正效用,首当比较民众此种德性因公民教育思想而增高若干。必民德增高,始可言公民教育思想在实际上的影响,否则课程之改变,社会运动之发起,亦只是形式而已。”①民众德性的提升,的确难以判断,但公民教育的确取得了一定实效吗？自1928年以来由于政治的扰攘、军阀的专横、社会风气未见好转,民德更难以提高。舒新城将“民德不能提高”归结于三个重大原因:

第一是内乱与外力(资本主义的侵略)相通,国内产业不发达,以致人民生计日蹙。在种种压迫之下,生活极其困难,故凡遇可以谋生的机会,不惜牺牲一切以赴之;望一般人民于救死不暇的生活中去讲道德,未免过于迂阔。

第二是中国历史上不重公民道德传统思想阻止民德提高,如与生计无关的旅馆通宵达旦不顾他人安宁的吵闹,就是实例。

第三是政治底恶影响,民国以来政务人员之取舍全无标准,事务官以至事务员乃至工丁常以政务官的进退为进退;职守既无保障,政府亦无官规,从政者为自求保障其失职后的生活计,自不能不掠取分外之财。而掠取以后,又因其得之甚易而无谓用去,结果生活之穷蹙如故。于是陈陈相因,循环相转,无论在职去职,莫不以取得意外之财为目的。

……

所以公民教育思想发生数十年,在实际上竟毫无结果。②

舒新城所言不谬,如上因素确为影响公民教育进程的重要力量,其中以“中国历史上不重公民道德传统”最为根本。漫长的封建社会铸造了专制的传统,“臣民”意识的惯性作用使得公民教育甫一勃兴便被扼杀,公民教育缺乏适宜的生长土壤。不得不说,公民教育运动的开展,在一定程度上唤起了人们对公民教育的重视和参与。然而表面的轰轰烈烈不能抑制日渐式微的趋势,“随着中国政权在1928年的统一,以及‘训政纲要’和‘训政时期约法’的接连颁布,公民教育的活动空间已经渐次窄化,取而代之的是党治意味十分浓厚的训政教育方式”③。

---

① 舒新城.近代中国教育思想史[M].福州:福建教育出版社,2007:260.

② 舒新城.近代中国教育思想史[M].福州:福建教育出版社,2007:260~261.

③ 黄金麟.历史、身体、国家——近代中国的身体形成(1895－1937)[M].北京:新星出版社,2006:8.

第三节 趋向异变:国家政治干预与公民教育的改造

1927 年以后,党义教育的呼声渐高,国民党出于政治上的考量试图以意识形态强制的姿态对公民教育加以改造,公民教育的发展遁入新的历史时期。

一、南京国民政府时期教育宗旨的确立

(一)党化教育的兴起与废止

党化教育是 20 世纪 20 年代盛行的名词,是国民党"以党治国"口号在教育领域的投射。

1. 党化教育思潮兴起。

1923 年 10 月 11 日,国民党广东支部党务讨论会上孙中山在发表的演说中总结了过去革命失败的原因,强调"此后欲以党治国,应效法俄人。"①中国国民党第一次全国代表大会 1924 年 1 月在广州开幕,孙中山担任主席,致开会词时宣称国民党改组有两件事,"第一件……要把国民党再来组织成一个有力量有具体的政党;第二件就是用政党的力量去改造国家";②在招待晚宴中,孙中山称赞俄国革命的成功是因为"俄国人立志稳健,眼光远大",强调应学习"俄国的好榜样"。在孙中山看来,俄国革命的胜利,正是三民主义实现的范例。"时至今日,始发现一种新方法,以造党为造国之前提,此次大会,其重要之点即在于'国家之改造'与'本党之改造'。"③因此,以俄为师,借鉴苏俄"以党治国"的方法改组国民党,成为国民政府的重要任务。既要实现"以党治国",政治上的一切均应以党纲为前提,教育方面亦如此,党化

① 中国科学院近代史研究所中华民国史组,广东省哲学社会科学研究所历史研究室. 孙中山年谱(上)·第一辑:上海:中华书局,1976:214.

② 中国科学院近代史研究所中华民国史组,广东省哲学社会科学研究所历史研究室. 孙中山年谱(上)·第一辑[M]. 上海:中华书局,1976:222.

③ 作者不详. 广州国民党代表大会纪[N]. 申报,1924-01-27(10).

教育口号便推衍而来。

根据徐蔚南的考察，自从革命军出师北伐征服长江流域之后，属于国民政府治下的各省省政府，已有党化教育的计划，大、中、小学校亦有党化教育的准备，党化教育的呼声一天比一天高。① 然而“党化教育”并非中国国民党政纲，这个名词也不是由国民党党员首创的，而是与东南大学易长风潮有关。1925 年 1 月 6 日，突然下发的《教育部解除郭秉文校长职务的训令》引起强烈的反响，“去郭”与“留郭”形成鲜明两派，东南大学教授因“去郭”风潮于其通告全国教育界书中提出“郭校长免职之举，确为所谓‘党化教育’之一幕”。② 事实上，国民党在那时确有实施党化教育的计划，1925 年 1 月国民政府中央执行委员会就曾向广东大学致公函，明令规定“所有该局职员，均劝令一个月内加入本党，逾期不入者，须提出正当理由；如有决意反对本党主义者，应分别撤换停职”，③虽未提党化教育之名，却行党化教育之实。自此以后，党化教育这个名词，便通行于南北教育界，各种报纸杂志也借这个名词做起了文章，如张奚若在《现代评论》撰文道，“对于东南大学更换校长，不禁陡发一种‘党化惧’，以为郭秉文或可换，而党化教育万万不应有。”④

“党化教育在十四年尚是一种思潮，至十五年凡在国民政府势力下的各省，均以教育行政力实施之。”⑤ 1927 年 11 月上海特别市市政府教育局发刊之《党化教育》运动特刊，有署名研究者撰写《党化教育的由来》，指出：

革命领袖孙先生，从前亦只在政治上活动，对于教育不很注意。革命屡次失败，大家考察革命所以失败的缘故，实在因为民众太漠视革命了，所以发生“唤起民众”的口号，定下“扶助农工”的政策。同时在教育方面，也很活动。广州不必说；上海除上海大学由党经办外，其余的中等以上学校，也秘密施以党的指导，军阀辇毂下的北京各大学，党的活动，也常在幕后隐现。——这是党和教育发生关系的起头。

可是那时东南大学，因为一部分教职员，站在养尊处优的特殊地位的缘

---

① 徐蔚南．党化教育［M］．上海：世界书局，1927：1．
② 徐蔚南．党化教育［M］．上海：世界书局，1927：2．
③ 徐蔚南．党化教育［M］．上海：世界书局，1927：4．
④ 张奚若．党化教育与东南大学［J］．现代评论，1925，1（17）：7．
⑤ 舒新城．民国十五年中国教育指南［M］．商务印书馆，1927：5．

故和党的势力不很调和,常为革命党人所不满。曹锟、吴佩孚倒败后,国民党的势力,居然发展到北方;东南大学易长的风潮,也因之而起。当时拥郭拥胡,显然分成两派。虽然不无党的作风在里面,但也并非纯粹是党的作用。可是拥郭的却就借口于"教育应该独立党争之外"的一句话,以相抵制。因此这方面有人著论以党化教育为恶名,那方面便有人说明教育党化的必需,而党化教育也就成了一个流行的名词。①

可见,国民党对党化教育早有筹谋,只是恰遇东大易长风潮而已,正如徐蔚南所表达的那样,"中国国民党在那时确有实施党化教育的计划,不过国民党自己没有定出这个名词来罢了"。②

2. 党化教育蜕变。

党化教育名词一出,随即获得国民党的认同和使用。1926 年 7 月,国民政府教育行政委员会通过韦悫草拟的《国民政府教育方针草案》,进一步阐述了党化教育的含义。党化教育即在国民党的指导下,把教育变成革命化和民众化。换言之,将教育方针建立在国民党的根本政策——三民主义建国方略和建国大纲和历次全国代表大会的宣言和决议案之上。就学校层面而言,意味着:

我以为政治训练应该指导学生做党的种种实际工作,这不是说学生要把求学的时间完全做党的工作,不过说学生应该以课外时间做党的实际工作。……概括来说,目前最急切的问题是党化教育。所谓党化教育,就是在国民党指导下,把教育变为革命化、民众化、科学化和社会化。③

1927 年 5 月,蒋介石在南京举行的"五四"纪念会上,提出要施行党化教育,并授意各省市成立"党化教育委员会",拟定"党化教育大纲",从此党化教育开始在各地推行。浙江省教育厅厅长蒋梦麟召集中学校长共同讨论全省实施党化教育的问题,制定《实施党化教育大纲》,率先形成实施党化教育的具体办法:(1)以本党(国民党)训练党员之方法训练学生;(2)以国民党的纪律为学校的规约;(3)根据孙文学说(行易知难)及《民族主义》第六讲,

---

① 转引自舒新城. 近代中国教育思想史[M]. 福州:福建教育出版社,2007:263~264.

② 徐蔚南. 党化教育[M]. 上海:世界书局,1927:4.

③ 教育行政委员会委员韦悫拟. 国民政府教育方针草案(三)[N]. 申报,1927-07-09(11).

建设新道德应从新知入手;(4)依训政时期的国家组织作为学生的自治组织;(5)以“三民主义”之中心思想确定学生的人生观。[①] 上海成立党化教育委员会,以监督全市各学校推行党化教育、审查和取缔各学校违反党义的教职员、派人往各学校宣传主义及审查课本为职权。随后,各地陆陆续续建立党化教育委员会。为配合党化教育的开展,出版界也争相推出各种书籍,如华超《党化教育要览》、朱成碧《党化教育浅说》、王克仁《党化教育概论》、上海特别市市政府教育局编纂委员会《党化教育运动特刊》、顾诗灵《党化教育实施法》、李越《党化教育训练大纲》等。

这一时期,国民政府力推“党化教育暑期讲习所”、“党化教育训练班”等,还征稿、举办演讲会与运动等,扩大党化教育在民众中的声势和影响。为推行党化教育,国民政府先后颁布《教科图书审查条例》、《检定各级学校党义教师条例》等,规定“全国各级学校党义教师之检定,均应受党义教师检定委员会之检定;其未经检定或经检定而不合格者,不得充任”,[②],并要求“凡受检定之党义教师,应具备下列资格:一,本党党员;二,合于教育行政机关所规定之教师资格”,[③]党义教师受检定时的考试科目包括“三民主义”、“建国方略”、“建国大纲”、“本党历次全国代表大会宣言”等。此外,中央训练部及各级党部训练部还对各级学校党义教育成绩进行考察,范围包括“关于党义课程者;关于党义训育者;关于党义教师者;关于教职员研究党义者;关于学生对于本党之认识者;关于党义教育之设备者”,[④]具体形式包括“派员视察或举行测验;制定考察表格颁发各级学校填报;派员参加各校与党有关之各种集会;搜集并审查各校有关党义材料”[⑤]等。由此可见,党化教育的实质,就是推行“一个党,一个主义”的专制教育,以国民党的训练方法和组织纪律约束学生的思想和行为,使教育国民党化,以达致教育为政党政治服务的目的。这必然遭到进步人士的抨击,1930 年吴研因在暑期学术讲演会上以《党义问题》为题发表讲演:

---

① 舒新城. 近代中国教育史料补编(文化教育体育类)[M]. 上海:中华书局,1928:23~27.

② 作者不详. 检定各级学校党义教师条例[J]. 安徽教育行政周刊,1929,2(32):1.

③ 作者不详. 检定各级学校党义教师条例[J]. 安徽教育行政周刊,1929,2(32):2.

④ 作者不详. 考察各级学校党义教育成绩办法[J]. 安徽教育行政周刊,1929,2(45):1.

⑤ 作者不详. 考察各级学校党义教育成绩办法[J]. 安徽教育行政周刊,1929,2(45):1.

党义教育的名称，在先是党化教育，继改为三民主义教育，后又改为党义教育，现在并且有人提议，改为党治下的教育。其实，对于名称，我们可以不必咬文嚼字的计较他。名称本是假定的，不尽合乎论理的。在南京国府未成立前，这种教育，名为党化教育；后来吴稚晖先生等说党化教育是反对方面的口吻，所以主张改为三民主义教育；而党内同志，以为三民主义是党的一部分，不能包括建国方略建国大纲，……所以应当改为党化教育；党化教育还含有化合作用，而党义教育则连这一点化合作用也没有了，所以有人更主张改称党治下的教育。其实在党治之下，教育是当然属于党治的，又何必画蛇添足呢？所以我以为倒不如仍称党化教育为是。不过无论什么名称都好，可以不必拘泥，因为名称是不十分要紧的。①

1932年任鸿隽在《独立评论》发表文章《党化教育是可能的吗?》，言辞犀利地指出，党化不外乎两层意义：(一)把党的主义或主张，融合在教课中间，使他渐渐的浸灌到学生脑经里去。(二)教育的事业，由党的机关或人才去主持，使他完全受党指挥。② 但即使照这样，党化教育也不能实现。依据任鸿隽的分析，理由在于：其一，教育目的与党的目的完全不同。前者在于"一个全人的发展"，后者在于"信徒的造成"；前者是以人为本位的，后者是以组织为本位的。因而国民政府的教育部，对发展教育、改良教育的计划不甚注意，对小学的党义教科书却课外关注。其二，党化政策与教育的原则不相符合，通过教育宣传党的主义或主张在普遍的情形下，是不可能实现的。因而，任鸿隽明确地指出：

(一)党化与教育是不能并立的：有了党化，便没了教育；反过来说，要有教育，先取消党化。

(二)国民政府，是应该对全国教育负责的。所以他的义务，应该先发展教育，再谈党化。③

任鸿隽的评论有理有据，批判颇为有力，淋漓尽致地表达了学界对党化教育的反对和质疑。中华教育改进社等亦反对，力主教育事业应该超然于

---

① 吴研因讲，董保泰记．党义教育问题——在暑期学术演讲会演讲[J]．辽宁教育公报，1930(13)：27.

② 任鸿隽．党化教育是可能的吗[J]．独立评论，1932(3)：12～14.

③ 任鸿隽．党化教育是可能的吗[J]．独立评论，1932(3)：12～14.

宗教及政党之外,不得于学校上课时间教授宗教或党纲一类的;①《醒狮》和《国家与教育》亦常有抨击党化教育的评论,如《醒狮》第98号上有易君作的一篇《党化教育与专制教育》说,"党化教育是拿一党的党义去教育国民,换一句说,就是一党来包办教育。"②从一党的见地来看,使全国国民都受了党的洗礼,是何等痛快的事。然而这种想望,等于痴人说梦!文章还直接抨击道"党化教育即专制教育"。当时大批学者及进步人士都曾公开撰文抵制党化教育,如舒新城、朱自清等。

不仅如此,国民党内部对党化教育的理解也存分歧,"大至视为做人的教育,小之视为训政的工作;至设施上的主张更不一致,有以灌输党义为重者,以有党员任教职员为重者,有以每周举行党的仪式为重者,有以学生参加政治运动为重者"③。党化教育虽为国民党之教育者所提倡,但在国民党之理论中并无根据,况且党化两字,指代不明,可适用于一切政党,民众易误读,又遭政治势力的驱策,"竟发生许多恶果",以至于连提倡党化教育的人也有混沌之感。

(二)三民主义教育宗旨及实施方针的确立

将党化教育改为三民主义教育的首倡者是吴稚辉。1928年2月23日,他在南京《民生报》发表谈话指出,"党化教育四字,说来太觉广泛,共产党也是党,国民党也是党,未免弄不清此党化之党,应为共产党或为国民党也。"因而鉴于最好改为"三民教育",才不致为人所假借利用。"④2月27日,大学委员会及政治教育委员会所提之《维持教育救济青年案》则直指党化教育四字无来源,主张应改为三民主义教育,"党化教育之一名词,不知从何而起。吾党主张以党建国以三民主义化民,故吾党之教育方针,为'三民主义之国民教育',似无疑义。党化二字,内容既不确定,出处亦不明了,总理著作,大会决议,均无此名,其为世俗习用无疑,正名定义,宜直称三民主义教育。在

---

① 徐蔚南. 党化教育[M]. 上海:世界书局,1927:4.
② 徐蔚南. 党化教育[M]. 上海:世界书局,1927:6.
③ 舒新城. 近代中国教育思想史[M]. 福州:福建教育出版社,2007:273.
④ 舒新城. 近代中国教育思想史[M]. 福州:福建教育出版社,2007:274.

正式公用名词,不采世俗用语,以杜流弊。"[①]党化教育思潮自此暂告一段落。

1928年5月,中华民国大学院召开第一次全国教育会议,通过了《废止党化教育名称代以三民主义教育案》,指出真正的三民主义教育,必须将三民主义精神融化于一切教科教材之中,无一处一时不具三民主义之功用,大会还通过了《三民主义教育宗旨说明书》。然而,这一提议遭到国民党中央执行委员会训练部的批评,称其对三民主义之真谛,既无所阐明,而于教育与党的关系缺乏实际联络,未获批准而不具法律效力。1929年3月15日国民党在南京召开第三次全国代表大会,通过了《确定教育方针及实施原则案》,明定"中华民国今后之教育,应为三民主义之国民教育,已无疑义。"[②]4月,以国民政府令正式公布"中华民国之教育,根据三民主义,以充实人民生活,扶植社会生存,发展国民生计,延续民族生命为目的;务期民族独立,民权普遍,民生发展,以促进世界大同",[③]还配套公布了《三民主义教育实施方针》,对各级各类学校落实三民主义教育方针提出了具体指导,"各级学校之三民主义教育,应与全体课程及课外作业相连贯","普通教育,须根据总理遗教,以陶镕儿童及青年'忠孝仁爱信义和平'之国民道德,并养成国民生活之技能,增进国民生产能力为主要目的"。[④] 1931年6月,国民政府公布的《国民政府训政时期约法》,确定"三民主义为中华民国教育之根本原则"。至此,三民主义教育宗旨得以正式确立,作为南京国民政府时期的教育纲领一直沿用。

1931年9月,为弥补和修正实施方针的不足,国民党中央执行委员会第157次常务会议通过了《三民主义教育实施原则》,阐明了具体目标和实施纲要(分课程、训育、设备三项),较之"实施方针"更为详尽。其中初等教育(幼稚园、小学)目标为:将儿童整个身心融育于三民主义教育中,使儿童的个性、群性在三民主义教育指导下得以平均发展,使儿童在三民主义教导下具有适于实际生产的初步知能。中等教育(包括初中、高中及相当程度之学校)目标为:确定青年三民主义的信仰,切实陶冶其忠、孝、仁、爱、信、义、和

① 作者不详.维持教育救济青年案之修正[N].申报,1928-02-27(7).

② 作者不详.确定教育方针及实施原则案 [N].申报,1929-03-21(9).

③ 教育部教育年鉴编撰委员会.第一次教育年鉴·甲编[M].上海:开明书店,1934:8.

④ 教育部教育年鉴编撰委员会.第一次教育年鉴·甲编[M].上海:开明书店,1934:9.

平的国民道德，注重青年个性及身心发育状态并予以适当的指导及训练，对于青年应予以职业指导并养成从事职业必具的知能。无论初等教育或中等教育，均应"以三民主义重要的观念为编定全部课程之中心"；训育及设备，根据初等教育或中等教育儿童特性而略有不同，但都须"含有三民主义的精神"。以后几十年里，三民主义教育宗旨始终被国民党奉为典章而不曾改变。

事实上，以三民主义作为教育指导思想，是蒋介石的一贯主张。1928年7月北伐军占领北平后，蒋介石在国立、公立各校教职员欢迎会上演说，提出国民党对教育之意见，"建设之急务，即在振兴教育"，今后建设自由的新国家，"惟教育界责任最大"，教育界无论何时何地均应指导青年信仰三民主义。[①] 1930年4月17日，第二次全国教育会议上蒋介石以国民政府主席身份发表演说，提出"改革教育当用革命手段整顿学风"，并应十分注意党义教育，"以三民主义统一青年思想"。[②] 1931年1月19日总理纪念周训话中，蒋介石把民国以来教育不能进步的原因归结于办教育者无中心信仰，并指出"中心信仰厥为三民主义"。三民主义教育是按照蒋介石"三民主义"治国方针确立的，由蒋介石最高统治者身份立论，经行政命令的权威性而在全国各级各类学校中普遍推行。

二、中小学公民教育的异变

不可否认，自1927年结束军阀混战的局面后，国民党以对思想文化的控制行一党专政之实，开始了重建国家权威的努力，20年代自由宽大的风气渐为国家主义、权威主义所取代。[③] 中小学公民教育随之发生变化，进入一个新的阶段。龚启昌在概括公民教育思潮起伏时将这一时期的转变描述为：

民治主义之思潮，到了国民党北伐统一全国时曾受到小小打击。民国十五、六年间，广东国民政府教育行政委员会许崇清等，提出"党化教育"一

① 王学珍. 北京大学纪事(1898～1997)[M]. 北京：北京大学出版社，2008：200.

② 李华兴. 民国教育史[M]. 上海：上海教育出版社，1997：318.

③ 杨东平. 艰难的日出——中国现代教育的20世纪[M]. 上海：文汇出版社，2003：67.

词,十六年国民党定都南京,厉行党化教育,一般提倡公民教育的人士因当局丕变,遂偃旗息鼓。十八年教育部所公布的中学课程暂行标准中,把'公民'一科取消,而改为'党义',这可以说是无论在思想上实际上为公民教育最消沉的时期了。

民国二十年的"九一八"事变,可以说是我国思想界的一个转折点。民国二十二年教育部颁布正式中学课程标准,把'党义'取消,恢复'公民',而国内有识之士亦纷纷起而提倡民族精神,因而公民教育思潮又复抬头。①

……

民国二十八年三月教育部召集第三次全国教育会议于陪都,……蒋主席认为忠孝仁爱信义和平八德以及党员守则,可订为青年守则,一致信守以外,所有全国各级学校,可以'礼义廉耻'四字为共通校训,这四个字既简单又通行,包含了我国固有的国民行为的基准,也包含近代国民必具的品格。这些均经教育部遵行,遂把训练的目标集中而具体起来了。②

其他研究者在梳理民国时期公民教育的发展脉络时,也将1927年以后作为公民教育(公民训练)发展的一个阶段。③ 尽管1927年以后公民教育思潮一度消沉,公民教育也因党化色彩而饱受批评。人们纷纷质疑:将某一党的理念强行置于国家课程体系之上,将具有党派倾向的三民主义与党义科强行纳入国家教育体系,这样做法是否妥当?在此背景下,公民教育的"公"字是否已受到玷污?事实上,这一时期的公民训练确与20世纪20年代大为不同,但"教育实施以时代为背景,'公民训练'尤为适应社会需要的产物,故于时代背景更应有真确的认识"。④ 况且,从一定意义上讲,除了党化色彩之外,1927年以后实施的公民训练依然有大量的公民知识、公民常识,在形式上亦有诸多可采纳和借鉴之处。综合考量,笔者倾向于认同这样的观点——将1928年后的三民主义与党义科加上与之并行的公民科,共同归纳到一个大的公民教育范畴中去,一个受了党派政治影响的公民教育范畴,一个较原来公民科已不纯粹却更加系统化的、更受到国家强力实施的公民教

① 龚启昌.公民教育学[M].重庆:正中书局,1948:42~43.

② 龚启昌.公民教育学[M].重庆:正中书局,1948:43~44.

③ 见"绪论"部分

④ 沈子善.小学公民训练之理论与实际[M].上海:商务印书馆,1935:19.

育范畴。[①]

因而笔者试图将1927年以后的发展阶段概括为“公民教育的异变”，为的是完整而真切地呈现公民教育在我国曲折发展的轨迹，因为“随着社会政治和意识形态的变化，国家主义还是自由主义，党化教育还是教育独立，社会本位还是个人本位这样的诘问和冲突，伴随着现代教育的发展。”[②]为更清晰地书写公民教育课程、教科书、课外活动方面的纵向发展态势，后文将专章展开，因此这里仅从宏观视角宽泛地描述这一时期公民教育的状态。

（一）南京国民政府时期中小学公民教育的演变

1927年8月，教育行政委员会在决议的《学校施行党化教育办法草案》中指出重新改组学校课程，“使与党义不违背又与教育学和科学相符合，并能发扬党义和实施党的政策”。[③] 1928年2月颁布的《小学暂行条例》规定，小学教育应根据三民主义，依据儿童心身发展程序培养国民基本知识技能，教学科目有三民主义、公民、国语、算术、历史、地理、卫生、自然、乐歌、体育、党童子军、图画、手工等13科。1929年8月，教育部颁发《中小学课程暂行标准》，此项标准是教育部根据第一次全国教育会议之决议，组织中小学课程标准起草委员会起草整理而成的；名为“暂行标准”，有公布试行以便限期订正之意。小学方面，将原有小学课程中的公民、卫生、历史、地理合并为社会（初小社会和自然还可合并为常识科）；三民主义科改称党义科，并包含公民科在内，中央党部训练部拟订的《小学党义课程标准草案》于1931年2月始行；党童子军作为课外活动科目。中学方面，初中取消了公民科，以党义科代之，并专设童子军一科；与初中一样，高中设党义科作为必修科目。

1931年，国民党湖南省主席在国民党第四次全国代表大会上，提议于中小学课程中增设公民科，缘由在于“吾国自革新后，物质虽竞趋文明，人心实日即浇薄，既有唯物史观普罗文学以诱惑青年，复有第三国际共产党徒实行

① 王颖春. 从修身到公民再到三民主义与党义——民国公民教育课程的演变[D]. 北京师范大学，2008：23.

② 杨东平. 艰难的日出——中国现代教育的20世纪[M]. 上海：文汇出版社，2003：66.

③ 熊明安. 中华民国教育史[M]. 重庆：重庆出版社，1990：107.

贼害农工、毒餤所痛,非极至去人绝道德予不止,欲挽狂澜,端赖教育",[1]而民国初年以公民科代替修身科,对儿童施以公民知识和健全人格的陶铸,"意义尤为伟大"。因而,今日须开设公民科目,训练国民"端其趋向";况且"党义为整个民族独立之基本观念,涵义较广,陈义过高,以之训练小学及中学意志未定之青年,或苦难于完全领受。"[2]因而,建议恢复公民科,"将公民应备具之知识及中国固有道德,悉纳于该科,作为具体的切实训练"。关于公民道德方面,则尽量采纳"中国固有道德",如"忠孝仁爱信义和平"等。

经过充分酝酿,1932 年在对《中小学课程暂行标准》调整和修正的基础上,正式的《中学课程标准》、《小学课程标准》得以颁行。《小学课程标准》所作的调整是:小学部分,不特设党义科,将其教材充分融化于国语、社会、自然等科目中,如国语加入关于唤起民族意识的内容,常识加入有关国防的知识等;也不特设公民科,而增设公民训练,作为小学训育和道德训练的实施依据,同时规定团体训练时间;初、高中则均改党义科为公民科。国民政府解释改变的原因是"三民主义不应限于党义一科内教学,各科教学均应注意及之,尤其国文、史地等应渗透三民主义。除于各科课程标准外,应改党义科为公民科,内容除党义外,并增加道德、政治、法律及经济(高中并增加社会及伦理思想)等教材,以完成公民训练。"[3]

在随后的十几年内,教育部曾先后三次对上述标准做出重大修订,分别是:1936 年的修正课程标准、1942 年的小学课程修订标准(中学为 1940 年修订)、1948 年的二次修订课程标准。1936 年经过新一轮的调整后颁布的课程标准中,小学部分,设公民训练,训练条目加入了新生活规律,实施方法要点经修改变得比较具体;另外低中年级设常识科,包括社会、自然和卫生的知识部分(卫生的习惯部分纳入公民训练),高年级社会科包含公民(公民知识)、历史、地理三科。中学部分,初中、高中设公民科。1942 年修订课程标准,规定小学设团体训练、社会、卫生等课程,中学设公民、童子军、生理卫生等课程。1948 年第二次修订课程标准,《小学课程二次修订标准》规定小学

① 作者不详. 何键向四全会提请中小学课程增设公民科[N]. 申报,1931-11-17(10).

② 作者不详. 何键向四全会提请中小学课程增设公民科[N]. 申报,1931-11-17(10).

③ 吴铎. 德育课程与教学论[M]. 杭州:浙江教育出版社,2003:4.

设公民训练、社会、卫生等课程,《中学课程二次修订标准》规定中学设公民、童子军、生理卫生等课程,高中增加“三民主义”科目。兹将南京国民政府时期有关公民教育课程设置情况列表呈现如下:

表 27　南京国民政府时期公民教育相关课程之变动情况(小学)①

课程标准	课程名称	课程说明	年级	周总时数(分钟)	百分比
小学课程暂行标准(1929)	党义	由 1928 年之“三民主义科”改名而成;其标准《小学党义课程标准草案》由中央党部训练部拟订,1931 年 2 月始行公布	低	30	2.6%
			中	60	4.5%
			高	90	5.9%
	社会	由公民、卫生、历史、地理组成	低	90	7.9%
			中	120	9.1%
			高	150	9.8%
	其他	党童子军作为课外活动科目;每周集会时间:(1)周会,每周举行一次,每次至少 60 分钟(和纪念周合并);(2)朝会,每天举行一次,每次 10 分钟			
小学课程标准(1932)	公民训练	重在平时的个别训练,教学时数仅指团体训练时间;1933 年国民政府教育部颁布了《小学公民训练标准》,课程标准趋清晰化、规范化	低	60	5.1%/4.8%
			中	60	4.4%/4.2%
			高	60	3.9%
	社会	社会科中加入公民教材;党义科虽不特设,但将党义教材充分融化于国语、社会、自然等科中	低	90	7.7%/7.1%
			中	120	8.7%/8.3%
			高	150	9.6%
	其他		低	180	15.4%/14.3%
			中	270	19.6%/18.8%
			高	360	23.1%

① 参阅郑航. 中国近代德育课程史[M]. 北京:人民教育出版社,2004:284~285.,陈侠. 近代中国小学课程演变史[M]. 福州:福建教育出版社,2007:54~61.

续表

课程标准	课程名称	课程说明	年级	周总时数(分钟)	百分比
修正小学课程标准(1936)	常识	包括社会、自然;高年级社会科分公民、历史、地理三科,时间支配:公民30分钟,历史90分钟,地理60分钟	低	150	14.7%/13.5%
			中	180	14.6%/14%
			高	180(社会)/150(自然)	11.6%/10.7%
	公民训练	包含朝会、周会、纪念周、课外运动、课外作业、儿童自治团体等集团作业;公民训练条目,较之以前有删改,加入新生活规律	低	60	5.9%/5.4%
			中	60	4.9%/4.7%
			高	60	4.4%
	其他		低	180	17.7%/16.2%
			中	270	22%/21%
			高	360	26.1%
小学课程修订标准(1942)	常识	包括社会、自然;高年级社会科分公民、历史、地理三科	低	150	13.9%/12.8%
			中	180	14%/13%
			高	180	12%
	团体训练	包括训育与卫生训练,每日以20分钟为准	低	120	11%/10.3%
			中	120	9.3%/8.9%
			高	120	8%
	其他		低	180	16.6%/15.4%
			中	270	20.9%/20%
			高	360	24%

续表

课程标准	课程名称	课程说明	年级	周总时数（分钟）	百分比
小学课程二次修订标准（1948）	常识	包括社会、自然	低	150	12.8%
			中	150	10.2%/10%
			高	150	9.1%
	公民训练		低	120	10.3%
			中	150	10.2%/10%
			高	150	9.1%
	其他	课外集团活动、日会以每天 5～10 分钟为限；周会每周一次，以 30～60 分钟为限；课外活动每天 10～15 分钟			

＊(1)表中的“其他”是指课外集团活动、朝（夕、午）会、周会、纪念周、课外运动、童子军、儿童自治等团体作业。(2)“周总时数”为该科目每周的教学时数，以分钟计。(3)“百分比”指该科目占该阶段周总教学时数的比例；“/”前后为该科目占该阶段不同年级周总教学时数的百分比。

表 28 南京国民政府时期公民教育相关课程之变动情况（中学）①

	年级	科目	学分	百分比	各学期学分分布情况
中学课程暂行标准（1929）	初中	党义	6	3.33%	每学期 1 学分
		党童子军	不计学分		
	高中	党义	6	4%	每学期 1 学分
		军事训练	6	4%	每学期 1 学分
中学课程标准（1932）	初中	公民	10	4.81%	初一、初二每学期 2 学分，初三每学期 1 学分
	高中	公民	12	6.09%	每学期 2 学分

① 参阅郑航. 中国近代德育课程史[M]. 北京：人民教育出版社，2004：284.，王伦信. 清末民国时期中学教育研究[M]. 上海：华东师范大学出版社，2002：99～105.，熊明安. 中国近现代教学改革史[M]. 重庆：重庆出版社，1999：93～101.

续表

<table>
<tr><th></th><th>年级</th><th>科目</th><th>学分</th><th>百分比</th><th>各学期学分分布情况</th></tr>
<tr><td rowspan="4">修正中学课程标准(1936)</td><td rowspan="2">初中</td><td>公民</td><td>6</td><td>3.23%</td><td>每学期1学分</td></tr>
<tr><td>体育及童子军</td><td>24</td><td>12.9%</td><td>每学期4学分</td></tr>
<tr><td rowspan="2">高中</td><td>公民</td><td>7</td><td>3.91%</td><td>高一每学期2学分,高二每学期1学分,高三上学期1学分</td></tr>
<tr><td>军事训练</td><td>6</td><td>3.35%</td><td>高一每学期3学分</td></tr>
<tr><td rowspan="4">中学课程修订标准(1940)</td><td rowspan="2">初中</td><td>公民</td><td>6</td><td>3.23%</td><td>每学期1学分</td></tr>
<tr><td>童子军</td><td>12</td><td>6.45%</td><td>每学期2学分</td></tr>
<tr><td rowspan="2">高中</td><td>公民</td><td>6</td><td>3.23%</td><td>每学期1学分</td></tr>
<tr><td>军事训练或家庭看护</td><td>18</td><td>9.68%</td><td>每学期3学分</td></tr>
<tr><td rowspan="3">中学课程二次修订标准(1948)</td><td rowspan="2">初中</td><td>公民</td><td>6</td><td>(男)3.31%;(女)3.24%</td><td>每学期1学分</td></tr>
<tr><td>童子军</td><td>6</td><td>(男)3.31%;(女)3.24%</td><td>每学期1学分</td></tr>
<tr><td>高中</td><td>公民</td><td>4</td><td>2.38%</td><td>高三每学期2学分</td></tr>
</table>

*此处统计之“学分”指初中或高中该科目的总学分,“百分比”指该科目占初中或高中总学分的百分比。

(二)南京国民政府时期中小学公民教育的实际生态

1928年,在党化教育思潮影响下,各地纷纷效行。《湖南教育》介绍长沙市党义教育调查的概况中指出,“党义教育,就是要把中国的教育来国民党化,成为一种特殊的国民党的教育,不但要使教育机关隶属于本党指挥之下,便算了事;并且还要使中国教育的目标与手段,都要依照三民主义的精神而决定。”①

① 吴晦华.长沙市党义教育调查概说[J].湖南教育,1928(4):1.

1. 党义教育实施生态。

长沙全市中小学基本都开设了党义课程，但极不一致。列表如下：

表 29　长沙市中小学党义课程一览（1928 年）

	党义课程	校数		党义课程	校数
	三民主义	44		三民主义	21
	本党政纲政策	1		本党史	2
	民权初步	4		本党主义及策略	13
小学	建国大纲	3	中学	建国大纲	3
	孙文学说	1		民权初步	1
				五权宪法	1
				物资建设与心理建设	1
				中国革命史	1

厉行党义教育的声浪甚嚣尘上，许多学校也倡言遵令实行，然而“考察起来，无非课程上有的增加了党义科目，教职员中许多加入了国民党”，但这些都是“敷衍门面”的表现，而党义教育的实施应该“是切实而非敷衍的，是统一而非破碎的，是急进而非因循的，是积极而非消极的”，党义教师尤为关键。长沙市要求全体教职员，国民党党员要占绝对的大多数才好，就是少数非党员的教职员，亦必是信仰国民党的“主义”者，校长则更须是确能为党努力为党牺牲的忠实同志。然而调查显示，长沙市中小学校长中党员仅占 2/5，教职员中党员也仅占半数，这种结果是“长沙市党义教育的一种病征”！更进一步来看，直接承担党义教授的党义教师，在课堂里作为党的代表人格和学问的修养都要不违背党，尽力感化学生；在教课上应与其他各科切实联络，注意将主义的材料尽量采入；对于学校的一切设施，尤宜留心有无违背党的根本精神。此外，党义教育还要注意党义教育环境的布置，“因为人之思想行动，常随环境为转移”。1928 年 2 月上海特别市教育局在《上海教育》署名发表《党教育》一文，就生动描绘了党化教育下的学校生态：

我们看到许多学校，尤其是小学校，实施他们所谓的“党化教育”。

他们的办法是：

（一）课程中尽量采用党的教材，不但要想把全部的三民主义，灌输给学生,叫他们生吞活剥。并且国语文中充满了革命伟人的伟大史传,常识课中尽装着国民党里的一切政纲,音乐必唱“革命之歌”,形艺也学“革命画报”……真把党的一切,当做日常功课了。

(二)仪式上竭力摹仿党的形式,纪念周不消说,就是寻常集会,也一定瞻谒总理遗像,恭读总理遗嘱。总理的遗嘱差不多和清朝八股时代童生们临考时恭默的“圣谕广州”一般。

(三)墙壁间满黏着党的标语,什么打倒帝国主义,打倒残余军阀,“铲除土豪劣绅”,“杀尽共产党徒”,……无话不有;甚至临时标语,什么“讨伐唐生智”,“通缉汪精卫”,“欢迎五委员”……也鹦鹉学舌似的写着。血淋淋,恶狠狠,杀人放火的挂图,也常常悬挂在校舍之内。

(四)学生们奔命于党的运动,今天什么游行,明天什么集会,后天什么演讲,凡是党的运动,不单中等以上学校的学生参加,有时小学生亦要参加。并且往往不是志愿的,是以罚钱为强迫的。学生们真觉有“疲于奔命”之感。①

南京国民政府实施党化教育,以党义代公民,因而中小学笼罩在党化色彩浓厚的教育中,公民教育趋于新的发展阶段。

2. 公民训练实施生态。

1931 年教育部中小学课程标准委员会鉴于公民教育不可忽视,主张恢复以往的公民教育,并于 1933 年公布《小学公民训练标准》,制定具体的条目、愿词和详细的实施方案,“矫正过去那‘知识灌注’与‘理论空谈’的错误,而切实地在儿童实际的生活上去指导,使其成为健全的公民”②。此后,公民训练一直得以保留,尤其在小学颇为盛行,学界对此较为热衷,形成了一系列的著述,如《小学公民训练的理论与实际》(张耿西、束樵如、万九光等编,中华书局,1936 年)、《小学公民训练之理论与实际》(沈子善编,商务印书馆,1935 年)、《小学公民训练法》(王国元编,世界书局,1938 年)、《公民训练》(大陆社专门委员会编,生活书店,1937 年)、《中心学校、国民学校公

① 舒新城. 近代中国教育思想史[M]. 福州:福建教育出版社,2007:275.

② 浙江省立严州初级中学附属小学. 小学公民训练之实际[M]. 严州:浙江第九省学区辅导会议办事处,1935:4.

民训练实施法》(裴养编,四川省政府出版,1940 年)、《公民训练法》(刘百川编,黎明书局,1935 年)、《夏令儿童公民训练》(应微波编,华英书局,1934 年)、《小学公民训练周实施纲要》(曹风南编,大华书局,1933 年)、《小学公民训练概论》(范公任编,商务印书馆 1935 年)、《小学公民训练实施法》(万九光编,世界书局,1934 年)、《小学公民训练实施方案》(南京女子中学实验小学编,中华书局,1933 年)、《怎样实施公民训练》(陈厥明、唐问巢编,黎明书局,1936 年)、《比较公民训练》(廖文奎编,大承出版社,1936 年)等,其中既有理论的探讨,也有实践的展示,为开展公民训练提供了有益的借鉴,从中我们也了寻见公民训练的实际生态。1935 年以浙江省立严州初级中学附属小学实施大概为蓝本,编辑出版了《小学公民训练之实际》,生动呈现了公民训练的实施情况。

小学公民训练主要围绕六个方面实施:公民训练委员会、环境布置、训练方式、活动指导、家庭联络和成绩考察。

(1)公民训练委员会

作为议定公民训练的组织系统、实施公民训练的具体办法的最高机关,公民训练委员会(以下简称“委员会”)须依据《公民训练委员会组织大纲》(以下简称《大纲》)行使职权。全体教职员均为委员会委员,委员会每月举行常会一次,遇必要时得开临时会。委员会下设四股:

设计股:计划公民训练一切实施方法及改进事项;

级务股:掌管公民训练之实施及考查事项;

团务股:掌管各训练团之训练及考查事项;

统计股:办理关于公民训练成绩考查之统计事项。

(2)环境布置

环境的布置应遵循的八个原则:整齐变化、色彩调查、清洁美观、利用废物、利用儿童作品、适合儿童身心、含有教育意味、合于科学方法。一般的环境布置可利用以下素材:

表 30 浙江省立严州初级中学附属小学公民训练环境要求一览(1935 年)

类别	要 求
警句	搜集中外名人名言,制成艺术化的标语,布置在适当的地方,如“礼义廉耻,国之四维,四维不张,国乃灭亡”等
标语	根据中心训练德目书写标语,悬挂走廊,每周更换一次,使儿童互相勉励实行,标语须是醒目的、美观的、简明的、浅显的
图画	选择公民故事画及卫生习惯画等,装饰在儿童容易看到的地方,以陶冶儿童的德性,图画须是整齐变化、简洁清楚、色彩调和、意义深刻的
中心训练刊物	由训育处统筹安排,导师和儿童共同编辑,每周出版中心训练刊物,布置在适当的地方以激发儿童的思想,刊物的内容可以使导师的每周例话或儿童的自由发表等,形式可采论述、故事、小说、诗歌、随笔、绘画等
表格	根据各项需要,制订各种表格藉以对儿童进行行为的考察记载,如早到比赛表、清洁比赛表、秩序比赛表、中心训练自省表、新生活团自省表等

(3)训练方式

训练方式包括两种:一是间接的理智的培育,将公民训练的要职渗透在国语科、卫生及体育科、社会科、美术科、音乐科、劳作科、算学及自然科学中。二是直接的理智的启发,如日常训练和活动训练。日常训练即基本训练,每周 60 分钟,可分为 6 次,每日均有 10 分钟的教学时间,教师可将偶发事项引用公民训练的条目加以申说;导师开展公民训练,还可利用早会、纪念周、周会等开展群体的、集中的训练,亦可通过谈话、讨论、日常指示、团会等形式开展个别的、有针对性的训练。中心训练亦称为活动训练,导师可视时机的需要,规定日期,将《小学公民训练纲要》涉及的德目进行整体、系统的安排,分为节俭、勤劳、整洁、强健、爱国、秩序等德目,每 1 ~2 周围绕一个德目施行集中训练。例如:

表 31 浙江省立严州初级中学附属小学“爱国”周实施要求一览(1935 年)

训练德目	爱国
训练时间	第 14、15 周(4 月 28 日 ~5 月 11 日)
目标	养成尊敬国家、精诚团结、准备为国族奋斗的观念

续表

训练德目	爱国
信条	我敬重国旗党旗;我唱党歌时立正脱帽;我看见国旗升落,一定起立致敬;我爱用本国货;我注意国家大事
环境布置	标语(如“努力洗除国家的耻辱”、“我们是优秀的民族,为什么被异族压迫”、“我不是懦夫,我愿做有胆量的国民”、“救国不忘读书,读书不忘救国”等)、图表(校内四周悬挂“爱国”的图表)
教学联络	各科教学在可能范围内尽量选取关于“爱国”方面的教材
活动事项	组织爱国宣传队;检查仇货;举行救国演讲会;选举模范儿童;举行警备训练及避灾练习

每周训练结束,须填写《中心训练实施报告》。样式为:

表 32　江省立严州初级中学附属小学《中心训练实施报告》(1935 年)

<table>
<tr><td colspan="2">训练德目</td><td colspan="2"></td></tr>
<tr><td colspan="2">训练要点</td><td colspan="2"></td></tr>
<tr><td rowspan="3">实施经过</td><td>活动概况</td><td colspan="2"></td></tr>
<tr><td rowspan="2">训练结果</td><td>通过人数</td><td>不通过人数</td></tr>
<tr><td colspan="2">模范儿童</td></tr>
<tr><td colspan="2">导师意见</td><td colspan="2"></td></tr>
<tr><td colspan="2">报告者</td><td colspan="2">年级级任导师</td></tr>
<tr><td colspan="2">附注</td><td colspan="2">本表每一中心完结时请各级级任导师填写一份交训育处备查</td></tr>
<tr><td colspan="4">严中附小训育处</td></tr>
</table>

(4)活动指导

导师须对学生进行康乐方面、德性方面、政治方面、学术方面、经济方面的具体指导。以学术指导为例,每月须举行学术报告,邀请校内外名人莅校演讲。严中附小开展的其中一场讲座题为“蚂蚁社会”,内容是:

蚂蚁社会①

主讲者:吕庆佩先生　　　　　　记录:(秋六)张礼钧

(一)分工合作

今天讲蚂蚁的社会。他是小动物,许多小朋友看不起他,可是他也有奇大的本能。蚂蚁可分工蚁、雌蚁、雄蚁等数种,他们分工合作:工蚁专门造巢,寻找食物及战争等工作;雌蚁专门生殖;袋蚁有很大的肚袋,把平常找到多的食品,储藏在肚子里面,以防腐烂,预备冬天找不到食物的时候或者下雨的时候,吐出来供给大家吃,所以许多蚂蚁都保护袋蚁的。

(二)合群

蚂蚁利用合群的力量做事,譬如找到一粒米,或者找到一条死虫,就要大家合力搬运。他们无论找到什么东西,假如一只蚂蚁拖不动,就两只同拖,假如两只蚂蚁又拖不动,就五只、六只、七、八、九、十只……都来搬运,把食物搬到洞里去。

(三)储蓄

他们在春夏秋三季的时候,很努力地辛辛苦苦地找寻粮食。吃之有余多的各种食物,一点也不浪费掉,一点一点的都储蓄起来,藏在巢子里,以作冬季里的需要品。

(四)对人们的利益

稻田里,麦田里……有许多害虫,常灭蛀我们的农产植物,各植物一经他穿过,就容易枯萎,人们看不见他,更不能扑灭。这是多么可怕的害虫,他在冬天里僵了,死在土内,明春仍能复生,幸而蚂蚁们很坚决地把他找来当饭吃,不管他已死的、活着的,遇寻到即把他连骨连皮的吞了,使他再也不能发多了。

蚂蚁对我们是有益处的,不可伤害他,应该保护他,应当感谢他。

(五)小结论

蚂蚁能分工合作,能合群,能储蓄,能助人们把害虫吃掉;虽是小动物,而他的组织,使人多么佩服!唉!诸位小朋友想想看!蚂蚁这样的勤工,真

① 浙江省立严州初级中学附属小学.小学公民训练之实际[M].严州:浙江第九省学区辅导会议办事处,1935:109.

正可赞美。我们校里这周是节俭周，小朋友们听了这个故事，可以不学蚂蚁的样吗？不好好的求学吗？

以蚂蚁及其组织为切入口，最生动展现了蚂蚁身上的优良品质——分工合作、合群、储蓄等，配合“节俭周”的主题，以潜移默化的方式训导儿童，至今仍是有借鉴意义的。此外，对儿童的公民生活指导的形式还包括比赛会、公民自治会、合作社等，训练方式多样，主题明确，切合儿童心理，因而颇受欢迎。

(5)家庭联络

人们受杜威思想的影响——“教育的浪费，在于学校隔离社会而独立”——强调儿童的生活是整个的。譬如学校教儿童的是三民主义的思想，家庭给予儿童的是帝王封建思想，这就置儿童于矛盾、糊涂的生活境地。因而，学校应该联络儿童家庭，联络的方式包括：调查(调查儿童在家庭的生活情形、家庭教育子女的方法、家庭周围的环境)、访问(普通访问、机会访问、特殊儿童家庭访问、偶发事项家庭访问)、集会(恳亲会、母姊会、父兄会、运动会、音乐会、成绩展览会)、通讯(琐事通信、要事通信、例事通信、成绩报告)，等等。家庭联络的情况须填入《儿童家庭访问记载表》作为记录，附样表：

表 33　浙江省立严州初级中学附属小学《儿童家庭访问记载表》(1935 年)

<table>
<tr><td rowspan="2">家长</td><td>姓名</td><td>年龄</td><td rowspan="2">儿童</td><td>姓名</td><td>年龄</td></tr>
<tr><td>职业</td><td>和儿童关系</td><td>性别</td><td>年级</td></tr>
<tr><td colspan="3">籍贯</td><td colspan="3">住址</td></tr>
<tr><td rowspan="2">家庭状况</td><td colspan="2">教育程度</td><td colspan="3">周围环境</td></tr>
<tr><td colspan="2">家风</td><td colspan="3">经济状况</td></tr>
<tr><td colspan="6">儿童在家庭生活状况</td></tr>
<tr><td colspan="6">儿童特殊习惯</td></tr>
<tr><td colspan="6">家长意见</td></tr>
<tr><td colspan="6">访问者意见</td></tr>
<tr><td colspan="6">备注</td></tr>
<tr><td colspan="6">浙江省立严中附小　　　　访问记载者</td></tr>
</table>

(6)成绩考察

儿童公民训练成绩考察分为两部分进行,一是知的考查,一是行的考察。知的考查,侧重儿童对于公民知识的了解程度、态度取向和价值判断,采用客观测验的方式,即利用是非法、选择法、问题法进行测试。例如:

秋四年级公民测验①

我的姓名　　　　我是(男/女)　　　　我今年　岁

今天是中华民国　　年　　月　　日　　　　做正题(　　)

(说明)下面有三种题目,第一种是是非法,共有十个题目,你认为对的,在括弧内记一个(+),不对的做一个(-)号。第二种是选择法,共十个问题,每一个问题下面,有四个原因或理由,看上去都像对的,但是其中只有一个最对的,你把最对的号数写在下面的括号内。第三种是问题法,共有五个问题,请你很简单的扼要的把答案写在横线上,大家都懂了吗?那么开始做!

是非法……………………………………(正　　)-(1/2×错　　)=(　　)

1. 我每天有适当的运动(　　)　2. 我吃了饭立刻做剧烈的运动(　　)

3. 练习国术有损我们的身体(　　)　4. 我没有特别的事故不请假(　　)

5. 难的事,我决不去做(　　)　6. 我要穿很美丽的衣服(　　)

7. 做事要决心的做(　　)　8. 缺了课可以不用补习(　　)

9. 我自己不愿做的事不叫别人去做(　　)

10. 不用日本货而用洋货也是不爱国(　　)

选择法……………………………………(正　　)-(1/3×错　　)=(　　)

1. 不能用公共手巾的原因是(　　)

(1)养成健康的习惯 (2)防止眼病传染 (3)防止肺病 (4)增加健康

2. 我不轻易向别人借东西是因为(　　)

① 浙江省立严州初级中学附属小学. 小学公民训练之实际[M]. 严州:浙江第九省学区辅导会议办事处,1935:123.

(1)人家要打我 (2)要使人家讨厌 (3)人家待我很好 (4)人家没有东西

3. 我没有特别的事故,一定不请假,因为(　　)

(1)请了假先生不欢喜我 (2)请了假父母不欢喜我

(3)请了假容易妨碍学业 (4)请了假是不要紧的

4. 每天要有适当的运动,是使我的(　　)

(1)身体强健 (2)学问进步 (3)先生欢喜 (4)身体衰弱

5. 我走路要靠左边,因为(　　)

(1)左边道路好走 (2)右边道路不好走 (3)不会碰头 (4)先生说我好

6. 做事要能耐劳苦,因为(　　)

(1)耐劳苦身体会好起来 (2)耐劳苦做事才会成功

(3)耐劳苦做事会失败　(4)耐劳苦母亲不欢喜我

7. 我不用日本货,因为用了日本货(　　)

(1)日本人要骂我　　(2)中国人要骂我

(3)金钱会送到日本去(4)日本金钱会送到中国来

8. 服装要朴素,因为(　　)

(1)可以节省金钱 (2)可以节省时间 (3)漂亮好看 (4)很不好看

9. 我发生疑问(　　)

(1)不去想他 (2)心里很难过 (3)告诉人家 (4)想法去解决

10. 不说谎话的人,别人会(　　)

(1)不相信他 (2)看轻他 (3)看重他 (4)讥笑他

问题法……………………………………………………做正题(　　)

1. 不随地吐痰有什么好处?　　2. 别人有危险时我们应当怎样?

3. 我们看见国旗应当怎样?　　4. 上课时为什么要很安静?

5. 公共花木为什么不能攀折?

行的考察,针对不同年级儿童而略有差异。每条目实践后,低年级儿童因为能力尚不足,不能自行考查,须由级任教师或新生活团团长考查记载;中高年级由儿童自己反省,自己考查,记入教师观察记载表。每月根据儿童自省表及教师观察记载之统计,优者予以奖励,劣者予以警告;学期结束统计一次。凡每条目考查6/10以上未能实行者,即认为不通过,下学期仍需补

行;凡每阶段有 6/10 以上不通过者,则公民训练科作为不及格论。每学期统计之结果报告儿童家庭,附考查表格:

表 34 浙江省立严州初级中学附属小学儿童行为考察表《看! 谁先做到》(1935 年)

看! 谁先做到

______年级　　　中心训练自省表　　　第___周

星期／条目／记载符号／学号／姓名		一				二				六				总计	
														做到的	做不到的
50															
说明	1. 每日由级任导师依据中心训练科目提出几条做今天的中心训练促儿童施行 2. 本表由各儿童自动填记 3. 记录符号:做到的记[○]做不到的记[?]缺席的人第二天补记														

第三章 生成与变迁：中小学公民教育的课程分析

"从修身科说到公民训练科，名称已一变再变，教学之目标、时间、材料、方法等，自亦随之而异。"①近代以来中小学公民教育历经修身科——公民科——三民主义与党义科——公民与公民训练科的转变过程，从某种意义上说课程变迁正是公民教育本土演进的主线，也是中国社会文化变迁的缩影。

第一节 课程目标之变更

课程目标是人们首要关注的问题，因之是教育意图的直接反映。中小学公民科的课程目标，自清末修身科始历经变更。

一、修身科："涵养德性，导以实践"

讨论课程目标，不可脱离教育宗旨而独言之，因教育宗旨是确定课程目标、选择课程内容的指针。1903 年清政府在《奏定学堂章程》中提出"至于立学宗旨，无论何等学堂，均以忠孝为本，以中国经史之学为基"。② 忠孝思想成为制定教育宗旨、修订学校规章制度的依据和准则。《学务纲要》明确指出"以忠孝为敷教之本"。1906 年，学部成立后颁定的教育宗旨为"忠君、尊孔、尚公、尚武、尚实"，核心是"忠君"。"俾学生心思壹归于纯正"，使学

---

① 盛朗西. 小学课程沿革[M]. 福州：福建教育出版社，2008：9.

② 毛礼锐，沈灌群. 中国教育通史（第四卷）[M]. 济南：山东教育出版社，2005：213.

生思想、行为合于三纲五常就是清政府进行道德训练的总目标，修身科则举足轻重。因而1903年清政府颁布的《奏定初等小学堂章程》规定初等小学堂修身科的教育要义在于：

随时约束以和平之规矩，不令过苦，并指示古人之嘉言懿行，动其欣慕效法之念，养成儿童德性，使之不流于匪僻，不习于放纵，尤须趁幼年时教以平情公道，不可但存私吝，以求合于爱众亲仁、恕以及物之旨。此时具有爱同类之知识，将来成人后即为爱国家之根基。尤当以俗语解说，启发儿童之良心，就其浅近易能之事使之实践。为教员者尤当以身作则，示以模范，使儿童变化气质于不自觉。兼令诵读有益风化之古诗歌，以涵养其性情，舒畅其肺气，则所听讲授经书之理，不视为迂板矣。①

同样，《奏定中学堂章程》对中学修身科进行了言说：

所讲修身之要义，一在坚其敦尚伦常之心，一在鼓其奋发有为之气，尤当示以一身与家族朋类国家世界之关系，务须勉以实践躬行，不可言行不符。②

可见，清政府的目的就是要培养忠孝之民，只是借用了自日本引入中国的修身科而已。早在1902年2月，罗振玉赴日考察归国，张之洞阅读考察报告后，就得出这样的结论——俄国因采取法兰西的教材，学生屡屡滋生事端，而日本在借鉴西方的过程中因保留伦理修身而得益，③彼时已生发出对修身科的偏好之情。1902年《钦定蒙学堂章程》明言修身“教以孝弟、忠信、礼义廉耻、敬长尊师、忠君爱国，比附古人言行，绘图贴说，以示儿童”；④；寻常小学堂应“取《曲礼》、朱子《小学》诸书之平近切实者教之”，⑤高等小学堂“授以性理通论、伦常大义”。

不难看出，清末设立修身科，一则出于迎合新式教育体制的需要，“十九世纪以来，不论东西各国，男女各校，必以修身为开宗明义第一科，学良有以也。东西国情不同，而其注重修身以养成国民之道德心则同。”⑥二则可以强

① 舒新城.中国近代教育史资料（中册）[M].北京：人民教育出版社，1985：414.

② 舒新城.中国近代教育史资料（中册）[M].北京：人民教育出版社，1985：502.

③ 苏云峰.张之洞与湖北教育改革[M].台北：台北中央研究院近代史研究所，1976：174～175.

④ 舒新城.中国近代教育史资料（中册）[M].北京：人民教育出版社，1985：395.

⑤ 舒新城.中国近代教育史资料（中册）[M].北京：人民教育出版社，1985：401.

⑥ 〔日〕水谷道孝讲述，孙清如编辑.女子师范讲义·第一种修身学[M].东京：爱善社，1908：绪论.

化意识形态教育，继续以儒家一统天下，有效地控制人心。无怪乎邹韬奋在回忆录中写道，“修身科的教师就是当时的国文教科长，教的是宋明的理学，油印的讲义上充满着许多慎独的功夫、克欲的方法。教师上课的时候，就把这些讲义高声朗读，同时在课堂里大踱其方步。”[①]同时不得不指出的是，清末修身科对男女有差异对待。1907 年《学部奏定女子小学堂章程》特规定女子修身“要旨在涵养女子德性，使知高其品位，固其志操。”[②]女子修身要旨实与女子学堂教育总要——“中国女德，历来崇高，今教育女儿，首当注重于此，总期不悖中国懿嫩之礼教，不染末俗放纵之癖习”[③]——相吻合，女德才是女子修身的核心目标。

1912 年中华民国成立后陆续颁布一系列文件，其中明确修身科的教学要旨。11 月公布的《教育部订定小学校教则及课程表》规定，小学“修身要旨在涵养儿童之德性，导以实践”。[④] 同年 12 月《教育部公布中学校令施行规则》规定，中学“修身要旨在养成道德上之思想情操，并勉以躬行实践，完具国民之品格”。[⑤] 有关修身科课程要旨的表述中，“爱国爱群”、“国家观念”、“国民法制”、“国民品格”等词汇反复出现，甚至连小学国文、历史、地理也都须“启发智能”、“使儿童知国体之大要，兼养成国民之志操”、“养成爱国之精神”。更为重要的是，《教育部公布中学校令施行规则》增加“法制经济”一科，旨在“养成公民观念及生活上必需之知识”。可见，民初的修身科与清末修身科有异，它是新上台的资产阶级用以对学生实施道德教育的途径，正如民国元年中华书局出版的《中学修身教科书》编辑大意指出，旨在养成中华共和国的优美、高尚国民，“以独立为目的，而端其本于自治，广其义于爱群，故于自由、平等及国家、社会、主义，多采取。”[⑥]因而，可以说，这一时期的修身科在五育并举教育宗旨的指引下实现了自清末以来的内涵过渡，即从忠臣顺民到现代公民的时代转换。

---

① 邹韬奋. 经历[M]. 北京：中国工人出版社，2007：24.
② 舒新城. 中国近代教育史资料（下册）[M]. 北京：人民教育出版社，1985：794.
③ 舒新城. 中国近代教育史资料（下册）[M]. 北京：人民教育出版社，1985：793.
④ 舒新城. 中国近代教育史资料（中册）[M]. 北京：人民教育出版社，1985：451.
⑤ 舒新城. 中国近代教育史资料（中册）[M]. 北京：人民教育出版社，1985：521.
⑥ 吴铎. 思想政治教育学[M]. 杭州：浙江教育出版社，1992：115.

然而,伴随着二次革命的失败,辛亥革命的最后一线曙光逐渐暗淡,袁世凯复辟帝制步伐加快,复古思潮兴起,修身科在政治洪流中经历价值目标的再次转换。1916年《教育部公布国民学校令施行细则》明示"修身要旨,在遵照教育纲要,涵养儿童之德性,导以实践",①且也强调"对社会国家之责任"、"养成爱国爱群之精神"等,修身科的教育要旨看似没有变化,但其实质以"迥异"二字形容之并不过分,由中华书局出版的《师范学校修身读本》编辑大意中可略见一斑——"本修身之旨……多证以古训,于孔子学说证引尤多。"②实际上,袁世凯就是试图借修身一科,向学生灌输封建思想,以行复辟之实,这一点袁世凯在《注重德育整饬学风令》中表达得足够清楚,"学生在校最重服从,讵可任其嚣张败坏规则?"③不得不说,"课程为教育设施的核心,教育设施又往往以社会的及政治的趋向为转移",④因而学校课程必然与当时的社会背景发生密切的关系。袁世凯提出"爱国、尚武、崇实、法孔孟、重自治、戒贪争、戒躁进"的办学宗旨须在教育上得以实现,修身科便首当其冲。不过值得欣慰的是,即便试图继续借共和国名义施以忠臣顺民培养的袁世凯集团,也不得不在现实面前做出妥协——《教育部公布国民学校令施行细则》中言明自第三年起兼授公民须知,教儿童以民国之组织及立法行政司法之要。由此,修身科向公民科转变的态势已见端倪。

二、公民科:"养成营现代生活的习惯"

袁世凯复辟失败后,民间呼吁公民教育的声浪渐高。"溯中国十五年以往之纷争,无一不是由国民缺乏公民教育素养而起,因提倡公民教育,谓为救国唯一之道。"⑤在这种形势下,教育部通令全国中等学校可适当增减教学科目及教学时数,因而有的学校自动取消修身科,以公民科代之。如当时

① 舒新城.中国近代教育史资料(中册)[M].北京:人民教育出版社,1985:471~472.

② 张志建.思想政治学科教育研究[M].合肥:安徽教育出版社,2004:8.

③ 宋恩荣,章威主编,中央教育科学研究所教育史研究室.中华民国教育法规选编(1912~1949)[M].南京:江苏教育出版社,1990:4.

④ 陈侠.近代中国小学课程演变史[M].福州:福建教育出版社,2007:32.

⑤ 舒新城.民国十五年中国教育指南[M].上海:商务印书馆,1928:143.

北京高等师范学校附属中学各学年均设公民科,以宣传资产阶级的经济、政治、道德观念,教授内容包括“社会生活及政治组织的概念”、“中华民国国家组织及法律大意”、“经济概念”、“社会问题及国家关系的要领”等。①

1922 年北洋政府公布了新学制——壬戌学制。经教育界努力,1923 年 6 月全国教育会联合会刊行《新学制课程标准纲要》,“旧制修身科,归入公民科,关于个人修养,仍宜注重,各学科均应兼顾道德教育”,②,并拟定了中小学课程,公民科正式进入课程体系。由杨贤江起草的《小学公民课程纲要》规定,公民科的目的在于使学生了解自己与社会(家庭、学校、社团、地方、国家、国际)之关系,启发其改良社会的常识与思想,养成适于现代生活的习惯。③ 周鲠生起草的《初级中学公民学课程纲要》规定的教学目标为:1. 研究人类社会生活;2. 了解宪政精神;3. 培养法律常识;4. 略知经济学原理;5. 略明国际的关系;6. 养成公民道德。④ 此外,高级中学则颁布了《高级中学公共必修的人生哲学课程纲要》、《高级中学公共必修的社会问题课程纲要》、《高级中学第一组必修的论理学课程纲要》、《高级中学第一组必修的心理学课程纲要》等,与初级中学、小学的公民科构成阶梯式上升的态势。

自修身转向公民,其理由前述甚多,但与教育宗旨的改变则关系更为直接,“待中华教育改进社成立,确定我国教育宗旨为‘养成健全人格,发扬共和精神’,于是修身科教育之目的稍形变异。至新学制成立,教育家莫不以为修身一科,其道德训练之价值,仅及于个人的独善之一部分,不若公民科范围之广。于是公民教育之呼浪以是而益高;公民教育之位置以是而确定。”⑤以“养成健全人格,发展共和精神”为总体旨归,公民科的教育目标势必异于修身科:

专制时代之政府,其教育子弟也,以造就就善服从为原则,培养其战争杀戮之原料。共和时代之教育,本民治之趋向,造就宜于民治之公民。此民

① 吴铎. 思想政治教育学[M]. 杭州:浙江教育出版社,1992:116.

② 全国教育联合会新学制课程标准起草委员会. 新学制课程标准纲要[M]. 上海:商务印书馆,1923:8.

③ 课程教材研究所. 20 世纪中国中小学课程标准·教学大纲汇编(思想政治卷)[M]. 北京:人民教育出版社,1999:11.

④ 刘英杰. 中国教育大事典(1840～1949)[M]. 杭州:浙江教育出版社,2001:209.

⑤ 张粒民. 小学校之公民教育[J]. 教育杂志,1924,16(4):1.

治之范围,非限于政治活动,当兼及于社会活动。盖人类社会,恒与多方面发生关系。人为政治的动物,同时又为经济的、文化的、宗教的动物。……

公民教育之目的,概括言之,在养成明达之公民;演绎言之,则了解自己和社会之关系,启发改良社会之常识与思想,养成适于现代生活之习惯。与向日之修身科教学目的,仅以"遵照教育部令,涵养儿童之道德,并导以实践"为己事者迥异。①

换言之,修身科注重"己事",而公民科目标则更广。周之淦则将这一时期公民教育的宗旨概括为"以'德谟克拉西'之原则,造就为家庭、社会、国家、世界、人类忠勇服务的明达公民。"②因此,公民教育"应以学校为中心",③提倡公民常识。不可否认,"1920 年代中国身体正在经历一个前所未有的公民化历程",④政体变化在教育领域的投射使得修身科向公民科的转变显得必要而合理。

三、党义与三民主义科:"三民主义为最高原则"

南京国民政府为巩固政权,推行其政治主张,确立了三民主义教育宗旨及实施原则,加紧制定新的方针政策,对中小学的教育目标、课程设置、教育内容及实施要求做出具体规定,中小学教育进入政治色彩浓厚的新阶段。

"国民党意识形态的中心指向,是构建适应其一党专制权威主义政治要求的党治文化,并使这种极权主义政党文化向全社会泛化。"⑤毫不讳言,不管是党化教育还是三民主义教育,唯一的差别仅在于口号不同,三民主义教育不过是改头换面的党化教育,仍以推行党义为精髓。时任教育部长朱家骅毫不讳言地称三民主义教育是国民党对于教育的既定政策,也是保障完成国民党所领导的国民革命一个必要的方法,"所以我们要把我们的党义,

---

① 张粒民.小学校之公民教育[J].教育杂志,1924,16(4):2.

② 周之淦.公民学课程大纲[M].上海:商务印书馆,1923:3.

③ 舒新城.中国教育指南(1926 年)[M].上海:商务印书馆,1928:143.

④ 黄金麟.历史、身体、国家:近代中国的身体形成(1895 ~ 1937)[M].台北:联经出版事业公司,2001:96.

⑤ 徐纪霖、陈达凯.中国现代化史[M].上海:学林出版社,2006:416.

融化在教育的核心里。”①1929 年 4 月 26 日《中华民国教育宗旨及其实施方针》就明确规定三民主义的教育宗旨,“普通教育,须根据总理遗教,以陶融儿童及青年‘忠孝仁爱信义和平’之国民道德,并养成国民之生活技能,增进国民生产能力为目的。”②

蒋介石本人也曾表示,“党员守则是我们教育的信条”,是“一切教育的基本科目”。③ 中国国民党党员守则规定忠勇是爱国之本,孝顺是齐家之本,仁爱是接物之本,义信是立业之本,和平是处世之本,礼节是治事之本,服从是负责之本,勤俭是服务之本,整洁是强身之本,助人是快乐之本,学问是济世之本,有恒是成功之本。④ 换言之,教育一般的中国人必须像父母教导那些不懂事的小孩一样,“要教他爱国,能够尽心竭力,牺牲奋斗,就要先教他忠勇;要教他齐家,能够承先启后,无忝所生,就先要教他孝顺;教他接物,能够有条有理,不暴不殄,就要教他仁爱……” ⑤以党员守则为准绳,遵循“忠孝仁爱信义和平”,使党员精神深植根于人人内心之中,才是切实实行三民主义进而达致教育“最终极目的”的根本之道。为此,国民党于 1929 年 5 月~1930 年 7 月查封了近 10 所进步学校,小学语文、常识课本及音乐教学中都充满了国民党党义的内容。⑥

从党化教育到三民主义教育,国民党的口号在变,明在以“三民主义”为要义推行教育,实则灌输“顺民”意识,“无论花样如何翻新,其宗旨无非是借某种主义之旗号来禁锢国人思想,进而施行精神奴役,以造就标准顺民,永保其‘党天下’之江山。”⑦发起国民精神总动员、组建三民主义青年团等,都是国民党试图消除一切与其意识形态相左的思想言论,以实现对民众精神奴役的明证。

---

① 王聿,孙斌.朱家骅先生言论集[C].台北:中央研究院近代史研究所,1977:112~113.

② 宋恩荣,章威主编,中央教育科学研究所教育史研究室.中华民国教育法规选编(1912~1949)[M].南京:江苏教育出版社,1990:46.

③ 张其昀.先总统蒋公全集(第1册)[C].台北:中国文化大学出版社,1984:1167.

④ 作者不详.五全会昨开第三次大会[N].申报,1936-11-19(3).

⑤ 张其昀.先总统蒋公全集(第1册)[C].台北:中国文化大学出版社,1984:1168.

⑥ 杨春吉,赵福香,徐福成,孙金花.简明中国通史下编(现代部分)[M].大连:大连海运学院出版社,1992:155.

⑦ 冯崇义.国魂,在国难中挣扎——抗战时期的中国文化[M].桂林:广西师范大学出版社,1995:167.

四、公民科与公民训练科:“四维八德”

1932 年以后,小学开设公民训练科,并在常识、社会等科目中进行公民知识的传授;初中和高中设公民科,并设有军事训练、童子军等以训练儿童。此后虽经三次课程调整,但中小学公民教育的课程布局未见大的调整,其中以公民训练科和公民科作为直接进行合格公民培育的主要课程。

小学方面,1933 年国民政府教育部颁布了《小学公民训练标准》,规定公民训练的教育目标是:

发扬中国民族固有的道德,以忠、孝、仁、爱、信、义、和平为中心,并采取其它各民族的美德,制定下列目标,训练儿童,以养成健全的公民。

1. 关于公民的体格训练:养成整洁卫生的习惯,快乐活泼的精神;

2. 关于公民的德性训练:养成礼义廉耻的观念,亲爱精诚的德性;

3. 关于公民的经济训练:养成节俭劳动的习惯,生产合作的知能;

4. 关于公民的政治训练:养成奉公守法的观念,爱国爱群的思想。①

这项目标就儿童的体格、德性、经济、政治方面提出了系统、明确的训练要求,构成一个完整而严谨的系统。从形式上看,强调学生德、智、体全面而均衡的发展,然而公民训练科是“以忠、孝、仁、爱、信、义、和平为中心”,体格训练、德性训练、经济训练、政治训练都须围绕这一中心而不得偏移。以中国固有道德作为伪装,将专制性、意识形态性的教育以适合中国国情的面目呈现给民众,较之前期更有欺骗性。

1934 年,蒋介石在南昌发表的《新生活运动之要义》讲话强调“四维八德”,要求人们的言行举止符合“礼义廉耻”,随后在国民党统治区发起了“新生活运动”。1936 年修正课程目标时,将“以忠、孝、仁、爱、信、义、和平为中心”替换成了“新生活运动精神”,不过二者不存在实质性差异。1942 年修订课程目标强调“养成奉行三民主义的健全公民”,并在“身体训练”、“道德训练”、“经济训练”、“政治训练”的各项具体目标之下添加“使能自卫卫

① 教育部中小学课程标准编订委员会. 幼稚园小学课程标准[M]. 上海:中华书局,1933:43.

国”、“使能自信信道”、“使能自育育人”、“使能自治治事”[①]的条目。1948年再次修订课程目标时,依然进行了一些微调,将公民训练的目标确定为:1. 养成儿童有关卫生实践、道德力行等的公民良好习惯;2. 增进儿童有关个人生活、团体活动等的公民基本能力;3. 培养儿童有关人民权责、国际了解等的公民基础观念。[②]

中学方面,1932年颁布的《初级中学公民课程标准》、《高级中学公民课程标准》对初中、高中公民科的教学目标也做出了具体规定。初中公民科:1. 使学生经由实际生活体验群己关系,以养成修己待人的善良品性;2. 使学生明确三民主义的要旨,明了政治经济法律及地方自治的基本知识,培养健全的公民资格;3. 使学生习得我国固有道德的意义,确定复兴民族的道德基础。[③] 高中公民科:1. 使学生知晓社会生活必需的知识,为服务社会做准备;2. 使学生认识到中国国民党的主义政纲政策是建国及解决社会问题的唯一途径;3. 使学生懂得人生意义,启发其自觉心,以确定其人生观,并养成对于复兴民族的责任心。[④] 随后的课程调整未见对公民科的教学目标的较大变动。

以上即为公民科和公民训练课教学目标的变动情况,虽几经修订,但其精髓保持一致——以三民主义为要旨,围绕“忠孝仁爱信义和平”和“四维八德”,训练儿童成为“奉行三民主义的健全公民”。陈侠将1928年国民政府统一全国后的时期,称为近代课程演变史上的“革新时期”,“除保留前期的优点外,并有很多的进步,而其最重要之点,则为教育目的与政治目的之趋于一致,课程的内容有了中心思想;以后有所演变,似应为基数的修正,而毋庸做精神的转移了。”[⑤]这个“中心思想”,实际仅是披着传统美德外衣的专制统治,“再美妙的传统美德也掩盖不住南京国民政府的专制主义教育本质,

① 教育部教育年鉴编纂委员会.第二次中国教育年鉴(第三编)[M].上海:商务印书馆,1948:210.

② 教育部教育年鉴编纂委员会.第二次中国教育年鉴(第三编)[M].上海:商务印书馆,1948:210.

③ 课程教材研究所.20世纪中国中小学课程标准·教学大纲汇编(思想政治卷)[M].北京:人民教育出版社,1999:149.

④ 课程教材研究所.20世纪中国中小学课程标准·教学大纲汇编(思想政治卷)[M].北京:人民教育出版社,1999:154.

⑤ 陈侠.近代中国小学课程演变史[M].福州:福建教育出版社,2007:8.

其‘新生活运动’及不断修订的课程标准都改变不了其旧伦理的实质和德育架构的意识形态化”。[1] 同时正是有了这“中心思想”,1932 年始设的公民科和公民训练科没有延续北洋政府时期理想主义色彩浓厚的特征,而呈现了强烈的现实主义色彩。“较诸从前的公民科和修身科之仅具抽象的德目,而不切实际者,相差不可以里道计了;且从前的公民科偏于课室内教学,只能及于儿童生活的一部分,而现在的公民训练,则不甚注意课内的空洞知识之灌输,而特别着重于儿童整个的生活活动中,使能恪遵各类条目,笃信力行,以养成健全的公民。”[2]

这一时期的学者深刻认识到,“教育国民,不仅是在知识的灌施,和技能的培养,最重要的还是要教国民在某种制度之下,和某一个国家之内,怎样做人,怎样去做国民的一份子。这种教育,就是我们所说的公民教育。”[3]换言之,公民教育的目标——培养国民党政权下的“合格国民”清晰明确,指向性强,这一点与前期的三民主义与党义科无异,只是党派政治更深刻而隐秘地投射很到公民教育的构建中。可以说,公民科和公民训练科替代三民主义和党义科成为一种有高度自觉意识的政府行为,却具有很多新的特征:课程目标的研究及过程的实施都组织得相当严密且系统化,以便对学生的观念灌输和思想统治收实际之效;个人的品格修养被置于社会政治、经济、法律、民族、国际关系等背景下,与社会生活密切关联,呈现强烈的务实色彩;开始强调对学生进行实际的政治生活、经济生活之实践能力的培养,而改变中国长期存在的坐而论道之陋习的一种改造。[4] 然而,也正是浓烈的政治色彩,使这些课程遭受到当时社会和学校师生的厌弃。

第二节　课程内容之变更

清末修身科设立之初,以封建道德要旨为主导,目的在于培养忠臣顺民。然而,中华民国成立后,在自由、平等思想浪潮的指引下,修身科的内容

① 黄书光. 中国基础教育改革的历史反思与前瞻[M]. 天津:天津教育出版社,2006:135.

② 王国元. 小学公民训练法[M]. 上海:世界书局,1938:9.

③ 士佳. 小学公民训练之理论与实际[J]. 青岛教育,1936,(9):4.

④ 吴铎. 德育课程与教学论[M]. 杭州:浙江教育出版社,2003:4 ~5.

亦悄然变化。随后，由修身而至公民；1927 年，党派政治的影响使得公民科的荣耀不再，课程内容呈现新的变化。

一、修身科："孝悌礼义""忠君爱国"的个体道德导向

1902 年，自《钦定学堂章程》始修身科目进入课程体系，其后各章程对于修身科内容都做出具体说明和要求：

表 35　清末学堂章程中关于修身科内容的规定

学堂章程	学级	内　容
《钦定学堂章程》（1902）	蒙学堂	教以孝弟、忠信、礼义廉耻、敬长尊师、忠君爱国，比附古人言行，绘图贴说，以示儿童
	寻常小学堂	取《曲礼》、朱子《小学》诸书之平近切实者教之
	高等小学堂	授以性理通论、伦常大义，宜选先哲前言往行平近切实者教之
	中学堂	当本《论语》、《孝经》之旨趣，授以人伦道德之要领
《奏定学堂章程》（1903）	初等小学堂	摘讲朱子《小学》、刘忠介《人谱》、各种养蒙图说，读有益风化之极短古诗歌
	高等小学堂	讲《四书》之要义，以朱注为主，以切于身心日用为要，读有益风化之古诗歌
	中学堂	摘讲陈宏谋《五种遗规》：一、《养正遗规》，二、《训俗遗规》，三、《教女遗规》，四、《从政遗规》，五、《在官法戒录》（以教为吏胥者）；理极纯正，语极平实。读有益风化之古诗歌。
《奏定女子小学堂章程》（1907）	女子初等小学堂	初则授以孝弟慈爱、端敬贞淑、信实勤俭诸美德，并就平常切近事项，指导其实践躬行，渐进则授以对于伦类及国家之责任
	女子高等小学堂	扩充前项之旨趣，而益加陶冶之功，使之志行更为坚实。授修身者务援引古今名人及良媛淑女嘉言懿行，以示劝戒，常使服膺勿忘

在清末的中小学课程体系中，修身科目列居第一，其重要性毋庸多言。就内容而言，仍然以中国传统的修身、齐家、治国、平天下为主线，以培养对清王朝统治忠顺的学生，甚至以潜移默化的方式对学生施以思想驯化，“每岁恭逢皇太后皇上王寿圣节，皇后千秋节，至圣先师诞日，仲春仲秋上丁释奠日，皆由总理、教习率学生至礼堂行礼如仪”、“凡开学、散学及每月朔，由总理、教习率学生诣至圣先师位前行礼”、“学生平日遇总理教习皆执弟子礼，遇其他官员及上等执事者，皆一辑致敬”。[①] 除此之外，还对学生提出了一系列行为约束和规定，如“凡学生行动坐立、饮食语言、教习必教以一定之程式方位，毋得哗噪失礼”、“凡学生出入学堂，教习必教以排习步法，不得纷乱”、“学生衣履必求洁净，并不得携带玩物食物等入学”。[②] 后人的回忆中曾有这样的描述：

清季兴学，中小学皆设修身科。当时没有部颁教本。华阳县举人徐炯（子休）编有修身教科书，由《四川学报》分期发表。府中就是采用它作为教本。这部书主要是根据当时清王朝所公布的忠君、爱国、尊孔、尚公、尚武、尚实等教育宗旨而加以发挥。徐氏又掺杂了些戊戌以来的维新变法改良主义思想，写得文章华彩，笔墨生动，颇能投合当时没有政治头脑的一些青年学生的心理，起到一些启蒙作用。记得首章讲规律发达之起源，意在使青年生活合乎统治阶级所要求的规范。又提倡民族气节，如云：“金正希大业千秋，吴伟业一文不值。”按金正希名声，明末唐王时督师抗清，兵败被执，不屈死之。和降清的吴伟业恰成一个比。但作者并不是要青年反抗满清，目的是在为满清主子巩固江山，抵制当时的列强。[③]

清政府始终以“忠君、尊孔、尚公、尚武、尚实”为旨归，安排教学内容。当然清政府也意识到，“惟修身本贵实践”，但“学堂则除规矩之外无从考其实践，止有讲说一法；外国学堂讲修身，亦是纳入讲书之内。”[④]因而在教学中试图分解课程目标，“课程即以讲《四书》之要义为修身之课，讲授时不必每

① 舒新城. 中国近代教育史资料（中册）[M]. 北京：人民教育出版社，1985：408.

② 舒新城. 中国近代教育史资料（中册）[M]. 北京：人民教育出版社，1985：398.

③ 政协武胜县委员会文史工作委员会. 武胜文史（第三辑）·陆殿舆资料专辑[M].（内部资料性图书）武胜字 92 第 02 号，1992：85～86.

④ 舒新城. 中国近代教育史资料（下册）[M]. 北京：人民教育出版社，1985：429.

篇训讲,须就身心切近及日用实事讲之,令其实力奉行,不可所行与所讲相违”,①强调由贴近儿童身心、联系社会实际生活的“身心切近”、“日用实事”由近及远、由小至大、由浅入深地进行课程讲授,展示出对教育过程内在规律的初步探索和运用。不过,不论小学堂还是中学堂,各个年级在学科程度上并未明确加以区分,没有呈现知识传授的递进性。而且,囿于封建社会男尊女卑思想,女子修身教育仍是指向“贤妻良母”式,其中“对于伦类及国家之责任”等内容传授已突破传统“女德”的狭隘范畴。

1912 年,南京国民政府成立后,修身科依然存留,但资产阶级民主、平等、自由等精神要旨已开始与中国传统文化凝集下来的道德精髓相结合。11 月,《教育部订定小学校教则及课程表》就修身科规定,“初等小学校,宜就孝悌、亲爱、信实、义勇、恭敬、勤俭、清洁诸德,择其切近易行者授之;渐及于对社会对国家之责任,以激发进取之志气,养成爱国爱群之精神;高等小学校宜就前项扩充之”;“教授修身,宜以嘉言懿行及谚辞等指导儿童,使知戒勉,兼演习礼仪;又宜授以民国法制大意,俾具有国家观念。”②初等小学应教授“道德之要旨”;高等小学校第一学年教授“道德之要旨”,第二、三学年则加授“民国法制大意”。12 月,《教育部公布中学校令施行规则》对中学校修身作出规定,宜授以道德要领,渐及对国家、对社会、对家庭之责务,兼授伦理学大要,尤宜注意本国道德之特色。1913 年《教育部公布中学校课程标准》中对中学四年的教学内容作出具体规定:第一学年为持躬处世、待人之道;第二学年为对国家的责务、对社会的责务;第三学年为对家族、对自己之责务、对人类及万有之责务;第四学年为伦理学大要及本国道德之特色”。新上台的资产阶级为实现思想灌输和道德教育,在修身科内加入了新鲜的血液,民主、平等的观念令人耳目一新。不止如此,“宽恕”、“乐群”、“友爱”、“尚武”、“合群”、“自助”等传统德目被赋予了新的含义。如《共和国教科书新修身教授法》对“自助”德目进行了全新的阐释:

西谚云,天助自助者。此实经验之良言也。自助云者,能自主自立,而不倚赖他人也。凡人倚赖他人而成就者,必无恒久之理。盖借助于他人者

---

① 舒新城. 中国近代教育史资料(中册)[M]. 北京:人民教育出版社,1985:429.

② 舒新城. 中国近代教育史资料(中册)[M]. 北京:人民教育出版社,1985:451.

多,且减灭其自励之心;以一国而言,多自助之人民,则其国必强盛,可断言也。①

强调“自主自立”而不“倚赖“,与民国的自由、平等的气息相符。然而,民国初年的政治新气象很快遭到破坏。在复辟帝制的道路上,修身科亦演化成为袁世凯集团控制人们思想的重要工具。袁世凯集团宣称孔子集“我国民性之全”,堪为模范,修身科亦随之变化。1916年《教育部公布国民学校令施行细则》将修身科教学内容规定为“宜就孝弟、忠信、亲爱、义勇、恭敬、勤俭、清洁诸德,择其切近易行者授之,渐及于对社会对国家之责任,以激发进取之志气,养成爱国爱群之精神”,“自第三年起,兼授公民须知,示以民国之组织及立法行政司法之大要”;②课程教授方面,第一学年,“道德之要旨”;第二学年,“道德之要旨”;第三学年,“道德之要旨,公民须知”;第四学年,“道德之要旨,公民须知”。同年公布的《教育部公布高等小学校令施行细则》中关于高等小学校修身课程教授内容规定为:第一学年“道德之要旨”;第二学年“道德之要旨,中国法制大意”;第三学年“道德之要旨,中国法制大意”。这是袁世凯复辟后公布的教育法令中有关修身科教学内容的阐释,看似与民国初年无甚变化,然而查阅这一时期的修身教科书,便可见其保守性。1915年5月,徐炯在《中学修身教科书》中阐述道,“我国以孔子为群圣之宗,我国修身即当以孔子之言为宗……其合于孔子者,皆适于修身者也;其不合于孔子者,皆不适于修身者也。”③而林纾编写的《修身要义》,从内容到形式都更是理学家的道德教育。④

袁世凯复辟失败后,修身科并未从中小学完全消失,甚至一些修身教授还呈现了新气象。以江苏省立第三师范附属学校教员盛依侠的《记一日间修身科之教授训练》为例,从内容到形式都颇有特色:

进教室后,余植(直)立教坛上,偏(遍)瞩级中儿童,静默不言约2分钟。继又巡视机间一周,亦约2分钟,乃开始为偶发事项之谈话如下:

教师:朝会时校长先生之训话,谁能复述之?

---

① 庄庆祥.共和国教科书新修身教授法(第一册)[M].上海:商务印书馆,1913:4.

② 舒新城.中国近代教育史资料(中册)[M].北京:人民教育出版社,1985:451.

③ 郑航.中国近代德育课程史[M].北京:人民教育出版社,2004:93~94.

④ 毕苑.建造常识:教科书与近代中国文化转型[M].福州:福建教育出版社,2010:178.

儿童:近地发生白喉症,能传染,预防之法颇多,宜多食萝卜青菜,少用煎炸之物。

教师:然,亦知白喉之害乎?

儿童:能使患者喉烂而死。

教师:其害仅及一人乎?

儿童:否,能传染他人。如我与患者相对话,则我亦将患之。

教师:然而预防之法,除少食煎炸之物,多用水果外,尚有他法乎?

儿童:不近患者。

教师:然,愿尔等切记斯言。若夫不幸而患此,则必延医诊治,勿缓。

偶发事项之谈话既终,乃开始为德目教授。题材为“合群”,今日其第一次也,目的在使明了合群之益,下次则更论合群之道。兹记今日之教授顺序如下:

余执稻草一根,举示儿童曰,是何物也?儿童答曰:稻草一根也。

教师:折之易乎?

儿童:甚易也。余即折之。

教师:果然折之殊易,今更有稻草若干。余另出稻草20根。

教师:稻草之数孰多?

儿童:现今多19根。

教师:易折之乎?

儿童:易耳。

教师:谁能折之?

一儿来折,久不能断。另一人来折,亦如之。

教师:何故耶?何一根易折,而20根不易断也?

儿童:数多数少之分也。

教师:然而物力之强,多胜于少欤,抑少胜于多欤?

儿童:物多则力强(可令齐唱)。

教师:物因如此,人类亦然。人与人相合,名曰群,能合群(板书)则力亦强矣。今日即讲合群(指明读讲,令齐读)。

教师:一人与一人相敌,其胜负如何?

儿童:力大者胜。

教师:人之力大与百人敌,则如何?

儿童:百人胜。

教师:何故耶?

儿童:百人之力更大于力大者之一人也。

教师:百人相合可谓之群乎?

儿童:可!

教师:此百人之群与千人相敌,则谁胜?

儿童:千人之群大于百人之群也。

教师:然而同一群也,其力孰强?

儿童:群愈大,力愈强(可令齐唱)。

教师:然而合群之利如何乎?

儿童:能立于不败之地。

教师:有能以合群而失利乎?

儿童:无有也。

教师:然,各切记之。①

二、公民科:儿童中心的团体生活导向

1923 年公布的《小学公民课程纲要》,规定小学公民科的教学内容如下:

① 高谦民.中国小学思想品德教学史[M].济南:山东教育出版社,1995:254~256.

表 36 小学公民科教学内容及标准(1923 年)

<table>
<tr><th>学年</th><th>内 容</th><th>毕业最低限度的标准</th></tr>
<tr><td>第一学年</td><td>1. 家庭生活概况——例如父、母、子、女的服务责任,以及与自己相互的关系等。2. 学校所定规约的原由,和遵守方法等。3. 自己对于家庭、学校的行为和责任。</td><td rowspan="6">初级小学:1. 明了个人与家庭、学校、职业的关系,和服务的责任。2. 明了市、乡、县、省的组织,和公共事业的性质大概。3. 有投票、选举、集会、提案等关于地方自治的常识。
高级小学:1. 明了国家的组织、经济、地位,以及国际的情势。2. 明了公民对于国家、国际的重要责任。3. 能述做良好公民的重要条件。</td></tr>
<tr><td>第二学年</td><td>1. 学校生活概况——例如学校的性质、事业、经费的由来,以及教师、学生的责任,并与自己的关系。2. 邻居相互的关系及其公共事业。3. 邻居职业状况的观察。4. 续自己对于家庭、学校的行为和责任。</td></tr>
<tr><td>第三学年</td><td>1. 市乡生活概况——例如市乡的性质、经济、事业,以及市乡与自己和一般居民的关系等。2. 县、省组织的概况——例如县省机关的性质、事业等。3. 学校自治服务的初步。4. 自己对于家庭、学校、地方团体的责任。</td></tr>
<tr><td>第四学年</td><td>1. 参与县省公务的直接和间接的方法。2. 国家组织的概况——例如国家的宪法大要和机关权能、与国民的关系、国际的关系等。3. 公民对于地方、国家的责任(例如选举、赋税、兵役等)。4. 时事研究(与历史、国语等学科联络)。</td></tr>
<tr><td>第五学年</td><td>1. 学校的组织,和公民与教育的关系。2. 地方自治事业与公民的关系,并改良方法。3. 团体的组织研究。4. 公民的责任和娱乐。5. 各种服务公众的方法。6. 时事研究(与历史、国语等学科联络)。</td></tr>
<tr><td>第六学年</td><td>1. 县、省、国的组织、事业,同第四学年而扩充其范围。2. 国内的家庭、妇女、劳动等特殊问题。3. 职业的种类和择业的方法。4. 本省中等学校的种类,和选校、应试等的升学方法。5. 时事研究续前学年。6. 完成一个公民的条件。</td></tr>
</table>

同年公布的《初级中学公民学课程纲要》,规定初级中学公民课程定为六学分;为便利起见,分为六个段落,每段约占一学分:

表 37　初级中学公民科教学内容及标准(1923 年)

<table>
<tr><th>段落</th><th>内　容</th><th>毕业最低限度的标准</th></tr>
<tr><td>第一段:社会生活及其组织</td><td>1. 家庭及其组织。2. 学校生活。3. 同业组合(业团)(包含同业团体组织的原则、同业公共利益及互助的精神、个人对于同业的义务等项)。4. 地方自治团体。5. 国家。6. 个人的习惯(包括公正、诚信、名誉心、尚秩序的精神,自制力、礼节、清洁诸德,为做良好公民必要的条件者)。7. 维持社会组织的原则(例如尊重他人自由、多数取决主义、责任心服从法律、服公务、互助等)。</td><td rowspan="6">1. 具有卫生、法制、经济及社会的常识而能应用。2. 能明了人己关系而实践公众生活的规律。</td></tr>
<tr><td>第二段:宪政原则</td><td>1. 国家的性质(包含国家的要素、种类、目的、职务诸项)。2. 政治组织(包含政体、立宪政治、宪法、民主政治、代议政治、直接立法诸项)。3. 代议制度的运用(包含选举权、政党诸项)。4. 政府组织(包含政府的意义,及行政、立法、司法各部之职权分别)。5. 中央政府与地方政府。6. 人民权利自由。7. 人民对国家的义务(例如纳税、服兵役、服名誉公职、投票诸项)。8. 法律(包含法律的性质及分类等项。)9. 公共治安(包含警察、军队等)。</td></tr>
<tr><td>第三段:中华民国的组织</td><td>1. 中华民国的起原。2. 民国政府的组织。3. 地方政府的组织。4. 国宪与省宪。</td></tr>
<tr><td>第四段:经济问题</td><td>1. 生产原则。2. 交易制度(包含钱币、纸币、银行、公司、商业、国际贸易诸项)。3. 分配制度(包含现有的分配方法、社会主义的分配方法、财产诸项)。4. 消费(包含储蓄)。5. 财政(包含预算、租税、公债、厘金、关税等项)。</td></tr>
<tr><td>第五段:社会问题</td><td>1. 教育。2. 职业。3. 卫生。4. 劳动问题。5. 禁酒禁烟问题。6. 救贫及其他慈善设备。7. 救荒问题。</td></tr>
<tr><td>第六段:国际关系</td><td>1. 对外关系。2. 国防。3. 外交(包含外交机关)。4. 国际关系的维持(包含国际道义、国际法诸项)。5. 不平等的国际关系(包含领事裁判权、租借地、租界、势力范围、外交、驻兵等项)。6. 国际组织(包含海牙仲裁法庭、万国联盟、常任国际裁判法院等项)。</td></tr>
</table>

中小学公民科多以团体生活为内容，使儿童了解群己关系，这是与修身的重要区分。"'公民'这个名词，中国向来所没有的。中国向来所欲培养的人，不是'穷则独善其身'，便是'达则兼善天下'，以为这种人是很高尚的，为人不可企及的。其实'独善其身'，如竹林七贤之流，只顾自己，不顾他人，与社会脱离关系，是'超公民'。'兼善天下'，则含糊笼统，言大而无当，试问天下那有这种机关可以做得出来呢？所以现在潮流所趋，社会国家所要培养的人即是'公民'。""朋友往来，及父母子女兄弟间亲切观念，中国人向来都有。现在最要紧的，补偏救弊的，即是要培养'公民的精神'。"①公民科的开设，明确了公民教育课程化的倾向，使得课堂教学成为实现公民教育的基本组织形式。

较之修身科而言，小学和初中的公民科在课程内容的设计和编排上，都经由严谨而缜密的考虑和论证，既体现了社会发展需求的变化，又切合学生的认识规律、学习心理及自我成长的内在需求，同时兼顾了知识体系内部各部分内容的逻辑关系。以小学公民科为例，在优先考虑儿童身心发展的基础上，将小学生的公民科教学内容划分为若干个不同层次的重点，即从学生个体入手，扩展至家庭、学校、市乡、县省乃至国家。总体而言，低年级着重个人与家庭、个人与学校；高年级则扩展至个人与社会、个人与国家。课程重点随年级而迁移，小学一、二年级以家庭、学校、邻里为中心，使儿童熟悉与这些组织成员的关系，习得相应规约，明确自己的行为和责任；三、四、五年级以市乡、县省、地方自治组织和团体为中心，了解其组织概况、权能和公民应负责任等；六年级则倾向于职业选择和升学应试的技能技巧等。遵循课程目标，公民科课程对学生进行有关社会和生活准则的传授，按照循序渐进、由浅及深、由近及远的结构逻辑自个人至国家以放射性的方式展开。中学公民科则在小学教授的基础上，从社会生活与组织、宪政原则、中华民国的组织、经济问题、社会问题、国家关系等六个方面进行深入展开，侧重培养学生公正、诚信、互助、责任、尊重、民主等基本的公民素质。此外，公民科的教育内容明显表现出反复性特征，即同一类内容在不同年级的公民课程教

① 刘伯明讲，周邦道记. 公民的精神[J]. 学生杂志，1922，9(5)：12.

授有所反复,同时在其他科目、课程上也呈现某种循环关系或者将公民科的某些内容通过其他课程、科目中以隐性的方式进行渗透。这种社会所倡导和推崇的知识内容、价值观念、行为方式的反复强调和以一贯之,有助于提升学生的认同度和接纳度。

三、党义与三民主义科:三民主义的政治生活导向

1928 年后,党化教育思潮渐盛。1928 年 7 月 30 日颁布的《南京国民政府公布各级学校增加党义课程暂行条例》规定,"为使本党主义普遍全国,并促进青年正确认识起见",各级学校除在各课程内融会党义精神外,须增加党义课程。条例中明定了党义课程的内容:

Ⅰ. 小学校

(一)民权初步;

(二)孙文学说浅释;

(三)三民主义浅说。

Ⅱ. 中等学校

(一)建国方略概要;

(二)建国大纲浅释;

(三)五权宪法浅释。①

同时详细规定各阶段的教学序列,"小学一、二学年不授党义课程,但由各学校自行采集本党诸先烈革命故事为儿童讲述之"、"小学校高初两级分设者,初级得单授三民主义浅说,高级授民权初步及孙文学说浅释"、"中等学校高初两级分设者,初级得单授三民主义建国大纲浅说、建国方略之心理建设、社会建设两部,高级授五权宪法浅释及建国方略物质建设之部。"②《湖南教育》曾介绍长沙市党义教育概况,"党义教育,就是要把中国的教育来国民党化,成为一种特殊的国民党的教育,不但要使教育机关隶属于本党指挥

---

① 中国第二历史档案馆. 中华民国史档案资料汇编第五辑第一编·教育(二)[M]. 南京:江苏古籍出版社,1994:1074.

② 中国第二历史档案馆. 中华民国史档案资料汇编第五辑第一编·教育(二)[M]. 南京:江苏古籍出版社,1994:1074.

之下,便算了事;并且还要使中国教育的目标与手段,都要依照三民主义的精神而决定。"①

为契合党义课程的教学,各级学校配备专门的党义教师。由各级党部训练部和各该级教育行政机关共同组成党义教师检定委员会,于"每学期开学以前举行检定","检定完毕后应即撤销"。② 党义教师以"党员"为必备资格,是中小学实施党义教育、灌输三民主义思想的主体,其主要职责是:

1. 经常接近学生,"藉以匡正其思想言论之行动";

2. 随时注意学生日常言行;

3. 调查学生交友种类及其行动。③

1928 年 6 月 30 日由国民党中央执行委员会第一五二次常务会议通过的《检定各级学校党义教师条例》还规定,党义教师资格的获得以通过相应科目的考试为必须条件,并对应试科目做出了具体说明:

Ⅰ. 中等教育之党义教师,应考试之科目如下:

(一)建国大纲;

(二)建国方略;

(三)三民主义;

(四)本党第一次全国代表大会宣言。

Ⅱ. 小学教育之党义教师,应考试之科目如下:

(一)孙文学说;

(二)民权初步;

(三)建国大纲;

(四)三民主义。④

然而,很快国民党就意识到党义教育实施的结果,"不但成效难收,反使一般学生感觉三民主义之空虚干燥与无意义","党义科既因特设,造成硬

① 吴晦华. 长沙市党义教育调查概说[J]. 湖南教育,1928(4):1.

② 中国第二历史档案馆. 中华民国史档案资料汇编第五辑第一编·教育(二)[M]. 南京:江苏古籍出版社,1994:1071.

③ 江沛,纪亚光. 毁灭的种子:国民政府时期意识形态管理研究[M]. 西安:陕西人民教育出版社,2000:142.

④ 中国第二历史档案馆. 中华民国史档案资料汇编第五辑第一编·教育(二)[M]. 南京:江苏古籍出版社,1994:1073.

化、特殊化而不发生效果”、“党义教育不特不深入国民意识,且并不与国民意识有多大关系矣,若是者谓之无党义教育可也”。[①] 党义教师因生计所迫才从事这一职业,并无过多热情;党义教师检定也流于形式。1928年《申报》刊登的《党义教师检定琐记》,可窥见一斑:

上海市中小学党义教师,于(一九二八年八月)十二日在南市黄家阙路务本女校受检定考试。……报名应试者小学教师一百零五人,中学教师八人。有须发斑白之老先生,有举止活泼之洋装客,而女教师亦有二十余人。上午八时前已群集考场,间有手执《三民主义》或《建国方略》,作临时之准备者。……

问答题中有“如何解决吃饭问题”。某君起立向主考者曰,“我们做小学教师的,一年到头,辛辛苦苦,而所得酬报,不足养家活口。勉强度日。照这情形,请问怎样可以解决吃饭问题。”主考者知此问题非数言可答,即答亦难解决。竟默然无语。[②]

如此一来,党义和三民主义科逐渐处于尴尬的境地。报刊、杂志上不断有人发文,对党义科予以抨击。《晨光》就曾连载数文探讨这一问题,“小学讲三民主义,初中讲三民主义,高中还是讲三民主义,大学仍是讲三民主义”,[③]翻来覆去,叠床架屋,以至于中学生不愿听党义了,因为他在小学已经听过;大学生不愿听党义了,因为他在小学、初中、高中已经听过。“今昔所听的材料一样,不过教者不同而已”,“学生只要听了一遍以后,就能了解或理想,何必苦苦的再听呢?”[④]党义被学生视为“赘疣”,“浙江大学代办高、工的党义教师,差不多一学期换掉一个,并且这类教师大都是声名籍籍;现任职务的,但学生之不要听,总是无法挽回,六七十学生的班级,上课总共有二三十人代表代表,代表做得多的,甚至会变其应声,如到……到到的声音,佯作不同的样子。”[⑤]造成种种现象的原因在于,“(一)教员不能认识学生,只

---

① 中国第二历史档案馆.中华民国史档案资料汇编第五辑第一编·教育(二)[M].南京:江苏古籍出版社,1994:1073.

② 憔悴生.党义教师检定琐记[N].申报,1928-08-21(16).

③ 方志超.公民与党义的名称之比较[J].晨光,1933,1(36):355.

④ 方志超.公民与党义的名称之比较[J].晨光,1933,1(36):355.

⑤ 方志超.如何能使学生要听党义[J].晨光,1933,1(37):372~373.

好听学生乱应乱吵；（二）门面话太多，致使学生厌倦；（三）不把党义作学科研究，完全以上党义的时间，当作代党宣传的机会，是以学生看为有‘宗教性’了。”①

毫不讳言，党义与三民主义科已经形同虚设。鉴于此，1931 年 11 月 20 日国民党第四届全国代表大会通过了河北省党部提交的“关于国民教育案”，明确表示“党义不宜立特科，其理由有二：（甲）流于硬化，为一般意识所难恰合。（乙）在训政时期，党义原为国民应有之常识，今乃一若于一般常识之外别设特种常识，无异自毁其普遍性，限于专门，与一般意识隔离。”②因而建议“用渗透法与归并法并行，将党义软读化，编入国语教材，商、农业教材，地理教材中”。此次大会上董霖等四十人提出的“改进党义教育之实施方法案”亦持相似观点，认为“盖将党义于一般社会科学之外特立课目，授者虽言之谆谆，听者以其为自作宣传，反觉藐然无味，而普通担任党义教师者，每对于社会科学根本无基础，以之而讲授宏博渊深之三民主义，自难能尽量发扬”，③并建议“改进党义教育之实施方法，一扫过去特设党义课程之弊病，而渗透党义于各种社会学书籍中”，“社会教育与文艺亦应以渗入为根本之原则”。④ 此后，党义与三民主义科遂为公民科与公民训练科所取代。

四、公民科与公民训练科：系统化的身心规约

1932 年，国民政府正式颁布《小学课程标准》，取消党义科，小学和中学分别设立公民训练科和公民科。从公民教育的发展轨迹来看，这一时期的公民科和公民训练科更强调实践开展，因为“良好公民的养成，决不是读公民书上公民课，或是每天上二十分钟说教式的公民训练所能做到，相反的必须把公民训练安置在实践的基础上，通过每个具体实践才能切实有效的培

---

① 方志超. 如何能使学生要听党义［J］. 晨光，1933，1（37）：372～373.

② 中国第二历史档案馆. 中华民国史档案资料汇编第五辑第一编·教育（二）［M］. 南京：江苏古籍出版社，1994：1083～1084.

③ 中国第二历史档案馆. 中华民国史档案资料汇编第五辑第一编·教育（二）［M］. 南京：江苏古籍出版社，1994：1082.

④ 中国第二历史档案馆. 中华民国史档案资料汇编第五辑第一编·教育（二）［M］. 南京：江苏古籍出版社，1994：1082.

养出理想中的公民。"[①]不可否认,"把公民特定为'公民训练',那么注重在行的重要性,在字面上已经表示得很清楚"。[②] 因而"与实践分离"、"抽象的教条式的"公民课程颇受指责,转而强调对儿童施以具体、切实的训练。以1932年公布的《小学公民训练标准》为例,公民训练的要目包括:

关于体格的:强健 清洁 快乐 活泼

关于德性的:自制 勤勉 敏捷 精细 诚实 公正 谦和
亲爱 仁慈 互助 礼貌 服从 负责 坚忍
知耻 勇敢 义侠 进取 守规律 重公益

关于经济的:节俭 劳动 生产 合作

关于政治的:奉公 守法 爱国爱群 拥护公理[③]

在此基础上,将如上32条德目进一步细化为具体、详细的、有针对性的、可操作的细目要求。以"清洁"、"诚实"等细目为例:

(二)中国公民是清洁的

(1)我身边要常常带手帕。
(2)我咳嗽或喷嚏的时候,能用手帕掩住口鼻。
(3)我不用衣袖抹嘴脸。
(4)我要常常洗指甲剪指甲。
(5)我的手和脸要常常保持清洁。

}第一二学年起

① 程今吾.新教育体系[M].重庆:文治出版社,1945:64~65.

② 俞子夷,朱昱旸.新小学教材和教学法[M].福州:福建教育出版社,2006:451.

③ 教育部中小学课程标准编订委员会.幼稚园小学课程标准[M].上海:中华书局,1933:45~49.

(6)我不吃不清洁的东西。

(7)我饭后一定要漱口。

(8)我常常留心使头发清洁。

(9)我要多洗澡。

(10)我每天早晚一定要刷牙齿。

(11)我洗脸一定用自己的毛巾。

(12)我的图书用品,要安放得整齐。

(13)我的帽鞋衣服,不用时要收拾好。

(14)我的服装要常常保持清洁雅观。

(15)我住的屋子要常常保持清洁。

(16)我要留心保持公共地方的清洁。

(17)我不随地吐痰。

(18)我在便所里大便小便,并且留心保持用具的清洁。

(19)我不随地抛弃纸屑果壳。

}第三四学年起

(九)中国公民是诚实的

(1)我借了人家的东西,要如期归还。

(2)我拾到别人遗失的东西,想法送还他。

(3)我损坏了东西,要自己承认或赔偿。

(4)我不说谎话,不骗人。

}第一二学年起

(5)人家有事问我,我要恳切地回答他。}第三四学年起

(6)我做事要切实。

(7)我和人家约会,一定准时践约。

(8)我不掩饰自己的过失。①

}第五六学年

这一时期的公民课程,更关涉儿童切实的行动,纲目也更具体可行,这与党义科大为不同。因为党义科"除民权初步的训练是行的工作外,如'打倒帝国主义'、'反抗强权'等等教材,仍不免是偏于知的",②因而教师"囫囵

① 教育部中小学课程标准编订委员会.幼稚园小学课程标准[M].上海:中华书局,1933:49~63.

② 俞子夷,朱昱旸.新小学教材和教学法[M].福州:福建教育出版社,2006:451.

吐枣的拿一句句生硬的话教给儿童"，常常是"一知半解罢了"，行是"办不到的"。当然，公民科和公民训练科并非与党义科完全剥离，只是将党义的内容充分融化至社会、国语、自然等科目中继续施行。其后公民科和公民训练科的课程内容几经修改，意识形态取向愈加明显。1942 年 1 月颁行的《修订小学课程标准》，将"公民训练"改为"团体训练"，"小学公民训练标准"则改为"小学训育标准"，并附"愿词"、《我愿歌》及"青年守则"，以规范学生的行为：

愿词：

我愿遵守青年守则，修养我的人品；

使我的身体强健，使我的道德增进！

我愿遵守青年守则，立定我的决心；

为社会生产服务，为国家奋斗争存！

我愿做一个中国的好公民（歌唱时重复一句），奉行三民主义，向大同的世界前进！（歌唱时重复两字）

青年守则：

（一）忠勇为爱国之本（二）孝顺为齐家之本（三）仁爱为接物之本

（四）信义为立业之本（五）和平为处世之本（六）礼节为治事之本

（七）服从为负责之本（八）勤俭为服务之本（九）整洁为强身之本

（十）助人为快乐之本（十一）学问为济世之本（十二）有恒为成功之本①

实际上，这里的"青年守则"就是以国民党"党员十二守则"为蓝本而制定的。为确保落到实处，教育部还在 12 个训练要目的基础上分析制定细目 200 条并列举各细目的训练主旨和方法。以"忠勇"要目为例，其训练要项为：

① 中国第二历史档案馆. 中华民国史档案资料汇编第五辑第二编・教育（一）[M]. 南京：江苏古籍出版社，1997：179～180.

表 38　“忠勇”训练要项(1942 年)①

细　目	适用年级	训练主旨
1. 我尊敬党旗国旗	低	养成观念、习惯
2. 国旗升降的时候,我一定对国旗行礼	低	养成习惯
3. 唱国歌的时候,我一定脱帽立正	低	养成习惯
4. 我见了国父的遗像,就肃立致敬	低	养成习惯
5. 听到读国父的遗嘱,就肃立敬听	中	养成习惯
6. 我遵奉国父遗教	高	养成观念、能力
7. 我信仰三民主义	高	养成观念
8. 我遵奉总裁训示	高	养成观念、能力
9. 我尊敬我国的元首	中	养成观念、习惯
10. 我爱护我们的国家和民族	高	养成观念
11. 我愿意牺牲自己,保卫国家和民族	高	养成观念
12. 我长大了愿意服兵役	高	养成观念
13. 我牢记民族光荣的历史	高	养成观念
14. 我立志发扬国家民族的光荣	中	养成观念
15. 我爱用本国货	中	养成观念、习惯
16. 我爱护我国的名胜古迹和纪念物	中	养成观念
17. 我替别人做事,一定尽力做好	中	养成能力
18. 我爱护我们的团体	高	养成观念
19. 我爱护我的学校	低	养成观念、习惯
20. 别人有危险,我立刻去救护他	中	养成习惯、能力
21. 我不怕强暴,也不欺侮弱小	高	养成观念、能力
22. 我受了不正当的攻击,决不屈服	高	养成习惯
23. 我遇到患难,不畏缩,不规避	高	养成能力
24. 我受了耻辱,一定努力洗雪	中	养成能力
25. 我有了过失,一定悔悟改正	中	养成能力

① 中国第二历史档案馆. 中华民国史档案资料汇编第五辑第二编 · 教育(一)[M]. 南京:江苏古籍出版社,1997:181 ~ 195.

续表

细　目	适用年级	训练主旨
26. 我在黑暗的地方不害怕	低	养成习惯
27. 我身体上受了小伤,不哭也不吵	低	养成习惯
28. 我相信忠勇是爱国的基本	中	养成观念

“忠勇”要项中含有“信仰三民主义”、“遵奉国父遗教”、“遵奉总裁训示”等条目,是国民党意识形态渗透的明证;但同时“爱护我国的名胜古迹和纪念物”、“不欺侮弱小”等细目则是一般社会公民素养的基本要求,并非完全不可取。国民党采用了更巧妙而隐秘的方式,实现了党化色彩与公民道德训练的有机融合,较之前期赤裸裸地进行政治规训更具艺术性,也更易被民众所接受。此外,显见的是国民党的身心规约更具系统性。除了“忠勇”一目外,“青年守则”中的其余11项训练要目也都有确定的细目和训练主旨。这12项训练要目而言分别涵括的细目数为:忠勇(28)、孝顺(9)、仁爱(9)、信义(16)、和平(9)、礼节(30)、服从(18)、勤俭(21)、整洁(29)、助人(11)、学问(10)、有恒(9),总计199条。其中年级栏所注“低”是指第一、二学年起开始训练的条目,共计61条;“中”是指三、四学年起开始训练的条目,共计66条;“高”是指五、六学年起开始训练的条目,共计72条。在低年级开始训练的条目,如在中高年级尚未实现训练主旨,仍应逐项实施训练。反之,如在低年级开始训练的条目,已经达到训练的目的,则可将中高年级训练的条目,酌量提前实施。

不独小学,中学亦有诸多相似。1936年公布的《初级中学公民课程标准》明确规定,初级中学公民科授课时间应为1小时/周,教材大纲的内容应包括:

表 39　初级中学公民课程教材大纲(1936 年)①

第一学年 第一二学期	(一)公民之意义 1 群己之关系(从家族至国族) 2 国民与公民 3 公民道德与新生活运动	(二)学校生活与公民道德之培养 1 课内外各种活动 2 童子军训练 3 学生自治组织(附述民权初步大意) 4 学校生活与新生活
	(三)家庭生活 1 家庭之组织与家庭道德 2 亲属关系之要义 3 家庭经济与财产 4 家庭生活与新生活	(四)社会生活 1 共同生活与社会道德 2 社会服务及劳动服役 3 社会秩序与违警法刑法要义 4 社会财富与民生主义
第二学年 第一二学期	(五)公民与国家 1 民族与国家 2 中华民族与中华民国 3 吾国之独立自由与不平等条约 4 国民经济建设与国际贸易	(六)公民与政治 1 公民之权利与义务 2 中国国民党党德与史略 3 中央政府及地方政府 4 国民大全 5 国家财政
第三学年 第一二学期	(七)地方自治 1 公民与地方自治 2 地方自治之组织:(1)县市以下之自治组织(2)县自治组织(3)市自治组织 3 地方自治之工作:(1)清查户口(2)设立机关(3)清丈土地及规定地价(4)修筑道路(5)垦殖荒地(6)普及教育(7)公共卫生(8)保甲与警卫(9)兴办各种合作事业(10)兴办各种救济事业(11)地方劳动服役之组织与训练(12)地方财政(13)农村繁荣与公共幸福	

1944 年 9 月 9 日公布的"中等学校训育标准"明确规定"策励学生实践共同校训——礼义廉耻,以陶融忠孝仁爱信义和平之美德,及养成诚智仁勇俱备之品格",以训练"建设三民主义新中国之优秀国民",训导要目与"小学训育标准"之"青年守则"完全一致,其细目要中亦有"奉行三民主义,服膺总

① 课程教材研究所.20 世纪中国中小学课程标准·教学大纲汇编(思想政治卷)[M].北京:人民教育出版社,1999:160~162.

裁训示”等行为规约。当时的教科书中称“中国最近十几年来,在国民革命的过程中,产生了一个伟大的领袖,就是蒋委员长”;[①]并称蒋委员长“事业无不成功”,“人格特别伟大”,为“全国民众所一致敬仰、一致服从的一人”,“我们当然要服从他”。

由此看出,一方面,中小学公民课程的细目已经涵盖了学生的基本生活常识和公民知识,范畴涵括家庭社会、学校生活、国家和社会生活等方面,已远超越传统臣民的狭隘界域。但另一方面,三民主义、国民党党纲、“新生活规律”、“忠孝仁爱信义和平”等具有浓郁意识形态气息的内容充斥其中,强化人们对国民党专制独裁统治的绝对服从意识。所谓的“公民”课程,不过是国民党借以对民众进行模具化塑造的工具,所产生的也只能是公民其表、臣民其里的社会产品而已。

第三节　教学方法之变更

与课程变迁相适应,中小学公民教育的教学方法随之而变,尤其是修身科向公民科的转变中,教学方法有颇多创见之处。1927 年以后,党化色彩渐浓的课程中则特重课内训练与课外陶冶相结合。

一、修身科:由精神训练渐重实践考察

清末设立修身科,列为首要科目。1902 年,《钦定学堂章程》明确规定了修身科每周的教学时数;1904 年颁布的《奏定学堂章程》将修身科的授课时数减少至 2 小时/周。此后虽经历次课程调整,但修身科的授课时间未见明显削减:

① 黄书光.变革与创新——中国中小学德育演进的文化审视[M].济南:山东教育出版社,2007:105.

表 40　修身科授课时数之变化(1902～1916 年)

年份	《钦定学堂章程》					
1902 年	学校	第一学年	第二学年	第三学年	第四学年	
	蒙学堂	12 小时	12 小时	8 小时	8 小时	
	寻常小学堂	12 小时	12 小时	12 小时		
	高等小学堂	4 小时	4 小时	4 小时		
	注:每周的日数为 12 日					
1904 年	《奏定学堂章程》					
	学校	第一学年	第二学年	第三学年	第四学年	第五学年
	初等小学堂	2 小时	2 小时	2 小时	2 小时	2 小时
	高等小学堂	2 小时	2 小时	2 小时	2 小时	
1912 年	《小学校教则及课程表》					
	学校	第一学年	第二学年	第三学年	第四学年	
	初等小学校	2 小时	2 小时	2 小时	2 小时	
	高等小学校	2 小时	2 小时	2 小时		
1916 年	《国民学校令》《高等小学校令》					
	学校	第一学年	第二学年	第三学年	第四学年	
	国民学校	2 小时	2 小时	2 小时	2 小时	
	高等小学校	2 小时	2 小时	2 小时		

即便明确限定修身授课时数,各地中小学依然处于“各行其是”的摸索状态,况且清末对中小学修身一科教学方法的规定是笼统的。1902 年《钦定学堂章程》中仅规定:“……比附古人言行,绘图贴说,以示儿童。”[①]1904 年《奏定学堂章程》则云,“……尤当以俗语解说,启发儿童之良心,就其浅近易能之事,使之实践,为教员者,尤当以身作则,示以模范……”。[②] 尽管修身科自设立之初,人们就反复突出“导以实践”,连修身科的考核也强调平时的行为考查,“中学以下学堂于学期考试时以所记品行分数与修身科分数平均为

① 舒新城. 中国近代教育史资料(中册)[M]. 北京:人民教育出版社,1985:395.

② 舒新城. 中国近代教育史资料(中册)[M]. 北京:人民教育出版社,1985:414.

修身科分数”。[①] 但因清末修身科囿于情性道德陶冶的窠臼,注重精神训练,且没有明确、统一的教学方法指导,因而在实施中成效不佳。至1909年,人们对修身科的批评渐多,庄俞就曾言辞激烈地指出:

夫各校无不设修身一科,无如教师择一种坊刻之本,按时教授,所采事实,学生不能躬行实践,且教且忘,侧闻教员之言曰,修身科最无谓,最无效。呜呼!修身科而无谓而无效,则学风乌有训良之之希望。教科书死者也,教员活者也,与其常对学生做死语,不如常对学生做活语,如视学生之言语动作,关于修身者,随时训诲之或应授修身科之时间,切实讲授,即不讲教科书可也。吾尝谓教员之一言一动,修身教科书也,学生之一言一动,修身教科书之材料也。同在学校中,无时不可讲修身,无事不可讲修身,或严厉以戒之,或谈笑以导之,或慷慨悲怨以感悟之,苟得其宜,收效无形,吾敢断言也。方今教育正在萌芽,可不为正本清源之计乎?[②]

修身教授可以无书,但须注重教员之言行举动,以收潜移默化之功,庄俞实际上更强调修身教授的潜隐性,而不可照搬教材,教条应付。随着修身科教学的探索,人们更加注重强调修身科的实践特性。1909年7月1日《申报》登载的《江苏教育总督会谈话会报告词》中提及,“修身科注重作法(即注意儿童应对进退之节),利用社会或生徒之偶发事件(如某事可师可法即指授儿童或揭示于黑板),教师随时以身为模范。”[③]至民国成立后,这种呼声愈加强烈。贾丰臻就指出,“近今吾国各小学校所授修身科,皆详于书籍,而略于作法。非漠视作法也,以教育幼稚”,[④]因而小学应“自作法始”,中学应“自训练始,自锻炼始”。但1912年公布的《小学校教则及课程表》也仅规定“教授修身宜于嘉言懿行及谚辞等,指导儿童,使知诫勉,兼习礼仪”。1916年《国民学校令》实施细则中所规定者亦复如此。尽管官方发文中未对修身科教学实施进行详细而明确的说明,但修身科教学实现知识传授和行为训练统一的趋势却已明显。1912年《教育杂志》介绍了安东县立初等小学每学

① 作者不详. 补录学部奏定各学堂考试章程(续)[N]. 申报,1907-03-08(10).

② 李桂林,戚名琇,钱曼倩. 中国近代教育史资料汇编·普通教育[M]. 上海:上海教育出版社,2007:245.

③ 作者不详. 江苏教育总督会谈话会报告词(续)[N]. 申报,1909-07-01(2).

④ 贾丰臻. 修身作法教授谈[J]. 教育杂志,1912,4(9):65.

期的修身教授实况,摘录一二:

第三学期

(一)柔顺 服从父母及先生之训诫。

(二)诚实 对于父母及先生之信用。

(三)礼貌 在家庭对于宾客。在学校对于参观人。

(四)勇敢 对于黑暗怪声及奇异动物。勿生怖心。

(五)公平 对同学。对兄弟姊妹。

(六)协助 对同学。对年老者。

(七)自制 食物、言语。

(八)仁爱 对小动物。

(九)习勤 在家庭。在学校。

(十)清洁 身体及用物。

(教授实况)本学期德目实践较难。如柔顺、诚实两目,对父母终不及对教师。勇敢、自制、公平、仁爱四目属于精神的,效力不能达于全体。礼貌、协助、习勤、清洁四目,虽属形式的,在家庭亦不如在学校。①

依今看来,安东县立初等小学授课方法过于简单,但摸索对儿童行为的具体指导如"在家庭对于宾客"、"在学校对于参观人"应注重"礼貌",已属不易。就修身科的设置来看,德目编排呈现由远及近、由己及人、由家庭和学校及至国家民族社会的态势。同时根据德目的层次递进形成教学主旨,将一学年分为三学期,有规律地开展教学活动,并特别注重实践考察,强调"修身教授,重在观察儿童平日之行为";②但也意识到教授修身颇多困难,如"学级系复式编制,修身科通各学年,均同时间同教科同程度"、"儿童年龄有五岁之相差,情意发育甚不均齐"、"男女同级"、"乡村儿童与城市儿童习性之不同"、"无家庭教育"等,且部分德目"实践较难",成效不甚明显。但颇重实践之特性已在修身科教授中多有呈现,甚至连修身科的考核内容中也有了新的变化。1921 年,高等小学校教员的修身科试题内容包括:"(一)何谓快乐说(二)何谓克己说(三)试述教授修身之心得(四)试述关于德育上

① 吴谷峰. 安东县初等小学初学年修身教授实况[J]. 教育杂志,1912,5(12):165.

② 吴谷峰. 安东县初等小学初学年修身教授实况[J]. 教育杂志,1912,5(12):164~165.

自己经过之事”；[①]而国民学校教员的修身科试题则为：“（一）公德与私德有何区别（二）试述修身书之组织法（三）专教修身书本与注重偶发事项孰要（四）试述自己平日之修养法”。[②] 将“偶发事项”、“自己经过之事”、“教授修身之心得”等融入修身科教授中，这向人们明确传达一个信号——修身科应更注重贴近儿童心理，贴近生活实践。20 世纪 20 年代，随着新教学法传入中国，修身科也颇受影响，《江苏一师附小初年级设计教学的实施报告》[③]将修身教学分实做和故事两种，突出对儿童的顺势引导和积极陶冶：

修身教学也分实做和故事两种。用故事，所以间接去陶冶他，使他受积极的刺激，而起良善的反应；要实做，使他养成习惯。讲故事有两种机会，一种是发生不好的事情，用故事去诱导他。讲完了，并不说出这个故事的好处，也不下一个断语，使儿童自然而谈的感化。第二种是完全积极的训练，使他听了，渐渐的趋到良好的路上去。讲的时候随机应变，并没有预定，并且常有三四目的相同的故事，连续一起讲的。讲到实做，也利用机会去引导他。

故事的要目列下：

中秋分果	注意礼让
救人于患难中、小匣金、矮人助皮匠、助老人的小孩、助盲子、帮助父母的小孩、帮助同学的学生	注意互动
牛斗、羊斗求救于狼、两虎相争	注意息争斗
鸡鸭卖能、龟兔卖能	注意勿骄傲，做事应有实力
金药、义马、勇敢的马	注意互动
诳言童子失狼、诳儿溺水	注意诚实

实做的事项如下：

一、早晨见师长同学行礼。

① 作者不详. 试验检定小学教员之第一日［N］. 申报，1921－07－16（14）.

② 作者不详. 试验检定小学教员之第一日［N］. 申报，1921－07－16（14）.

③ 沈百英. 江苏一师附小初年级设计教学的实施报告［J］. 教育杂志，1922，14（3）：6～7.

二、入室脱帽。

三、户开亦开，户阖亦阖。

四、用具须整洁。

五、公共场所勿有高声。

六、要帮助人家。

七、应常客气对人。

八、向人取物，应该先申明。

这份“实施报告”是沈百英在担任江苏一师附小设计教学班主任时进行的教育实验，这一时期正是人们受到新思想影响而倡导“儿童本位”的阶段，沈百英设计的教学法清晰地展示了这一取向；同时，对儿童的行为训练更贴近生活实际而切实可行，已远非清末修身科所能比拟。

二、公民科：多重方法综合应用

1923年，《初级中学公民学课程纲要》将公民科的教学方法与教学内容归并论述。同年公布的《小学公民课程纲要》规定，公民科的教学方法是“以讲述、表演等为公民修养的教学方法。以参观、调查、讨论等为社会组织的教学方法。以学校服务、自治为公民训练的具体方法。均注重实践。”①同时，特别强调前四学年应与卫生、历史、地理合为社会科教学；第五六年仍须与各科联络。不难看出，《小学公民课程纲要》所指示的教学方法应为中小学所共同采用，详细来说，包含如下方面：

（一）讲述和表演。这是课堂教学的主要方法，讲述和表演有相通之处，又有所区分。讲述与今日课堂教学的主要方法没有明显差异，是指讲述教材内容、人物故事、寓言格言或偶发事项，以引起儿童的兴趣。第二章已提及，讲述采用的形式包括例话和训话。概言之，例话泛指用事实说明并指导行为；训话则往往适用于级会、朝会或其他重要的聚会场合及学期始末，由学校领导、级任导师等对儿童发表讲话，以历代的嘉言善行教育启迪儿童。

① 课程教材研究所.20世纪中国中小学课程标准·教学大纲汇编（思想政治卷）[M].北京：人民教育出版社，1999：12.

作法即表演,是教师示范、学生练习,以养成习惯的训练方法。在实施例话、训话、作法时,应特别注意相应的教学条例,包括:

1. 公民科教学时间,最好配在上午,因儿童精神充足,容易感化。

2. 公民科教学,各学年应有中心德目。

3. 公民教学,例话、训话、作法三者宜并重。

4. 朝会后,各级担任教师(指多级小学校而言),宜乘机阐发训话要旨。

5. 例话与偶发事项相颓者,可换新教材。

6. 讲演例话时,动作说话,均须表示诚恳之意思。

7. 讲演例话,宣示讲题,勿示德目。

8. 讲演须利用实物或挂图。

9. 与时势相关之事项,须矫正流弊者,须特别注意。

10. 须利用纪念日、国庆日,感发儿童。

11. 公民教学须顾及儿童环境。

12. 公民教学须顾及儿童僻性。

13. 公民教学须注意实践。

14. 教师宜以身作则。

15. 初学年公民教学,言语宜浅近,态度宜从容。

16. 公民教学宜与各科联络。①

以尚公学校为例,六年小学公民课程特别强调"须与卫生、历史联络研究并和历史联络讨论"、"应用各目时,须用讲述、参观、调查、讨论等方法。"②同时,为配合课程教学的顺利实施,教材配置也有人物主义、德目主义二种之争论。"选定可模范人物,而以其传记为教材者",谓之人物基本主义;"预定德目,然后配以说明材料者",谓之德目基本主义。如第二章所述,有关公民科的教学过程、教材编写、教学计划等的讨论愈加热烈,使得人们对公民教育的认知逐渐由理想走向实际,但始终将例话、训话、作法作为公民科课堂教学基本方法。

(二)参观、调查、讨论。这是修身教育所不曾使用的、新兴的方法。顾

① 张粒民. 小学校之公民教育[J]. 教育杂志,1924,16(4):14.

② 徐元善. 小学校公民教育之五大问题[J]. 新教育,1925,10(1):112.

名思义,即带领和组织儿童到校内外进行实地的参观、调查或访问,并围绕有启发意义的问题进行讨论,以启发儿童获取对社会及社会组织形式认知的一种方法。

(三)学校服务、儿童自治。这是公民教育课外进行的活动,也是公民训练的方法。学生自治,是成立各种儿童自治组织,由学生自我约束、自我管理、自我教育,以习得学校和社会生活中各种规章制度和生活规则的方法。教师对学生自治组织仅负有指导职能,而不能代替和包办学生事务。支持儿童自治的人,往往秉持这样的观念,即"教育不仅教学生东鳞西爪地识几个字,也不仅教学生从书本上生吞活剥地得些垂死的知识",①他们强调"指导儿童使他们同社会生活接近",而"从练习自治上去引诱他们走进现代社会之门",是一种"很有效力的方法"。实施学生自治的中、小学,往往有细致、完善的《学生自治大纲》,还成立各种自治机关。如江苏一师附小将自治机关细分为周报社、卫生会、娱乐社、讲演社、公园、医院、体育场、图书馆、农场、商店等10部分,以实现对儿童德、智、体、美、群之训练。

(四)课外陶冶。前已述及,课外陶冶主要包括好习惯的养成和各种仪式的参与,有些人也把儿童自治、学校服务归入课外陶冶。此部分内容,前章已有所涉及,此处不再赘述。

三、党义与三民主义科:课内训练与课外陶冶融合

1929年8月,《小学课程暂行标准》规定了党义科的授课时间,低年级为30分钟/周,中年级60分钟/周,高年级90分钟/周。1931年公布的《党义课程标准草案》规定,前期小学党义科的教学要点包括:

(一)本项教材,应斟酌情形,妥为分配于各课程中,使党义之教学,得与全体课程及课外作业相贯连,以其知识道德,融会贯通于党义之下,而收笃信力行之效。

(二)前期小学儿童,程度甚低,教学时宜多讲具体的事实,少谈抽象的理论。

① 杨彬如.儿童自治实施实况[J].教育杂志,1924,16(7):2.

(三)国耻史料,最能动人,教学时应引起儿童悲壮沉痛之情绪,激发起爱国心而发扬民族观念。

(四)各学年所选材料,应按儿童程度,定分量之多寡与程度之深浅。

(五)编制教材,应多采用故事体裁,以使儿童易于领会。

(六)民权初步,注重演习,应于各种集会之中,随时演习,随时讲授。

(七)地方自治,重使儿童略知现行概况,不必多为理论之讲述。

(八)教材中之各种图画照片,应尽量搜罗利用,以引起儿童之兴趣,并领导参观革命遗迹,以激发其革命情绪。①

《党义课程标准草案》还规定了后期小学党义教学要点,包括"课程教学应力求设备之完善"、"尽量发扬民族精神"、"充分准备儿童可以阅读之党义书报"、"尽量启发民权思想"、"尽量启发增进民生幸福的常识和思想"、"尽量培养革命精神"、"运用三民主义的原则去指导学生讨论一切时事问题"、"使学生多注意实际知识"、"指导学生实行"、"尽量与本课程有关之课程切实联络"等。其中,注重实践、学科联络、注重儿童身心发展等公民科注重的教学要点在党义科中得以保留。此外,党义的教学过程亦有人深入探究,指出"教学党义的过程,和教学国语读法的过程相同,要经过四项过程,即建造过程、欣赏过程、思考过程、练习过程",②其中"练习过程"包括:

1. 动机。最好是学生自发的,其次用方法去引起他们发生。

2. 决定目的。

3. 讨论问题。

4. 整理批评。

5. 练习。

6. 计划。

7. 表演。

这一过程与公民科有相似之处,都注重以引起学生的动机作为实施教学的出发点,而且"决定目的"、"计划"、"表演"、"练习"等环节公民科近乎一致。由此可见,教学方法上党义科吸纳了公民科的一些优良方法。不唯

① 盛朗西.小学课程沿革[M].福州:福建教育出版社,2008:38.

② 卢正.教学法纲要[M].上海:广益书局,1929:72~73.

如此，党义科还特别注重学生心理的发展阶段和教育的递进性，要求小学校一、二学年应自行采集本党先烈的革命故事为儿童讲述之，小学校的党义课程应注重使儿童获得具体观念，中等学校注重使学生获得正确认识，专门大学应注重使学生分析研究其理论体系及实施步骤，或运用方法[①]。切合儿童的心理和年龄阶段择取适当的授课方法和教学要点，是党义科值得借鉴之处。

另外，三民主义和党义科仍然强调课外陶冶。如《小学暂行条例》规定，"小学校历每年由省、区教育行政机关制定"，校历不仅规定了开学、考试及放假日，还专门规定了各种"革命纪念日"、"革命纪念式"等，如建国纪念日、国民党建党纪念日等，还明确规定了各种纪念日的纪念仪式、宣传要点等，目的是对学生进行思想熏陶和精神控制，将学生的言行统一在国民党党化教育的目标之下。

四、公民科与公民训练科：公共训练与个别训练并行

1933 年 2 月，《小学公民训练标准》颁布，详细规定了公民训练的实施方案，着意强调小学公民训练应分公共的训练、个别的训练两方面实施。

1. 公共的训练。

甲 在各科教学时间 由各教员间接的指导儿童；或直接根据纲要条目，加以申说。

乙 在随时随地 由各教员注意儿童的各种活动，直接间接引用规律和各条目指导儿童遵守。

丙 在某一时期 随儿童公共的需要，或发现儿童公共的缺点时期，择定适当的条目，为训练的中心，用种种方法作公共的训练时期，以一周至二周为度。

丁 在每星期间 愿辞在每星期纪念周时，全体宣读；或将辞意编成歌曲吟唱。又每星期也可择定一个适当的条目，特加注重，作为公共的训练。但

---

① 中国第二历史档案馆. 中华民国史档案资料汇编第五辑第一编 · 教育(二)[M]. 南京：江苏古籍出版社，1994：1074.

切不可流于叫口号贴标语的形式。

戊 在每周六十分钟特定时间 把六十分钟分作三次，间日教学，或分作六次逐日指导。在每次特定时间，由教员将偶发事项引用条目，加以申说。如举行训练周，就应注重和中心条目有关系的条目。

2. 个别的训练。

可酌量全校师生的多寡，分成若干组或若干团，每一教员负一组或一团的个别训练责任。对本团的儿童，用种种方法督导他实践条目，自行检察，并注意考查成绩。①

公民训练与别科不同，“重在平时的个别训练，其指导不在文字教学和理论的探讨”，②而应就学校、家庭及社会生活方面指导儿童身体力行，因而“公民训练，专用实践，不用教科书”。③ 在具体实施时，各学校在每学期开始时应将训练条目划分阶段，印成活页或小册子，分发儿童；根据各阶段的训练条目，学校自行排序，分成四个阶段作四个学期之用，对各级儿童依序施以训练；教师要留心儿童的行为，时时予以视察记载；各组或各团均需每星期或每月举行考查，利用儿童自行反省、共同批评、开展比赛、名誉奖励等，以辅助考查；实施考查时，教师需编制儿童自省记载表、教师观察记载表、一组或一团比较表、报告家长用表等，将儿童的成绩予以记录，以明示家长和儿童；某一条目训练结束，以后仍须继续训练和考查。

不得不承认，南京国民政府对中小学公民训练进行了细致、详尽的计划和安排。从时间上来看，小学教学时间表规定了每周60分钟的团体训练时间，但这并不意味着60分钟内的讲讲谈谈就足以替代公民训练。恰恰相反，公民训练是随时随地都在注意的，不管是课内或课外，甚至回家以后都是公民训练时间，“公民训练整个的时间，就是说它占据着我们整个的人生，亦不算过分”；④从空间上来看，公民训练自学校延伸至家庭、社会生活的不同场

① 宋恩荣，章威主编，中央教育科学研究所教育史研究室. 中华民国教育法规选编（1912～1949）[M]. 南京：江苏教育出版社，1990：258.

② 盛朗西. 小学课程沿革[M]. 福州：福建教育出版社，2008：41.

③ 宋恩荣，章威主编，中央教育科学研究所教育史研究室. 中华民国教育法规选编（1912～1949）[M]. 南京：江苏教育出版社，1990：258.

④ 俞子夷，朱昱旸. 新小学教材和教学法[M]. 福州：福建教育出版社，2006：452.

域——学校设立公民训练委员会,共同议定公民训练的组织系统和具体方法,全体教员均须参加;公民训练须与家庭联络,家长要常把子女的特性报告学校,学校也定期把考查成绩报告家长,以求互相合作;儿童也应随时参加社会活动;从内容上看,儿童个性及其能力体力、家庭状况、社会环境等,一切与公民训练有关系的,都须精密检验和调查。

不仅如此,南京国民政府还提出了一些公民训练的原则和方法,至今都值得借鉴。如强调教员用“暗示”而非“强制”的方法,和儿童共同拟定条目并讨论确定各种条目的实现方法;教师应注重人格感化,须以身作则,等等。这明确了教师在公民训练中的价值和地位,要求教师在实施每条训练标准的时候,一方面应观察儿童的活动,另一方面又须注意自己的行为,以“律己”的精神来影响和感化儿童。举例言之,唱国歌、党歌、校歌要立正的,教师在平时常常提醒儿童要怎样怎样,但他们自己在唱的时候,放开脚,随意谈话,就难以取得良好的训练效果。又如,《小学公民训练标准》特别强调公民训练应多用积极的方法,切忌用消极的压制的方法,以便在潜移默化中训练儿童的人格和品性。再如,在公民训练中,特别强调训练德目、条目的落实,很多学校以“公民训练周”的形式,逐周进行训练和考查。

中学方面,1932 年颁布了《初级中学公民课程标准》,1936 年进行了修订,其中有关公民课程实施方法的内容变动不大。以 1936 年公布的《初级中学公民课程标准》为例,规定初级中学公民科的“作业要项”为:

1. 学校训育及管理应与公民教学密切联络。学生自治团体为实践公民生活良好组织,应指导其进行。

2. 于可能范围内应令学生参加实际公民活动,如社会调查及经济调查等项。

3. 培养学生组织能力与治事方法,于学生集会时并应充分运用民权初步。

4. 学校应与学生家庭切实联络,以收学校教育与家庭教育合作之效。

5. 酌授关于公民科应有之特殊教材(例如社会服务之特殊训练)。[①]

---

① 课程教材研究所. 20 世纪中国中小学课程标准 · 教学大纲汇编(思想政治卷)[M]. 北京:人民教育出版社,1999:162.

为施以具体指导,《初级中学公民课程标准》还特别提示了“教法要点”,如学校应注意环境,有适当之布置与设备,使学生通过观感接触获得良好之公民训练;公民训练应采用积极的训导,不宜骤施消极的制裁;除于团体生活中施行公民训练外,宜根据学生个性施以适当之个别训练,以培植其人格修养;讲解教材时,应注重实际社会调查材料与事实,等等。初级中学公民课程将教材讲授与课外活动作为实施公民训练同等重要的部分来看待,并特别突出编订和解释教材的事项,教材内容“应取既定之理论为叙述式及说明式之编订”,“偏激性教材应从略”,“解释教材时,应注重实际社会调查材料及最近发现之事实”。不难看出,小学公民训练注重行为训练,而初中公民科更侧重知识的传授,这与儿童心理发展水平和认知能力发展密切相关。

第四章　价值的表达与呈现：中小学公民教育的教科书分析

教科书的产生和变迁，是与近代社会相互作用的结果，“它从诞生之时起，就烙上了大变迁时代中国社会文化的印痕”。[①] 中国近代中小学公民教育教科书的转换，正是社会文化变迁的生动注脚。

第一节　教科书的演变历程

“教科书，是指学校或是任何学习集团在学习一定领域的知识时所运用的教材，以便于教学的方式编辑的图书。”[②]教科书是教学过程中倚重的一种媒体，是影响和制约教学成效的关键因素之一。本研究中界定的教科书主要是指公民教育的学科教学中以书籍形式出现的“教材集”。

事实上，伴随着课程的变迁，教科书文本亦发生了巨大的转变，从清末的道德文本演进为公民文本，再递演为党化文本和政治文本。

一、道德文本的时代转换

清末修身教科书经历了从无到有的转换，至民初教科书的出版如火如荼。在此过程中，初步形成具有时代特色的教科书编审制度。从某种意义上说，修身教科书是近代社会转换的文本印记，见证道德教育蝉蜕传统、力图开新的历史。

---

① 毕苑. 从《修身》到《公民》：近代教科书中的国民塑形[J]. 教育学报，2005，(1)：90.

② 钟启泉. 现代课程论（新版）[M]. 上海：上海教育出版社，2004：377.

(一)《修身》:道德教育文本的承续与开新

清末为适应大规模学校教育的需要,国人开始自编修身教科书,其后教科书的编辑出版愈来愈规范,教科书更多样化。

1. 清末《修身》的编辑出版。

早在清末新学制颁布以前,一些新式学堂为应教学之需,就已经开始自编教材的尝试,如上海三等公学堂、南洋公学、无锡三等公学堂、上海澄衷蒙学堂等均有自编教科书。其中,无锡三等公学堂的《蒙学读本》最为著名。

无锡三等公学堂创始于1898年,由吴稚辉、俞复、丁宝书、杜嗣程等发议创办。俞复驻堂主事,授课由十几名教师轮流实施。因没有固定教材,就每日选编课书一首,令学生抄读,就本课设问数条,令学生笔答。这种教授方法,成效颇显。因而,俞复等随编随教,以实地实验这种教学法是否合用。直至1902年,累积成7编,每编50至80篇课文不等,统称《蒙学读本》,其中第四编专重德育,"用《论语》弟子章,分纲提目,系以历史故事,每课示以指归,仿新安《小学》、涑水《家范》而加以兴趣,并译东西前哲懿行,示良知良能,为中外古今所同具,盖完全为今修身教科之具体。"①陆费逵论之"颇像修身课本"。因而,人们也时常将其视为我国最早的修身课本。②

尽管如此,适应大规模学校教育的修身教科书是在新式教育体系确立后才正式出现的。1903年,张百熙、荣庆、张之洞在《学务纲要》中言辞恳切地指出,"外国中小学堂,于各科学均有教授详细节目,所以齐一各处同等学堂之程度,而使任教员者有所据依,以定教授科学之次序",③教科书的编辑出版已成大势所趋。教科书的内容、形式、出版发行等斑驳复杂的问题成为人们关注的焦点,围绕"国定制"和"审定制"的讨论亦热烈起来。张百熙、张之洞等认为,"查京师现设编译局,专司编辑教科书。惟应编各书,浩博繁杂,断非数年所能蒇事,亦断非一局所能独任。"④因而,国家应颁发目录,通令京外官局私家合力编辑,私家编纂学堂课本呈送学务大臣鉴定。确合于

① 陈学恂.中国近代教育史教学参考资料(上)[M].北京:人民教育出版社,1986:662.

② 汪家熔.民族魂——教科书变迁[M].北京:商务印书馆,2008:94.

③ 舒新城.中国近代教育史资料[M].北京:人民教育出版社,1985:210.

④ 舒新城.中国近代教育史资料[M].北京:人民教育出版社,1985:210.

教科程度者，学堂暂时亦可采用，准著书人自行刊印售卖，并予以版权。① 1903年，《奏定初等小学堂章程》规定初等小学堂所用教科图书，应当择取官设编书局所编纂及学务大臣所审定的采用之，②高等小学堂亦遵从此法。由此，在官方统编教科书尚无力应付各级学校需求时，应以审定制为主，即在国家统一的宗旨指导下集民间之力多渠道、多层次地编纂教科书，再由国家统一审定发行。

学部第一次审定初等小学暂用书目，《最新初等小学修身教科书》10册（商务馆本）、《初级蒙学修身教科书》（文明局本）、《蒙学修身书》（蒋黼著本）、《蒙学经训修身教科书》（文明局本）等学生用书及《最新初等小学修身教科书教授法》10册（商务馆本）等教员用书得以通过。这种公平、公开的竞争机制，为民间教科书编纂出版机构及个人之间的竞争提供了宽松的环境，当时较有影响的图书公司和出版机构都有自编的修身教科书，也开始出现专为女子编写的修身教科书。表41显示了1902～1911年间国人自编的修身教科书，粗略统计约有40种之多，但经学部审定的修身教科书为极少数。

表41　国人自编的修身教科书一览（1902～1911年）③

书　名	编著（述）者	出版机构	初版时间	备注
《蒙学读本全书（第四编）》	俞复等，无锡三等公学堂	文明书局	1902年	
《高等学校修身教科书》	教育改良会	商务印书馆	1902年	
《修身科讲义》	龙伯纯	时敏书局	1902年	
《蒙学修身教科书》	李嘉谷	文明书局	1903年	
《初级蒙学修身教科书》	庄俞	文明书局	1903年	
《最新蒙学伦理书》	李郁	达文编译书社	1904年	

① 舒新城．中国近代教育史资料［M］．北京：人民教育出版社，1985：210～211．

② 舒新城．中国近代教育史资料［M］．北京：人民教育出版社，1985：422．

③ 北京图书馆，人民教育出版社图书馆．民国时期总书目（1911～1949）·中小学教材［M］．北京：书目文献出版社，1995：325～343．；黄兴涛、曾建立．清末新式学堂的伦理教育与伦理教科书探论——兼论现代伦理学学科在中国的兴起［C］/郑师渠、史革新、刘勇．文化视野下的近代中国．北京：中国传媒大学出版社，2009：362～363．

续表

书　名	编著(述)者	出版机构	初版时间	备注
《最新修身教科书(1～10册)》	商务印书馆编译所	商务印书馆	1905年	学部审定
《(官话)最新女子修身教科书(上、下卷)》	谢允燮	中国教育改良会	1905年	
《小学修身唱歌书》	田北湖	文明书局	1905年	
《绘图蒙学修身实在易(1～4卷)》	陈善叙	彪蒙书室	1905年	
《最新女子初等小学修身教科书(第1册)》	何琪	会文学社	1906年	
《最新女子修身教科书(1～4册)》	许家惺	群学社	1906年	
《简易修身课本》	杨天骥	商务印书馆	1906年	
《小学修身书(第2、3卷)》	蒋智由	同文印刷舍	1906年	学部审定
《初级小学修身新教科书(第4、5、6、9、10册)》	方浏生	乐群图书编译局	1906年	
《绘图女学修身教科书》		锟记书社	1906年	
《蒙学修身教科书(上、下册)》	庄俞	乐群图书局	1906年	
《寻常小学修身》	钟卓京	广智书局	1906年	
《蒙学礼经修身教科书》	汪慎修删订	南洋官书局	1907年	
《(官话)女子修身教科书(1～3册)》	邵廉存	群学社	1907年	
《最新修身教科书(第1册)》	商务印书馆编译所	商务印书馆	1907年	学部审定
《初等小学修身课本(1～8册)》	刘永昌	中国图书公司	1907年	
《初等小学修身书(卷2)》	陆费逵	文明书局	1908年	
《高等小学修身(第3册)》	达人书馆	达人书馆	1908年	

续表

书　名	编著(述)者	出版机构	初版时间	备注
《高等小学修身课本(第2、3册)》	林万里、黄展云	中国图书公司	1908年	
《初等小学修身教科书(第3、4册)》	学部编译图书局	湖北学务公所	1909年	
《初等小学堂五年完全科修身教科书(第2、5、6册)》	学部编译图书局	学部编译图书局	1909年	
《初等小学修身教科书(第3~5册)》	学部编译图书局	学部编译图书局	1910年	
《女子初等小学修身教科书(第1、2册)》	学部编译图书局	学部编译图书局	1910年	
《高等小学修身教科书(第2册)》	学部编译图书局	学部编译图书局	1910年	
《修身教科书(第5册)》	蔡振	商务印书馆	1910年	
《新体高等小学修身书(卷1,2册)》	国民教育社		1910年	
《女子修身教科书(第5、6册)》	沈颐、戴克敦	商务印书馆	1911年	
《初等伦理教科书》	吴尚述	文明书局	1905年	
《中等伦理学(上、下)》	姚永朴	文明书局	1906年	
《伦理教科书(1~2册)》	刘师培	国学保存会	1906年	
《伦理学大意讲义》	陆费逵	商务印书馆	1908年	
《中等修身教科书》	杨志洵	文明书局	1906年	
《中学修身教科书(第1~3卷)》	蒋智由	同文印刷舍	1906年	
《修身教科书(1~5册)》	商务印书馆编译所	商务印书馆	1907年	

除自编修身教科书外，有些书局和出版公司还发行了一些译编的教科

书,主要译自日本,如《伦理教科范本》(秋山四郎原著,董瑞椿译著,文明书局1903年初版)、《中等教育伦理学》(元良勇次郎著,麦鼎华译,广智书局1904年初版)、《最新论理学教科书》(服部宇之吉撰,唐演译,文明书局,1908年初版)、《论理学》等等。伴随着中小学教科书的编辑出版,各书局、出版机构竞相为教师编写各科教学法和教学参考书,如表42所示:

表42　国人出版的修身教学参考书一览(1902~1911)①

书　名	编著(述)者	出版机构	初版时间
《最新初等小学修身教科书教授法》	商务印书馆编译所	商务印书馆	1904年
《最新修身教科书教授法》(1~10册)	商务印书馆编译所	商务印书馆	1905年
《最新初等小学修身教科书教授法》(1~3册)	会文学社编译所	会文学社	1906年
《初等小学修身教授书》(第1、5册)	学部编译图书局	学部编译图书局	1907年
《新编初等小学修身教授书》(第1、2卷)	陆费逵	文明书局	1907年
《初等小学修身教授本》	张继良、刘永昌	中国图书公司	1907年
《简明修身教科书教授法》(第1、3、4、8册)	沈颐、戴克敦	商务印书馆	1907年
《小学教科初等修身教授案》(1~8册)	黄守孚、戴洪恒	集成图书公司	1908年
《初等小学堂五年完全科修身教授书》(第1、5册)	学部编译图书局	学部编译图书局	1909年
(单级用)《初等小学修身教授本》(1~4编)	顾倬、顾祖玑	中国图书公司	1910年
《初等女子修身教科书教授法》(上册)	何琪	会文学社	1906年
《高等小学修身教授本》(1~8册)	林万里、黄展云	中国图书公司	1907年

① 北京图书馆,人民教育出版社图书馆.民国时期总书目(1911~1949)·中小学教材[M].北京:书目文献出版社,1995:325~343.

总体来看，尽管清末出版发行了国家统编教科书，但《教科书之发刊概况（1868～1918年）》直言"学部编辑教科书，耗数十万元之多，初编时尚佳，经翰林院等校勘，科学各门，尚不敢更改，错误较少，而国文、修身、史地等经改窜后，笑话百出"。[①] 这种情势下，民营事业发展迅速。仅1906年6月上海书业商会出版的《图书月报》第1期所列入会出版机构、书局就有22家。1906年，学部第一次审定初等小学暂用书目，审定的教科书共计102册，由民营出版业发行的共计85册，占80%以上；[②]审定通过的初等小学修身教科书和教授书共5种，即《最新初等小学修身教科书》（10册，生徒用书，商务印书馆）、《最新初等小学修身教科书教授法》（10册，教员用书，商务印书馆）、《初级蒙学修身书》（1册，生徒用书，文明书局）、《蒙学修身书》（1册，生徒用书，出版社不详）、《蒙学经训修身书》（1册，生徒用书，商务印书馆）。[③] 1906年学部第一次审定高等小学暂用书目，审定通过的修身教科书为《中学修身教科书》（2册，学生用书，蒋智由本）。[④]

当然，以学部编译图书局为主的官办机构也编订出版了中小学教科书及教学参考书，并强调编辑教科书"宜恪守忠君、尊孔、尚公、尚武、尚实"，且要求民间和个人自行编写的教科书须经国家审定合格后方可选用。为了加强教科书审定，清学部与总务司下特设审定科，审查的内容大到教科书是否"守定宗旨"，小到教科书的内容、价格、纸质、挂图、教授法等。修身因其特性而更受关注，正如前闽浙总督魏光焘在奏请编辑《中国伦理教科书》中所言，日本明治23年颁布的教育敕语及我国的伦理教科书，本源于中国古圣贤提倡的伦理道德，可以强国势、固民心。因而，尽管其他学科可以取法欧美，但"德育一科，仍必资我圣教"。[⑤] 况且"中国近年学生，往往习于嚣张恣肆，殆于圣贤根本，先未讲求，于蒙养之年，无以育成其孝悌忠信之气质。"[⑥]因而

① 李桂林，戚名琇，钱曼群. 中国近代教育史资料汇编・普通教育［M］. 上海：上海教育出版社，2007：179.

② 李泽彰. 三十五年来中国之出版业［M］/程焕文. 中国图书论集. 北京：商务印书馆，1994：392.

③ 张运君. 晚晴书报检查制度研究［M］. 北京：社会科学文献出版社，2011：209～210.

④ 张运君. 晚晴书报检查制度研究［M］. 北京：社会科学文献出版社，2011：211～212.

⑤ 王建军. 中国近代教科书发展研究［M］. 广州：广东教育出版社，1996：176.

⑥ 王建军. 中国近代教科书发展研究［M］. 广州：广东教育出版社，1996：176.

魏光泰建议将中国经书、《小学》并日本的伦理教科书，互相参酌，择其精要，编成《中国伦理教科书》。

可见，尽管民间个人、书局和出版机构具有编写修身教科书的可能，但教科书中所反映的政治、道德和风俗的倾向性是须臾不可偏离封建统治和封建道德要求的。当时著名的出版机构商务印书馆，特意声明“谨遵教育宗旨以忠君、尊孔、尚公、尚武、尚实为主而尤详于宪政”，[①]其中所编修身（六版）教科书写明“采辑我国圣贤立身制行之事，是我模范者，以引起学生私淑观念”。[②] 据载，1905年“何琪编《初等女子小学国文》教科书一册在浙江出版。书中取材有平等等字样，学部认为不合，下令查禁。”[③]但到民国前后，自由平等的观念渐获认同并得以传播，修身教科书的编写也呈现新态势。

2. 民国前后《修身》的变化。

南京临时政府教育部组建后，很快就公布了《普通教育暂行办法通令》和《普通教育暂行课程标准》，特别强调教科书的编写务合共和民国宗旨，并于教育部特设教科书编纂、审查机关，负责审查教科用图书及用品。1912年7月，全国临时教育会议通过《教科书审定办法案》；9月3日教育部特嘱各书局，按章编写春秋两季入学的儿童教科书并送部审查。9月15日教育部颁行《审定教科用图书规程》，详细规定“初等小学校、高等小学校、中学校、师范学校教科用图书，任人自行编辑，惟须呈请教育部审定”，其中关于教科书审定的细节做了明确规定，包括图书出版前，图书发行人应将印本或稿本呈请教育部审定；已审定的教科图书，教育部应送登政府公报，宣布书名、定价、册数、适用学校、发行日期、编辑人和发行人姓名等信息；经教育部审定认为合用的教科图书，每册书面需写明某年月日经教育部审定字样；经教育部审定的图书，如各省图书审查会认为确有尚须修正之处，各省须报由省行政长官呈请教育部复核，并令该发行人于再版之期遵照修改，[④]等等。可见，

---

① 李桂林，戚名琇，钱曼群．中国近代教育史资料汇编·普通教育[M]．上海：上海教育出版社，2007：181．

② 李桂林，戚名琇，钱曼群．中国近代教育史资料汇编·普通教育[M]．上海：上海教育出版社，2007：181．

③ 李桂林，戚名琇，钱曼群．中国近代教育史资料汇编·普通教育[M]．上海：上海教育出版社，2007：177．

④ 宋恩荣，章咸．中华民国教育法规选编[M]．南京：江苏教育出版社，2005：100～101．

南京临时政府延续了教科书审查制度，审查要项的说明也更为具体，从编写要旨到挂图、纸张、价格等都有明确规定；并要求各省成立图书审查会，选定本省所用教科书。

1912年9月28日教育部公布《小学校令》、《中学校令》等章程，其中专门论及教科书编纂办法，成为当时编辑和审定教科书的依据。10月3日教育部发文《通告小学教科书编纂办法》，规定“凡已经审定之小学校教科书，照签修改，其关于时令各课，仍旧作为春季始业之用；更按照新章或将关于时令各课改撰，或另行编辑新本，作为八月始业之用。以上各书，仍须送部审查核准。所有应行修改及新编之书，应一律按照编纂可也。”[①]1913年1月15日教育部第一次布告审定教科图书，通过的修身教科书及教授书有4种，[②]分别是：

表43　教育部第一次审定通过的修身教科书及教授书（1913年）

	《初等小学新修身教科书》	《初等小学新修身教授法》	《中华初等小学修身教科书》	《高等小学新修身教科书》
册数	1～6	1～6	1～2	1～4
定价	每册6分，对折3分	每册一角，对折5分	每册6分	每册6分，对折3分
某种学校所用	初等小学校前三学年春季始业学生用书	初等小学前三学年春季始业教员用书	初等小学校第一学年春季始业学生用书	高等小学校前二学年学生用书
发行年月日	一册1912年7月5版；二册7月4版；三册9月6版；四册9月7版；五册9月5版；六册9月4版	一册1912年8月5版；二册11月4版；三至六册11月2版	一册1912年8月26版；二册1912年8月23版	1912年10月再版
编辑人	沈颐，戴克敦	秦同培	陈懋功，江涛	包公毅，沈颐
发行人	商务印书馆	商务印书馆	中华书局	商务印书馆

① 李桂林，戚名琇，钱曼群．中国近代教育史资料汇编·普通教育[M]．上海：上海教育出版社，2007：459．

② 李桂林，戚名琇，钱曼群．中国近代教育史资料汇编·普通教育[M]．上海：上海教育出版社，2007：680～684．

1914年1月教育部公布《修正审定教科用图书规程》,强调"审定图书,系认为合于部定学科程度及教则之旨趣堪供教科之用者"。① 较之南京临时政府公布的规程而言,审查程序大致相同,但有两点明显的修改:②一是,删除了1912年规程中"任人自行编辑"字样;二是,删除了1912年规程中"各省组织图书审查会,就教育部审定图书内择定适宜之本,通告学校采用"的条款,修正为"已经审定之图书,凡有二(种)以上相同之种类者,得由各校长自行择用,但须先期呈报省行政长官"。③ 袁世凯政府虽未明言反对民间编写教科书,但却强化了对教科书编辑者的身份甄别,并取消了各省图书审查会,实际上是强化了对教科书的控制。1914年5月25日公布《教科书编纂纲要审查会规则》14条及《教授要目编纂会规程》14条,作为编纂教科书的依据。6月发布《教育部饬京内外各学校中小学修身及国文教科书采取经训务以孔子之言为指归文》,强调"嗣后各书坊各学校教员等编纂修身及国文教科书,采取经训务以孔子之言为旨归,即或兼及他家亦必择与孔子同源之说",④违背者须"妥慎改订呈部审查",以免"家自为教、人自为学之弊"。袁世凯还论及"教科书系达教育目的之要具,如与教育宗旨不相呼应,即不能达到目的",⑤因而教育部下设之编审处应迅速编辑中小学教科书,以合国家教育宗旨。6月10日成立教育部教科书编纂审查会,提出各教科应采之方针,其中修身科应"注重道德之实践,养成国民公共心及自治习惯。二种德目,应于每学年反复而申明之,以矫现社会之弱点。破除蹈空之病,古人言行之近于矫激或不根事实者,慎勿采择。"⑥并于教育部内设立教科书编纂处,熊崇熙、毛邦伟任正副主任,顾树森、黎锦熙等10人为编纂员,政府拨款

---

① 李桂林,戚名琇,钱曼群.中国近代教育史资料汇编·普通教育[M].上海:上海教育出版社,2007:484.

② 王建军.中国近代教科书发展研究[M].广州:广东教育出版社,1996:271.

③ 李桂林,戚名琇,钱曼群.中国近代教育史资料汇编·普通教育[M].上海:上海教育出版社,2007:485.

④ 李桂林,戚名琇,钱曼群.中国近代教育史资料汇编·普通教育[M].上海:上海教育出版社,2007:475.

⑤ 宋恩荣,章咸.中华民国教育法规选编[M].南京:江苏教育出版社,2005:24.

⑥ 李桂林,戚名琇,钱曼群.中国近代教育史资料汇编·普通教育[M].上海:上海教育出版社,2007:480.

2万元,每月经费3000元,以初等小学教科书始订定教科书编纂纲要,其时订定的有《小学校修身编纂商榷书》、《初等修身四学年目录》、《国文学校修身教科书》等。至1914年11月,教科书编纂纲要审查会共审查8种纲目,其中包括初等小学修身教科书编纂纲要和高等小学修身教科书编纂纲要。

1916年袁世凯在全国讨袁的浪潮中死去,实行国定制的企图也随之销声匿迹,此后北洋军阀政府基本延续了袁世凯时期的《修正审定教科用图书规程》的精神要旨。但由于政局不稳,教科书的审查也往往流于形式,“现在坊间所出各种教科书,虽陆续送经本部审定,然种类繁多,先后复叠。同级同科之教科书,有多至七八种者……国情世局,日有变迁。往往审定合用之书,不久即须修改。”①总体而言,民国以后出版的修身教科书中,小学阶段较多,而中学阶段较少。1912~1923年间国人编辑出版的中小学修身教科书不下几十种,具体见表44:

表44　国人出版的中小学修身教科书一览(1912~1923年)②

书名	编著(述)者	出版机构	初版时间	备注
《(订正)最新修身教科书(第2册)》	商务印书馆编译所	商务印书馆	1912年	
《中华初等小学修身教科书(1~8册)》	陈懋功、江涛	中华书局	1912年	教育部审定
《新国民修身课本(第1册)》	中国图书公司	中国图书公司	1912年	
《中华民国初等小学修身课本(第8册)》	刘永昌等	中国图书公司	1912年	
《共和国教科书新修身(1~8册)》	沈颐、戴克敦	商务印书馆	1912年	教育部审定
《共和国教科书新修身(1~8册)》	沈颐、庄俞	商务印书馆	1912年	教育部审定

① 王建军.中国近代教科书发展研究[M].广州:广东教育出版社,1996:279.

② 北京图书馆,人民教育出版社图书馆.民国时期总书目(1911~1949)·中小学教材[M].北京:书目文献出版社,1995:16~24,180~181.

续表

书名	编著(述)者	出版机构	初版时间	备注
《新制中华修身教科书(1~12册)》	戴克敦、沈颐	中华书局	1912年	教育部审定
《中华民国修身教科书(1~8册)》	中华民国新教育社编辑部	中华民国新教育社	1912年	
《中华高等小学修身教科书(1~4册)》	汪涛	中华书局	1912年	
《共和国教科书新修身(1~6册)》	包公毅、沈颐	商务印书馆	1912年	教育部审定
《初等小学修身教科书(第2册)》	王式玉	共和编译社	1913年	
《第一简明修身启蒙(2编)》	汪涵	新学会社	1913年	
《(订正)新制修身教科书(第5~9册)》	董文	中华书局	1913年	教育部审定
《初等小学新修身教科书(1~8册)》	刘傅厚、庄适	中国图书公司	1913年	
《新编中华修身教科书(1~8册)》	沈颐等	中华书局	1913年	教育部审定
《单级修身教科书(甲编第1、5册)》	秦同培等	商务印书馆	1913年	
《单级修身教科书(乙编第1~3册)》	秦同培等	商务印书馆	1913年	教育部审定
《共和国教科书新修身(1~6册)》	包公毅、沈颐	商务印书馆	1913年	教育部审定
《新制中华修身教科书(1~9册)》	戴克敦等	中华书局	1913年	
《高等小学新修身教科书(第1册)》	藏励和、杨晟	中国图书公司	1913年	

续表

书名	编著(述)者	出版机构	初版时间	备注
《新编中华修身教科书(1~6册)》	戴克敦等	中华书局	1913年	教育部审定
《新编中华修身教科书(第1册)》	沈颐、葛文圭	中华书局	1913年	
《修身教科书》	秦同培	商务印书馆	1914年	教育部审定
《半日学校修身教科书(1~6册)》	秦同培	商务印书馆	1914年	教育部审定
《新制单级修身教科书(甲、乙合编各1~3册)》	沈颐等	中华书局	1914年	
《新编修身教科书(1~8册)》	沈化夔	新学会社	1914年	
《女子修身教科书(1~8册)》	沈颐、董文	中华书局	1914年	教育部审定
《中华女子修身教科书(1~3册)》	李步青	中华书局	1914年	
《实用修身教科书(1~6册)》	北京教育图书社	商务印书馆	1915年	教育部审定
《新式修身教科书(1~8册)》	婺源、方钧	中华书局	1916年	教育部审定
《新式修身教科书(1~6册)》	吴兴、方浏生	中华书局	1916年	
《新制中学修身教科书(第11册)》	戴克敦、沈颐	中华书局	1917年	教育部审定
《女子修身教科书(1~4册)》	沈颐	商务印书馆	1918年	
《新制中华修身教科书(第12册)》	戴克敦、沈颐	中华书局	1920年	
《(订正)女子修身教科书(1~8册)》	沈颐、戴克敦	商务印书馆	1919年	
《新法修身教科书(1~8册)》	刘宪、费焯	商务印书馆	1920年	教育部审定

续表

书名	编著(述)者	出版机构	初版时间	备注
《新教育教科书修身(1~8册)》	杨敬勤等	中华书局	1920年	教育部审定
《新法修身教科书(1~6册)》	丁小先等	商务印书馆	1920年	
《新教育教科书修身(1~5册)》	朱文叔等	中华书局	1921年	教育部审定
《新法修身教科书(1~6册)》	沈雷渔等	商务印书馆	1921年	
《(订正)中学修身教科书》	蔡元培	商务印书馆	1912年	
《中华中学修身教科书(1~4册)》	缪文功	中华书局	1912年	
《共和国教科书修身要义(卷上、下)》	樊炳清	商务印书馆	1913年	教育部审定
《新制修身教本(1~4册)》	李步青	中华书局	1914年	教育部审定

时人编辑出版的修身教学参考书包括:《中华初等小学修身教授书(1~8册)》(陆有恒、屠元礼编,中华书局,1912年)、《共和国教科书新修身教授法(1~8册)》(秦同培编,商务印书馆,1912年)、《新制中华修身教授书(1~12册)》(董文编,中华书局,1913年)、《新编中华修身教授书(1~8册)》(董文编,中华书局,1913年)、《新制单级修身教授书(甲、乙编)》(方钧、丁锡华编,中华书局,1914年)、《小学修身作法要领》(顾树森编,中华书局,1915年)、《实用修身教授书(1~8册)》(北京教育图书社编,商务印书馆,1915年)、《新式修身教授书(1~8册)》(钱巩等编,中华书局,1915年)、《新法修身教授案(1~8册)》(刘宪、费焯编,商务印书馆,1920年版)、《新教育教科书修身教案(1~8册)》(魏寿镛、江跃堂编,中华书局,1920年)等。

经过清末以来十余年的努力,修身教科书的编写已经渐成体系,教科书和教学参考书的编辑出版呈百花齐放、异彩纷呈之势,仅各书局和出版机构公开发行的中小学修身教科书就达40多种,其中经教育部审定通过的就有23种;公开发行的教学参考书达20余种。但不可否认,修身教科书和教学参考书的编辑出版越来越集中于商务印书馆和中华书局,两家出版机构的修身教科书也颇受追捧。

(二)《公民》:时代召唤下的文本转换

袁世凯倒台后,教育部修正和废止了袁世凯时期颁布的教育法令法规,但教科书编审方面基本沿袭了审定制,只是审定机构几经变更。1923 年 12 月,裁去教育部编审处,改设图书审查处;1924 年 10 月全国教育联合会在开封召开第十次会议,提出"改革教科书审定制度"一案;1925 年 2 月复将图书审定处改为编审处,9 月成立国立编译馆,10 月改教育部编译馆为图书审定委员会;1927 年 10 月,又改图书审查委员会为编审处,并公布了《编审处规程》。但无论审定机构如何更迭,对公民教科书的编辑、出版和审定始终未有放松。

事实上,1917 年由方浏生编辑、经王宠惠与陆费逵校阅、由中华书局出版的《公民读本》,就被视为"我国最早的公民教科书",将主旨定为"教授公民所必需之知识及道德",编纂中所注意者有四点:(1)我国国民之特性;(2)共和国公民常识;(3)世界之大势;(4)欧战之教训。[①] 该书当时颇受好评,被认定为炫彩得当,条理清晰,疏解详明,文字浅显,尤合儿童之用,因而经教育部审定作为国民学校第三四年级添设"公民须知"之素材。此前,早在 1914 年中华书局就曾将"中国公民读本编纂方法及要目"作为主题面向学者进行征文,[②]几经酝酿《公民读本》才获出版。1914 年商务印书馆遵照《国民学校令实施细则》,也出版了刘大绅编辑、陈承泽校订的"共和国教科书"《公民须知》。人们热切编辑出版公民读本和素材,与 1916 年小学校修身科中加入公民须知及中国法制大意密切相关。此后公民教材的编订更受关注。直至 1919 年全国教育联合会提出编订公民教材案,主张"凡属国民自应具有公民知识"。

1923 年,随着公民科进入中小学课程体系,教科书的编写也显得急切而紧迫,因为"学校教育,无论改革到如何地步,就是实做那'从做事里面求学问的',也不能不顾'书本的研究'。新教学法的施行,并不是要完全废弃书

---

① 作者不详. 教育部审定中华书局出版《公民读本》[N]. 申报,1917-02-06(3).

② 作者不详. 公民信条[N]. 申报,1914-11-03(3).

本,是要精选书本,改良书本,活用书本,使书本能实现它真切的功用。"①程湘帆认为公民教育"最要教材"的功用在于"厥为养成有大团体观念,以团体之一分子自居之明达公民;并明乎各个人或份子之幸福乃由造就公共福利中得之"②。时人对公民教育应该包括哪些项目、如何编订与选择公民教科书存在诸多争议,如张粒民就曾直言,"或曰:'现代小学之公民教材,类多采用书本,则选择条例之一问题之讨论,自可属诸编辑公民教材者。'斯语也,骤闻之,或尚以为可;细致之,则有大谬不然之误点在。盖小学教师,自身虽不编辑教科用书,然其采用之权,当属诸已。不有选择条例之观念存在,何能控制一切乎?"③张粒民还列举了38个选择公民教材的标准,包括"对于造成现代文化之种种原子有彻底的明了"、"有团体之忠心"、"有群众之良心"、"有'德谟克拉西'之理想、态度、志愿、嗜好、趋向、习惯、愿望及目的"等。总之,在中小学课程形态发生巨大变化的形势下,公民教科书的编写形成热潮,公开出版和发行的公民教科书主要包括:

〔小学〕《新法公民故事读本(1~2册)》(沈圻编,商务印书馆,1922年)、《新小学教科书公民课本(1~8册)》(董文编,中华书局,1923年,教育部审定)、《新法公民故事教本(1~2册)》(沈圻编,商务印书馆,1923年)、《新小学教科书公民课本(1~4册)》(朱文叔编,中华书局,1923年,教育部审定)、《新法公民教科书(1~2册)》(杨贤江编,商务印书馆,1923年,教育部审定)、《新学制公民教科书》(李泽彰编,商务印书馆,1924年)、《新撰公民教科书(第1、2册)》(万良浚、魏屏三编,商务印书馆,1924年,教育部审定)、《新撰公民教科书(1~4册)》(万良浚编,商务印书馆,1924年,教育部审定)、《新学制小学教科书高级公民课本(第1、2册)》(潘文安、戴渭青编,世界书局,1925年,教育部审定),等等。

〔初中〕《新著公民须知(第2、3册)》(顾树森、潘文安编,商务印书馆,1923年)、《新学制公民教科书(第1、2册)》(周鲠生编,商务印书馆,1923年,教育部审定)、《新中学教科书初级公民课本(1~3册)》(舒新城编,中华

① 新学制实施讨论会.新学制小学实施教学法[M].上海:商务印书馆,1923:38.

② 程湘帆.小学课程概论[M].上海:商务印书馆,1923:74.

③ 张粒民.小学校之公民教育[J].教育杂志,1924,16(4):4~5.

书局，1923～1925年）、《新中学公民课本（1～3册）》（舒新城编，1923年）、《公民学（第1册）》（童斐编，新群书社，1923年）、《新撰初级中学教科书公民（1～3册）》（陶汇曾等编，商务印书馆，1925年）、《现代初中教科书公民（第3册）》（李泽彰编，商务印书馆，1925年）、《初中公民（1～3册）》（卢达编，金兆梓校，中华书局，1926年），等等。

时人还出版了一系列公民教学参考书，如《新小学教科书公民课本教授书（1～8册）》（中华书局，1923年）、《新中华公民课本教授书（1～8册）》（新国民图书社，1928年）、《新小学教科书公民课本教授书（1～4册）》（中华书局，1923年）、《新学制公民教授书（1～4册）》（商务印书馆，1924年）、《高级公民课本教学法》（世界书局，1925年）等。

尽管如此，公民教科书的编辑仍不尽如人意。1924年，南京四师附小的杨逸群描述道，"去秋和今春到我们四师附小来参观的先生们，都以公民教学相询问。有的说商务书馆和中华书局的公民教科书没有完全出版，教学公民没有书本，很是困难。有的说商务书馆和中华书局的公民教科书已出版的几册，教材微嫌呆板，且不合各地的情形，拿他来教学儿童，仍不能养成儿童完全的公民知识。"①时人甚至对公民科是否需要教材这一前提颇有质疑。1926年，江苏省教育会公民教育委员会印发公民教育调查表至省内32校，藉以调查各学校实施公民教育状况，以便研究改进事宜。胡叔异担任整理统计工作而发感想：

今统计此次公教调查表之结果，全体三十二校均已立公民为必修科，其中二十七校之公民为独立科，其中五校之公民科与他科混合教授。观此，公民科之为教育界之所重视，自可无疑。长此以往，将来公民教育之效力不难实现。此诚教育上之好消息也。惟统计调查表中之公民用书一项，有二十六校采用坊间出版之公民教科书，有十二校除用教科书外，复采用补充读本，公民科自编教材者仅有二校。

是则，有二问题在焉。其一，公民科应否采用教科书；其二，公民教材是否有时间及空间上之价值。前者，我以为公民教育仅可用相当之补充读本，而不可采用固定之教科书。此理甚明。公民教育当知行并重，固定一种教

---

① 杨逸群. 新制小学公民课程的实际讨论［J］. 中华教育界，1924，14（5）：11.

科书教公民,恐仍为文字教育而非公民教育,死的灌输公民知识而非活的实行公民训练。故随时编印相当公民教材,使之吸收公民知识;利用机会实行公民训练,此种教学最为妥善。对于后者,我以为公民教育既当知行并重,则其教材必有时间及空间上之价值,甲地与乙地之情形不同,甲国与乙国之国情相异,当然理想之国民不能形成一律,故公民教育决不可固定一种教科书,而不变化。当适世界大势及地方国性而日新月异。今各学校采用公民教育,大都采用固定的某种教科书,能随时地而自编教材者仅少数二校,是则尚有商榷者也。①

胡叔异持"不可采用固定之教科书"的观点并非主流,一些教育团体和个人对公民教材的编纂出版和调查研究投入极大的热情。1924 年 7 月中华教育改进社年会由程湘帆主持公民教育组第一次会议,专门讨论初中公民学教材案;②1925 年 6 月上海小学教育研究会决议对各校实施方法予以调查,调查事项包括公民科课内教材和课外设施。③ 1927 年以后,公民科教科书的编写便消沉了。

二、政治文本的走向与变革

公民教育的消沉与党化教育的兴起相伴而生,公民教育转向党化教育,教科书文本亦呈现强烈的党化色彩。

(一)《三民主义》与《党义》:党化文本的显性呈现

1926 年 8 月,湖南教育厅厅长周鳌山提出省政府正式成立,庶政亟须革新,而教育为百年树人大计,关系尤为重要,更应积极整理以期改进。周鳌山拟定施行教育之具体方针交由省务会议决定,并聘请周谷城、谢清河、何伦方等 8 人成立编译委员会,负责编订教科书,审定课程标准,强调新政府的教育宗旨是"本革命的精神,发展科学,整理国故,以期贯彻三民主义"。针

① 胡叔异. 整理江苏各校公教调查表之后(上)[N]. 申报,1926-03-06(7).

② 作者不详. 中华教育改进社年会纪[N]. 申报,1924-07-06(10).

③ 作者不详. 小学教育研究会昨日开会纪[N]. 申报,1925-06-08(9).

对教育机关发布三项训令——悬挂党国旗、席行纪念周、改订公民学课程，其中公民学以建国大纲、三民主义为中心教材。1927年后，三民主义和党义教科书的编写形成热潮。3月，厦门成立党化教育研究会，要求各校一律废弃五色旗，改悬晴天白日满地红之国旗及青天白日之党旗，学校礼堂悬挂总理遗像遗嘱，加课三民主义教科书。4月，松江县教育局第一次会议提出“小学教科事宜案”，公决公民改授三民主义教科书及建国大纲，后期小学添授建国方略。5月，江苏省立第四师范附属小学暂以三民主义教科书为本，并组织党义科课程编订委员会，编订党义科课程大纲及完全小学适用之党义教科书。6月，申报刊登《出版界消息》，提及三民主义和党义教科书的编辑出版情况：

上海世界书局，提倡党化教育，已有年余，去年暑期中所出之《三民主义教科书》，风行于湘粤各省，兹又拟定党化书籍百余种，刊印行世，现已出三十余种，文体专重白话，非常浅显，务使一般民众阅之，即能彻底了解，运用于革命工作，当更形亲切，闻该局现为宣传起见，特将各种党化书，发售特价，以期普及云。①

1926年，朱翊新编的《三民主义读本(1～3册)》由世界书局出版。1927年2月，由朱子辰编纂、经大学院审定、供初级小学用的《新时代三民主义教科书(1～8册)》得以出版。潘梓年撰文《我对于现出的三民主义教科书的一点意见》评议这两种教科书“尽力在中山学说本文上着笔，颇想应有尽有地将这学说介绍给小学生。本学说所由产生的社会背景不提只字，反去从中山学说的来源上去说了许多别的学说。这不但不能显出中山学说的真义，恐怕还更要使小学生坠入五里雾中去。”②

在人们对三民主义和党义教科书热议之际，国民政府亦对教科书编审政策有所调整，始终以“三民主义教育宗旨”为基准，采取严格的审定制和国定制。1927年8月，国民政府教育行政委员会敦促审查和编著教科用图书，“使与党义及教育宗旨适合”，并通过了《组织教科书审查会章程》，成立由15人组成的教科书审查会。12月，大学院公布的《教科图书审查条例》规定

① 作者不详. 出版界消息[N]. 申报，1927－06－11(19).

② 潘梓年. 我对于现出的三民主义教科书的一点意见[J]. 北新周刊，1927(32)：2～3.

小学及中等学校所采用的教科图书,未经中华民国大学院审定者不得发行或采用;审查图书须以不背国民党的主义、党纲及精神,并适于教育目的、学科程度及教科体裁者方为合格;凡未经审定或根据前列条款已失审定效力的图书,书面上不得载有大学院裁定字样。[①] 1928 年 11 月,大学院被调整为教育部,教科书的编审归由编审处掌管。1929 年 1 月,国民政府教育部颁布《教科图书审查规程》,并附《审查教科图书共同标准》,规定了关于教材之精神、教材之实质、教材之组织、文字、形式等的具体要求,其中"关于教材之精神者"置于首位,要求"一、适合党义;二、适合国情;三、适合时代性",教科书审查制度不可谓不严格。以上海为例,12 月 13 日上海特别市党部训练部因考虑到"各校党义教本为灌输党义教育最重要之资料,选择不可不慎",然而各校党义教科书"取材标准及材料分配殊不一律,且内容亦间有差误之处",具体为"第十六课入党手续已变更;初中党义课本第一册第三课党部组织有错误;新时(代)综合编制三民主义教本上册第一课总理年谱有错误;三民主义教科书第一册第六课意义有出入"。[②]

1930 年 6 月,国民党第三届中央执委会第九十六次常务会议通过了《中央训练部审查党义教科用书暂行办法》,中小学校党义教科用书被列入审查范围,要求"各级学校党义教科用书,由国民政府教育部初审后,函送本部终审",审查手续更严格,审查要求更具体:

甲、党义方面合格,其他各项均合用者,准予发行;

乙、党义方面"应修正"之处不多,其他各项略有错误者,应将"应修正"及错误之处逐项说明指示,令其遵照修改后,准予发行;

丙、党义方面"应修正"之处较多,其他各项之错误亦多者,应将所有错误之处逐项说明指示,令其修正呈阅。俟核准后,始准发行;

丁、党义方面"不及格",其他各项不论有无错误,皆认为不及格,不准发行。[③]

1930 年 8 月 25 日,教育部令各省教育厅、南京、汉口、天津、青岛市教育

① 刘哲民. 近现代出版新闻法规汇编[M]. 上海:学林出版社,1992:357 ~ 358.

② 作者不详. 发表审查党义教本结果[N]. 申报,1929 - 12 - 13(10).

③ 刘哲民. 近现代出版新闻法规汇编[M]. 上海:学林出版社,1992:365 ~ 367.

局《纠正上海市教育局采用未经审定之教科用书,并规定各省市采用已审定与未审定教科书之办法》中说明,“凡经前大学院及本部审定或准予发行之教科用书,已刊登本部各期公报者,准由各省、市教育行政机关抄单自由采用。其未经审定之教科用书,遇必要采择为教本时,应即先行呈经本部核准后,方许采用。”[①]1931 年,中央训练部公布党义教科书审查结果:

①世界书局五种前项,小学三民主义课本,令修正呈核后,准予发行;高中党义三册令修正后再行呈送审核;小学初级新课程党义课本八册令大加修改后再呈核;小学高级用三民主义课本四册,令修改呈核后准予发行;初中党义教科书六册,令暂停发行,俟改编后呈部再核。

①中华书局四种、新中华教科书三民主义四册令停止发行,党义小业书十册、中山略传第四种,遵照修正后准予发行;民族主义第六种,应重行修改后再呈审查;初级教育辅导业书第二类三民主义教育的方法十册遵照审查意见修改,并更各种党义教课参考材料,初中用新中华建国方略二册应大修改后呈核,在修改期不准发售并令全国学校不准采用。

①商务书馆九种、新时代党义教科书五权宪法一册,令停止发行并令各校不准采用……[②]

尽管三民主义和党义科存在的时间较短,但由于其强烈的意识形态性而获国民政府的高度重视,审查之严格程度远超乎前期。在国民政府的严密监管和审查下,编辑、出版教科书的活动亦照章进行。这一时期编辑发行的三民主义和党义教科书包括:

表 45　国人出版的中小学三民主义、党义教科书一览(1923 ~ 1932 年)[③]

书名	编著(述)者	出版机构	初版时间	备注
《三民主义读本(1 ~ 3 册)》	朱翊新	世界书局	1926 年	
《中山主义新国民读本(1 ~ 4 册)》	戴季虞	共和书局	1926 年	大学院审订

① 刘哲民. 近现代出版新闻法规汇编[M]. 上海:学林出版社,1992:368.

② 作者不详. 党义教科书审查结果[N]. 申报,1931 - 10 - 30(10).

③ 北京图书馆,人民教育出版社图书馆. 民国时期总书目(1911 ~ 1949)· 中小学教材[M]. 北京:书目文献出版社,1995:9 ~ 11.

续表

书名	编著(述)者	出版机构	初版时间	备注
《前期小学三民主义教科书(1~4册)》	戴季虞	共和书局	1927年	
《新时代三民主义教科书(1~8册)》	朱子辰	商务印书馆	1927年	大学院审订
《新中华三民主义(1~4册)》	陆绍昌	新国民图书社	1927年	
《新时代三民主义教科书(1~4册)》	李扬	商务印书馆	1927年	大学院审订
《三民主义课本(1~4册)》	魏冰心	世界书局	1928年	
《新中华三民主义课本(1~4册)》	陆绍昌	新国民图书社	1929年	大学院审定
《三民主义课本(1~8册)》	魏冰心、朱翊新	世界书局	1930年	大学院审订
《新中华党义课本(1~8册)》	吕伯攸、郑昶	新国民图书社	1928年	
《新时代党义教科书(1~8册)》	赵景源	商务印书馆	1929年	
《新时代综合编制三民主义教本(下册)》	邹卓立	商务印书馆	1927年	大学院审定
《新中华三民主义(语体)(1~4册)》	郑昶	新国民图书社	1928年	
《三民主义(初级中学用书(第2册)》	郑昶编	新国民图书社	1929年	
《新中华建国方略(语体)(1~2册)》	郑昶	新国民图书社	1930年	
《初中党义教本》	陶百川	大东书局	1930年	教育部审定
《初中党义指导书》	魏冰心	世界书局	1930年	
《党义教授准备书》	徐竹虚	大东书局	1932年	

与教科书配套的教学参考书有：《新中华三民主义课本教授书》（杨复耀等编，张相等校订，新国民图书社，1928 年）、《新时代三民主义教授书》（沈志坚编，商务印书馆，1928）、《新中华党义课本教授书（1～8 册）》（郑昶、吕伯攸编，新国民图书社，1929）、《新时代党义教授书（1～8 册）》（赵景源编，庄适校订，商务印书馆，1930）等。

（二）《公民》与《公民训练》：政治文本的不辍推进

1932 年，教育部中小学课程标准委员会议决党义改为公民。8 月 28 日上海市党政部以正值各校开学之时，公民教本尚未编印，呈请中央暂维原状，称“改党义为公民，其是非厉害，姑不具论，惟在此公民课程标准尚未核定，公民教本尚无编印之时，似应维持原状，更应依照旧草条办理。”①10 月 8 日教育部小学课程标准修订委员会讨论了小学课程公民训练标准。此后，小学公民训练科、中学公民科替代党义科。1933 年 2 月湖南教育厅就曾呈询教育部，以奉发高初中各科教学及自习时数表，公民系由党义改设，那么各校党义应否一律改为公民？因教育部尚在酌议核复中，起草课程的委员回复称，“中等学校高初中，公民既由党义改设，各中学之党义，自应一律改为公民。”②

科目名称变更后，国民党对教科书的编审不仅没有放松，反而愈加强化。1931 年九一八事变后，国民党四全大会提出，“中小学之教科书，应完全由教育部编印，中小学校应采用此项教科书，同时对于坊间所售之教本，中小学教育自编之讲义，一律禁止或取缔。”③中小学教科书，一面进行部编，一面于部编教科书尚未印行之前沿用审查办法，以杜绝不良教科书之发行。四全大会还特别强调，“中小学应施以特殊的课外训练，使学生更深切感受帝国之压迫，我国之危急”，因而中小学公民教学及课外活动为讲演会、朝会、升降旗礼时，应由校长或教员做时事讲演，同时说明中央意旨，以免青年盲目走入不正当途径，一面藉此精神训练，以激发智勇。1935 年 11 月五全

① 作者不详. 市党部电请中央暂缓改党义科为公民科［N］. 申报，1932－08－28(14).

② 作者不详. 新课程公布后党义改公民［N］. 申报，1933－02－15(15).

③ 中国第二历史档案馆. 中华民国史档案资料汇编第五辑第二编·教育（一）［M］. 南京：江苏古籍出版社，1997：287.

大会为宏教育而培民力,试图施行教科书之统一与改良,称“教科书之审查,久已施行,部编教科书之计划,亦正积极进行,期于短期内完成”,[①]随后教育部编辑出版了相当数量的教科书。这是中国有自编教科书以来国家机构组织编写的较为系统的一批教科书。此外,国民政府还成立专门机构,负责教科书的编订和审查工作。1932 年 2 月,教育部为发展文化、促进学术,并审查中等以下学校用图书、标本、仪器及其他教育学术用品起见,拟设编译馆。6 月,教育部编审处裁撤,设立国立编译馆,编译馆隶属教育部,掌管教科图书及文化、学术书籍的编译事务。

全面抗战爆发后,国民党的教材编审呈现更明显的抗日特征。1938 年 3 月,中国国民党临时全国代表大会通过了《战时各级教育实施方案纲要》提出,针对各级学校的各科教材须加以彻底整理,使其成为一贯的体系,以便应抗战与建国的需要,“尤其尽先编辑中小学公民、国文、史、地等教科书及各地乡土教材,以坚定爱国爱乡之观念。”[②]随后,教育部又订定了《各级教育实施方案》,强调“小学教科书及中学、师范用之公民、国文、历史、地理教科书应由国家编辑,颁发应用。”[③]1939 年 10 月教育部为国民党六中全会撰写的教育报告书中称,尽管中等学校采用的教科书均经教育部审定,但多数教科书系抗战前编辑,关于抗战建国纲领、国民精神总动员等方面较为缺乏,“教育部为补救此项缺点起见,特编辑战时补充教材,用以激励抗敌情绪,发扬民族精神。是项教材,计有国文、公民、历史、地理四种,业已次第出版。”[④]国民政府为应抗战建国之需,还专门搜集抗战期间前线英勇将士、后方忠义群众之可歌可泣的故事,及抗战建国纲领、国民精神总动员等,编为战时教材,交正中书局印行,其中国语、常识、社会科三种次第出版。抗战期间,在交通阻梗、运输异常困难的的情况下,国民党政府依旧未放弃对中小学教科

---

① 中国第二历史档案馆. 中华民国史档案资料汇编第五辑第二编·教育(一)[M]. 南京:江苏古籍出版社,1997:289.

② 宋恩荣,章威主编,中央教育科学研究所教育史研究室. 中华民国教育法规选编(1912~1949)[M]. 南京:江苏教育出版社,1990:14.

③ 中国第二历史档案馆. 中华民国史档案资料汇编第五辑第二编·教育(一)[M]. 南京:江苏古籍出版社,1997:28.

④ 中国第二历史档案馆. 中华民国史档案资料汇编第五辑第二编·教育(一)[M]. 南京:江苏古籍出版社,1997:253.

书的控制,将部编小学各科教科书稿本,赶速缮写油印后,于 1939 年度学期开始前,陆续颁发各省教育厅,令仿照翻印并分发所属小学应用。

1941 年,国民政府修正公布《国立编译馆组织条例》,明确规定国立编译馆得编译各级学校教科及参考需用图书,并且乘教育部之名,得审查中等以下学校应用之教科图书、参考书籍及课外读物等。1945 年 8 月抗战胜利后,国民政府颁布《战区各省市教育复原紧急办理事项》,规定"各级学校教科书,应与各大书店印刷所接洽印行国定本,并可采用战前审定本。"①12 月,教育部以收复区学校缺乏适当教材为由,特派训育委员会委员、国立编译馆教科用书组主任陆殿扬到京沪一带,督导推行国定教科书,以发扬民族意识及革命精神。1946 年 1 月,东九省次第收复,要求教科书坚决采用国定本。1 月 22 日教育部训令,各省市的中小学教科书均采用国定本,由该处所属七家书局(正中、商务、中华、世界、开明、大东、文通等)负责供应,"国定本尚未出版之各科各册,得暂准选用各书局遵照现行课程标准,并经本部审定或核准发行之版本。"②为推行国策,国民党政府还公布了"减免营业税"办法,规定国定本、审定本之中小学校教科书,一律免税。

国民党政府尤为重视公民训练科和公民科,作为推行思想改造的重要工具。1945 年日本投降后,蒋介石继续在学校进行"四维八德"教育,每天早晨上课前升旗唱国歌,背诵总理遗嘱,下午放学前降旗唱国歌,训育主任或校长训话;每周星期一第一节课为纪念总理周,宣讲三民主义;并利用各种纪念日,进行反共、忠于国民党反动统治的教育。③ 就教科书编审制度而言,这一时期国定制与审定制并行,以国定制为主。当然,伪国民政府也编辑出版了一定的教科书,但不作为本文讨论的范畴。1933 ~ 1949 年间国民党政府出版发行的公民科和公民训练科的教科书主要包括:

① 王昌善. 我国近代中小学教科书编审制度研究[D]. 湖南师范大学,2011:98.

② 作者不详. 敌伪教科书教部严厉取缔[N]. 申报,1946 - 01 - 22(5).

③ 石家庄市新华区教育局. 石家庄市新华区教育志[M]. 石家庄:河北人民出版社,2001:70.

表46 国人出版的中学公民科、小学公民训练科教科书一览(1933~1949年)①

书 名	编著(述)者	出版机构	初版时间	备注
《复兴公民训练教本(1~4册)》	盛子鹤等	商务印书馆	1933年	
《模范公民(1~8册)》	陆伯羽	世界书局	1933年	
《中国公民(1~8册)》	张耿西等	商务印书馆	1934年	
《公民教科书(1~8册)》	光启社	土山湾印书馆	1934年	
《新公民(1~8册)》	钱选青、潘江	中华书局	1934年	
《公民读本(第1册)》	江苏省教育厅	北新书局	1936年	
《复兴公民训练教本(1~4册)》	盛子鹤等	商务印书馆	1933年	
《高校公民训练教本(1~4册)》	胡赞平	北新书局	1933年	
《复兴公民教科书(1~4册)》	赵景源、魏志澄	商务印书馆	1933年	
《小学公民课本(1~4册)》	赵侣青等	中华书局	1933年	教育部审定
《复兴高小公民课本(1~4册)》	束樵如等	商务印书馆	1937年	
《复兴公民教科书(1~4册)》	吕金录等	商务印书馆	1937年	
《高级小学公民课本(1、2、4册)》	王鸿俊等	国立中小学教科书七家联合供应处	1945年	教育部征选、审定
《高级小学公民(1~4册)》	俞焕斗、张超	建国书店、中联印刷公司、北新书局、广益书局、新亚书局	1946年	教育部审定

① 北京图书馆,人民教育出版社图书馆.民国时期总书目(1911~1949)·中小学教材[M].北京:书目文献出版社,1995:9~11.

续表

书　名	编著(述)者	出版机构	初版时间	备注
《高级小学公民(修订本)(1～4册)》	俞焕斗、张超	上海中小学教科书七家联合供应处	1946年	
《公民课本》	离石完全小学校	编者刊	1946年	
《高级小学公民课本(第1、3册)》	俞焕斗、张超	商务印书馆	1948年	教育部审定
《现代公民课本(1～4册)》		上海书局	1948年	
《公民(上、下)》	上海县立第一小学	编者刊		
《新生活初中教科书公民(1～6册)》	王新命等	大东书局	1933年	
《新修正标准初中公民(1～6册)》	陶广川等	大东书局	1936年	教育部核定
《复兴初级中学公民课本(1～5册)》	张伯謇、周新民	商务印书馆	1933年	
《复兴初级中学公民课本(1～5册)》	张伯謇等	商务印书馆	1934年	
《徐氏初中公民(1～3册)》	徐逸樵	世界书局	1933年	
《初级中学教科书公民(1～4册)》	刘悉观等	正中书局	1934年	
《初级中学公民(1～4册)》	钱安毅等	正中书局	1935年	教育部审定
《建国教科书初级中学公民(1～3册)》	汪懋祖等	正中书局	1936年	
《王氏初中公民(第1册)》	王璧如	世界书局	1935年	
《初中新公民(1～3册)》	董文	世界书局	1936年	

续表

书　名	编著(述)者	出版机构	初版时间	备注
《复兴初级中学教科书公民(1～5册)》	李之鹏	商务印书馆	1936年	
《新编初中公民(1～3册)》	卢达、潘子端	中华书局	1937年	
《抗战三年中等学校补充教材(公民科之二)》	福建省政府教育厅	编者刊	1940年	
《初中公民讲义(第1册)》	章详伯等	国民出版社	1942年	
《初级中学公民(1～3册)》	王鸿俊等	国定中小学教科书七家联合供应处	1945年	教育部审定
《初级中学公民(1～3册)(修正本)》	夏贯中	国定中小学教科书七家联合供应处	1946年	教育部审定
《(最新修订本)初级中学公民(1～3册)》	夏贯中	大中国图书局等	1948年	教育部审定
《公民(1～3册)》	李之鹏	商务印书馆	1948年	
《徐氏高中公民(1～3册)》	徐逸樵	世界书局	1933年	
《复兴高级中学公民课本(1～4册)》	李震东等	商务印书馆	1934年	
《复兴高级中学教科书公民(1～6册)》	李震东等	商务印书馆	1934年	
《文化高中教本公民(1～3册)》	王肇兴	文化学社	1934年	
《高中公民(1～3册)》	杜维涛、章柳泉	中华书局	1935年	
《高级中学公民(第2～5册)》	孙本文等	正中书局	1935年	
《高级中学公民(第一册)(社会问题)》	孙本文	正中书局	1935年	教育部审定
《建国教科书高级中学公民(1～4册)》	叶楚伧、陈立夫	正中书局	1936年	教育部审定

续表

书 名	编著(述)者	出版机构	初版时间	备注
《高中公民(1~4册)》	钱谷孙	中华书局	1936年	
《高中公民(第3册)(法律大意)》	汪海帆	中华书局	1936年	
《高中新公民(1~3册)》	李汶、徐逸樵	世界书局	1936年	
《高中公民(社会问题政治概要)》	杨东莼、熊得三	北新书局	1937年	
《高中公民(法律大意(1~2册))》	杨东莼、宁柏清	北新书局	1938年	
《复兴高级中学公民课本(第1册)》	韦悫等	商务印书馆	1937年	教育部审定
《新编高中公民(第2册)》	周阆琛	中华书局	1937年	

与教科书配套的教学参考书有:《小学公民训练指导书(1~8册)》(赵侣青、钱选青编,中华书局,1933年)、《初级小学模范公民实施法(1~3册)》(陆伯羽编,世界书局,1933年)、《新生活公民训练法(1~8册)》(马客谈编,大东书局,1934年)、《初小公民训练指导书(1~8册)》(赵侣青、钱选青、朱彦俯编,中华书局,1937年)、《复兴公民教学法(1~4册)》(赵复、胡钟瑞编,商务印书馆,1935年)、《新生活公民训练法(1~4册)》(马客谈主编,大东书局,1934年)、《小学公民训练指导书(1~3册)》(钱选青、潘江编,中华书局,1934年)、《小学公民课本教学法(1~4册)》(赵侣青等编,中华书局,1934年)、《复兴公民教学法(1~4册)》(吕一舟编,商务印书馆,1937年)、《新编高小公民课本教学法(1~4册)》(张匡编,中华书局,1937年)、《高级小学公民教学指引(一)》(教育部教科书编辑委员会编,国定中小学教科书七家联合供应处,1943年)、《高级小学公民教学指引(第2册)》(国立编译馆编,中华书局,1948年)、《公民》(高丙升编,商务印书馆,1936年)、《高小公民复习》(潘仁编,正中书局,1945年)、《复兴初级中学教科书公民教员准备书(第1、2册)》(蒋建白编,商务印书馆,1935年)、《建国初中公民教学参考书(第1册)》(朱元懋编,正中书局,1937年)、《国定本初级中

学公民辅导书(第1册)》(夏贯中编,大中国图书局,1946年),等等。

第二节　教科书内容之分析

自我国有自编教科书以来,人们对教科书愈加重视。1916年杨祥麟论及“教科书为教育之命脉,儿童之实典。”[①]1918年,郑宗海将教科书定位于“最重要的教具”、“运行学习材料的汇集所”、“设施课程一个实际的努力”、“指导学习的工具”、“辅助教师的良友”。[②] 孙钰认为,“教育的理论之最大效用,不外解决‘怎样教’与‘教什么’两个问题。前者是教法问题,后者是教材问题。”[③] 1937年沈子善更进一步指出,“教科书的功用,在领导儿童使其参考旁证,而应用于生活上实际的问题。同时更须领导儿童使能重组教科书中之教材(Reorganization of Author's Material)以求适合当时当地个人的需要。”[④]

随着对教科书的重视,人们编辑和使用教科书的热情也不断提高。就类别而言,“现在的教科书的来源,不外三种:(一)商编:由商人以营业性聘请有经验的人,从事编辑教科书;(二)部编:为最近教育部所作的;(三)学校自编:如为各校教员所编的讲义。”[⑤]虽然教科书编审机构历经变化,但这里描述的教科书的类别格局自清末以来未见大的调整,即商编、官编和学校(个人)自编三种并存。其中,由各书局、出版社编写并出版的教科书,部分经官方审定后推广使用,具有与官编同等的效力。教科书种类、版次繁多,本文拟按照时段,重点选取官编教科书、民间编辑经官方审定的教科书两类加以分析。

---

① 杨祥麟.今之教科书问题[N].教育杂志,1916,8(12):41.

② 郑宗海.教科书在教育上的地位[N].河北教育公报,1918(29~30):1~3.

③ 孙钰.小学教材研究[M].北京:文化学社,1932:38.

④ 沈子善.小学教科书的功用与革新[C]//吴研因.小学教科书评论.上海:正中书局,1938:17.

⑤ 董任坚.小学教科书的研究[N].河北教育公报,1918(29~30):15.

一、《修身》：德目趋变

就内容而言，清末与民国《修身》教科书存在较大差异，前者主要以传统德目为主，后者则渐向现代德目转变。

（一）清末《修身》

1. 内容选择方面，以传统德目为主。

以1905年商务印书馆编译所编纂的《最新修身教科书（1～10册）》为例，各册均不分章节，仅按课目排序编写。各册的课目分别是：

表47　《最新修身教科书》课目摘举①（商务印书馆编译所，1905年）

册别②	课　目
第3册	家庭、祖先、友爱、友爱二、敬身、修省、谨慎、严整、坚定、专心、节欲、尚武、戒迷信、行恕、诚实、笃厚、谦让、宽容、戒虐生物、惜物
第4册	节俭、储蓄、廉洁、坚忍、自奋、知耻、节操、贞孝、信义、勇敢、礼让、威仪、循序、宗族、乡党、公德、兴益、慈善、合群、爱国
第5册	立志、刚毅、习群、戒矜、敬慎、制欲、慎言、戒轻薄、信实、忠实、修省、不辱己、不陵人、公平、博爱、公益、报德、敬师、孝行、守法
第6册	敬祖、贞操、择交、笃厚、宽恕、忠义、礼让、廉耻、刚直、摄生、戒浮华、力行、慎密、敬事、自信、戒迷信、自重、果敢、辨义利、治产
第7册	孝行、兄弟、夫妇、整洁、自立、坚忍、守礼、服善、行恕、信义、报德、博爱、义侠、知足、廉洁、戒虚饰、责任、义勇、爱国、爱国二
第8册	家庭、妇行、宗族、朋友、乡党、交际、公平、信实、温厚、宽容、谦虚、沉着、进取、求己、克己、尚武、惠恤、守法、国民、国民二
第9册	祖先、自立、慎独、改过、勤勉、勇敢、淡泊、安分、自守、刚直、夫妇、朋友、平气、协和、勤俭、义侠　爱物、立身、立功、报国

① 黄书光.变革与创新——中国中小学德育演进的文化审视［M］.济南：山东教育出版社，2007：76～77.

② 注：部分册别未见，故仅摘举第3、4、5、6、7、8、9册。

1906年蒋智由编写的《小学修身书》由同文印刷舍编辑出版,第2、3卷经学部审定。全书分为若干章,章目呈现基本的关系范畴或德性范畴,如"家族"、"国家社会"、"品行"等;章下另立目,阐述具体德目。以卷二为例,章节目为:

表48 《小学修身书(卷二)》章节目①(蒋智由,1906年)

卷别	章目	节　目
卷二	第一章:家族	父母、兄弟、祖先、宗族姻戚
	第二章:国家社会	爱国、国民之义务、对于社会之人人、图公众之利益、尽一己之职责
	第三章:品行	诚实、反省、改过、矫癖、远大、谦虚、公平、正直、廉洁、俭约、博爱、报恩、勇气、节操、利济、推想、裁制、完美、进步

就内容来看,清末修身教科书集中表达的仍然是传统德目,如孝行、贞洁、信义、忠恕、责任、谦虚、节操、反省、改过、节俭等,并侧重从祖先、父母、兄弟、夫妻、朋友等关系之伦进行阐述。例如《小学修身书(卷二)》对宗族进行这样的阐述,"宗族者,一本之亲,如枝叶之互相扶卫;姻戚者,异姓而与我有骨肉连系之缘。是皆关于吾身而有不可相离之势也。"②有学者研究表明,《最新修身教科书》中对个人、对家庭、对社会、对国家所占的比例分别为55%、10%、25%、10%,③仍以个人修养为重。

当然,清末修身教科书中也透析出新时代的曙光。如《小学修身书(卷二)》已有对国家、对社会的德目要求,并开始论述"爱国"、"国民之义务"、"对于社会之人人"、"图公众之利益"等话题,强调"夫人既相合而成国家社会以谋生活,故所谓我者,即国家社会之一份子,未有不顾国家社会公众之利益而我独能一己之利益者也。"④在此立论的基础上,对"国民之义务"论述道"夫既为一国之民,皆可得望国家之保护,是国民应有之权利也。既有国民应得之权利,即不能无国民应尽之义务。国民所当尽于国家之义务,而举

① 蒋智由.小学修身书(卷二)[M].东京:同文印刷舍,1906:目录.

② 蒋智由.小学修身书(卷二)[M].东京:同文印刷舍,1906:9.

③ 郑航.中国近代德育课程史[M].北京:人民教育出版社,2004:60.

④ 蒋智由.小学修身书(卷二)[M].东京:同文印刷舍,1906:19.

其最大者言之,则服兵役与纳租税是也。”①

2. 题材来源方面,主要集中于中国历史上的人物遗事。

《最新修身教科书》第 6 册中所提及的主要人物有孔子、曹操、傅虾、范仲淹、萧励、张千载、刘赓、李垂、杨素、吕公著、孟子、周忱、明太祖、吴雄、吕希哲、范尧夫、钱勰、樊重世等 18 位;第 7 册提及的主要人物包括黄润玉、汝敦、魏文侯、孟子、荀淑、程颐、朱晖、杨凭、杨万里、唐岑文、晋文公、孔子、靖郭君、蒋城薛等。何琪编写的《初等女子修身教科书》更是如此,上编除了第一、八、十三、十七、二十课提纲挈领地阐述“孝行”、“友爱”、“勤俭”、“清洁”、“卫生”等德目外,其余 15 课全部是以人物故事展开论述,提及的人物包括曹娥、缇萦、木兰、杨香、张建女、赵娥、女婴、聂政、姊荣、贾逵姊、李文姬、戴良五女、敬姜、王良妻、不洁西子、东邻女等。每课内容简短,基本在 50 字以内,如第四课“木兰”就直截了当地讲道,“木兰女,代父去从军,易戎服,立奇勋,不受封侯赏,归来养老亲,出征十二载,谁识是女人?”②整体而言,清末修身教科书主要取材于中国传统时代的人物或故事,目的还是希冀将中国传统美德得以发扬,并强化封建统治。

(二)民国后《修身》的变化

1. 内容选择方面,由传统德目向现代德目转变。

沈颐、戴克敦编纂的《共和国教科书新修身》在编辑大意中提及,“自共和民国成立以来,今日之首宜注重者,尤汲汲于民德之增进。盖国者,集人民而成。人人品行正、风俗美、道德智识日益进步,则国之强盛又奚待言?”③全套书共 8 册,其中的课目分别为:

---

① 蒋智由. 小学修身书(卷二)[M]. 东京:同文印刷舍,1906:15.

② 何琪. 初等女子修身教科书(上卷)[M]. 上海:会文学社,1906:11.

③ 沈颐、戴克敦. 共和国教科书新修身(第一册)[M]. 上海:商务印书馆,1912:编辑大意.

表49 《共和国教科书新修身》课目摘举(沈颐、戴克敦,1912年)

册别①	课　目
第1册	道德、求己、自助、不畏难、循序、专一、励志、自省、韬晦、贪戒、储蓄、节用、清洁、节饮食、职业、习勤
第2册	孝道、友爱、爱敬、念书、高义、正直、不拾遗、公德、扶弱、救恤、慈善、公义、忠烈、义勇、果敢、自由、平和、爱众、人道、爱生物
第3册	起居、卫生、清洁、节饮食、惜物、惜时、好学、储蓄、爱亲、事亲、友爱、睦邻、正直、礼貌、去争、合群、爱同类、济贫
第5册	家庭、孝勇、友爱、公德、卹族、敬长、善待僮仆、信实、让功、自省、求己、惜时、惜物、整理、节俭、戒赌博、养生、运动
第6册	师弟、交友、责善、职业、戒轻薄、戒吝、戒贪、度量、宽容、义勇、公益、公众卫生、博爱、慈善、行恕、仁厚、公德、公义、刚毅(一)、刚毅(二)、武勇、报国、国民义务、人权、人格、修德、国民道德、中华国民
第7册	自重、改过、去伪、立志、御侮、恒心、坚忍、名誉、知耻、谦虚、慎言、戒吸烟、戒饮酒、去迷信、治产、职业、廉洁、报德

从列举的课目来看,一些传统德目如节用、清洁、自省、正直、谦虚、坚忍等得以承续,同时自由、博爱、人权等新内容得到弘扬。如第2册第12课论自由,"人类者,天赋以自由权者也。有身体之自由,有思想之自由,有信仰之自由"、"吾人自己之生命、财产、名誉固当贵重,而尤不可妨害他人之生命、财产、名誉。妨害他人者,即轶出于法律之外者也。"②第6册第24课论及人权:

人权者,人人所自有而非他人所能侵损者也。析而言之,有对于公众之权利,有属于个人之权。组织社会、参与政治、选举议员、举吾学识之所及皆得发布于外,以求有益于人类,此人权之对于公众者。信教自由、营业自由、生命自由、财产自由、意志所在即权利所在,非他人所得干涉,此人权之属于个人者。

具此伟大之人权但能各保其权而不相侵犯,任所欲为,无施不可也。

① 注:部分册别未见,故仅摘举第1、2、3、5、6、7册。

② 沈颐、戴克敦.共和国教科书新修身(第二册)[M].上海:商务印书馆:,1912:9~10.

格言:人有同等之权利。①

不唯《共和国教科书新修身》如此,民国后编辑出版的修身教科书都呈现出时代的新鲜气息。《新编中华修身教科书》中着意编排公益、公德、践约等课目;《共和国教科书修身要义》全书分为“论持躬处世待人之道”、“对国家之责务”、“对社会之责务”三章,其中后两章的课目分别为“国家总述”、“国民之权利”、“国民之义务”、“国民之道德”和“社会总说”、“公义”、“公德”、“礼让”等;《女子修身教科书》除据女性特质而倡导卫生、清洁、孝道、贞静、婉顺等品质外,更出现了践诺、博学、友爱等新要素。可见,民国时期的修身教科书已从清末倡导私德为主,渐转向倡导公德,属于国家和社会的德目分量加重,并且男女平等的趋势愈加明显。

2. 题材来源方面,注重古今中外的融通。

以《共和国教科书新修身》(沈颐、戴克敦编,1912)为例,第1册提及中国历史上的魏文侯、司马光、杨庭显、陈同甫、孔子、洪文科、范仲淹、路孟昭、颜之推等人,也以赞誉的口吻提及英国名将纳尔逊、美国总统林肯等国外名人,甚至对“英国人民”、“欧美各国”赞许有加:

英国名将纳尔逊,幼时即异常儿。……其在军舰中也勤于职务,耐劳而任苦,勇于操作,不求人知,后为海军大将,彼纵横世界之拿破仑,不得伸一指于英国,而反为所败碎,法国军舰如藻屑者,非此人也。②

林肯者,美国之大总统也。当时美国人买卖黑人为奴隶,贩奴者设卖奴市场于国中。贯以铁索,俨同兽类,任人择取,父母妻子顷刻离散,惨不忍睹。林肯以为大背人道主义,及为大总统时,乃下解放黑奴之令。③

欧美各国凡于公共之地见妇人必让座,虽在汽车电车中,男子必让妇人,壮年必让老幼,即此一端足见风俗之优美。又或轮舶遇险,解舢板以救乘客,例须先尽妇稚老叟,然后及于普通乘客,然后及于船中执事,然后及于船长,而船长常有与船俱殉者。故曰,恃强凌弱者,卑怯之行,为人所不齿也。④

① 沈颐、戴克敦.共和国教科书新修身(第六册)[M].上海:商务印书馆:,1912:17.
② 沈颐、戴克敦.共和国教科书新修身(第六册)[M].上海:商务印书馆,1912:11~12.
③ 沈颐、戴克敦.共和国教科书新修身(第六册)[M].上海:商务印书馆,1912:10.
④ 沈颐、戴克敦.共和国教科书新修身(第六册)[M].上海:商务印书馆,1912:5~6.

如上分别用作果敢、扶弱、人道三则课文的教科内容，颇具时代性。当然，除选题范围关涉古今中外外，具体内容的阐释也呈现传统与现代的融合，如“义勇”就选用武汉革命军之例，“吾国武汉革命军起，尝有壮士率敢死队之士数十人，手持短兵，冲入敌阵，名曰：敢死队，所向披靡。”①再如“储蓄”，除强调“养成简美之风俗”外，教科书还特意以美国童子军为例加以阐述，“扩而为公心，且足为国家之助，昔美国童子军，群立一会，日省其饼饵之费，积之既久，以造成一巨舰，即名其舰曰爱国少年，呜呼，此非世界至大之荣誉乎！”②

二、《公民》：培育“明达公民”

1923 年始公民教科书的编辑出版形成热潮，其特征主要为：

1. 内容选择方面，以培养明达的“公民”为导向。

1923 年朱文叔编辑、中华书局出版的《新小学教科书公民课本》共 4 册。第 4 册开篇即论及“何谓公民”，称“能够享受法律上规定的权利，担任法律上规定的义务的人民，叫做公民”，③并将年龄、户籍、财产、学识、经验等五项作为公民资格的条件，称“前二项资格，无论何人都必须具备的；再加其余三项之中能够有一项及格，就可称为公民，就能够享受公民的权利，就应该担任公民的义务。”④那么公民的权利和义务分别有哪些？

公民的权利约有三种：

一、参政权，如选举权、被选举权和服官权等是。

二、请求权，如请愿权、诉讼权、诉愿权等是。

三、自由权，如身体自由、营业自由、居住迁徙自由、言论著作自由、集会结社自由……等是。

公民的义务也有三种：

一、纳税的义务。

---

① 沈颐、戴克敦. 共和国教科书新修身(第二册)[M]. 上海：商务印书馆，1912：9.

② 沈颐、戴克敦. 共和国教科书新修身(第一册)[M]. 上海：商务印书馆，1912：8.

③ 朱文叔. 新小学教科书公民课本(第四册)[M]. 上海：中华书局，1923：1.

④ 朱文叔. 新小学教科书公民课本(第四册)[M]. 上海：中华书局，1923：1.

二、当兵的义务。①

三、守法的义务。

除明确阐述公民及相关概念外，全书侧重从公民的社会生活出发，培养儿童的社会共同体生活观念和适宜的社会行为，以“养成忠勇服务之明达公民”。②《新撰公民教科书》（万良浚编，1924 年）第 3 册共 16 节，全部关涉明达公民所需之政治常识，如“我国领土”、“我国之主权”、“人民之资格”、“人民之权利”、“人民之义务”、“守法”、“省议会”、“国会”、“选举权”、“选举票与选举手续”、“代议制度之精神”、“大总统”、“国务员”、“法院”、“审计院”、“好政府”等。潘文安、戴渭青编辑、世界书局 1925 年初版的《新学制小学教科书高级公民课本（第 1 册）》涵盖“家庭的组成”、“我对于家庭的责任”、“人类的互助”、“学校生活”、“我们要爱惜公有物”、“怎样援助不幸的人”、“学生演讲会”、“地方自治”等要目，突出良好公民应具备的知能、习惯和活动的精神，充分体现了“造就服务社会的公民”这一要旨。

2. 题材来源方面，源于生活环境的材料渐多，注重个人、家庭、学校、社会、国家、国际的时空扩展。

有学者统计了《新小学教科书公民课本》（朱文叔，中华书局，1923 年）中源于历史故事、生活环境和科目知识的课文数量及比例，具体如下：

表 50　《新小学教科书公民课本》内容分析之一③（朱文叔，1923 年）

册别	历史故事		生活环境		科目知识	
	数量	比例	数量	比例	数量	比例
第 1 册	5	36%	9	64%	0	0
第 2 册	9	64%	5	36%	0	0
第 3 册	4	29%	4	29%	6	42%
第 4 册	4	29%	2	14%	8	57%

由表 50 可知，4 本教科书都采纳了源于生活环境方面的材料，比例大致介于 14% ~64% 之间；随着年级的增高，源于生活环境的材料减少，科目知

① 朱文叔. 新小学教科书公民课本（第四册）[M]. 上海：中华书局，1923：3 ~4.

② 万良浚，魏屏三. 新撰公民教科书（第三册）[M]. 上海：商务印书馆，1924：扉页.

③ 郑航. 中国近代德育课程史[M]. 北京：人民教育出版社，2004：184.

识内容增多。这符合儿童身心发展的阶段特征，也与教科书的编辑要旨相吻合，即“循序渐进，由浅入深，使儿童处处能够实行”。[①] 万良浚编辑、商务印书馆出版的《新撰公民教科书》编辑要旨就言及，“教科书包括家庭生活、城省生活、国家生活、国际生活和社会生活等”，注重个人、家庭、学校、社会、国家、国际生活的时空扩展。郑航分析了《新小学教科书公民课本》的内容构成，具体为：

表 51 《新小学教科书公民课本》内容分析之二[②]（朱文叔，1923 年）

<table>
<tr><th>册别</th><th>个人生活</th><th>家庭生活</th><th>学校生活</th><th>社会生活</th><th>国家生活</th><th>国际生活</th></tr>
<tr><td rowspan="2">第 1 册</td><td>7</td><td>0</td><td>2</td><td>5</td><td>0</td><td>0</td></tr>
<tr><td colspan="3">64%</td><td colspan="3">36%</td></tr>
<tr><td rowspan="2">第 2 册</td><td>5</td><td>3</td><td>1</td><td>1</td><td>4</td><td>0</td></tr>
<tr><td colspan="3">64%</td><td colspan="3">36%</td></tr>
<tr><td rowspan="2">第 3 册</td><td>4</td><td>0</td><td>0</td><td>3</td><td>7</td><td>0</td></tr>
<tr><td colspan="3">29%</td><td colspan="3">71%</td></tr>
<tr><td rowspan="2">第 4 册</td><td>3</td><td>0</td><td>0</td><td>4</td><td>5</td><td>2</td></tr>
<tr><td colspan="3">21%</td><td colspan="3">79%</td></tr>
</table>

与修身科相比，公民科明显强调儿童了解和参与社会生活，获知基本的生活常识和公民学知识，以利于参与社会公共生活。此外，公民科教材在题材的选择方面更具开阔性，不仅关注古今中外的融通，还扩展至社会现实，模仿儿童能身边的人、事、物来教育儿童。如《新学制小学教科书高级公民课本》第 1 册第 1 课课文“家庭的组成”，内容如下：

杨生上课的第一天，便问张先生道：“怎叫家庭？”张先生道：“我先问你，你没有进学校以前，冷了穿衣，饿了吃饭，有时休息，有时游玩，这是甚么生活？”杨生道：“当然是家庭的生活，不过家庭是怎样组成的？”

张先生道：“家庭中有父母，有兄弟姊妹，或者更有祖父母、伯叔和堂兄弟姊妹……有的是我的长辈，有的是我的平辈，个人都是家庭中的一份子，

---

① 潘文安，戴渭青．新学制小学教科书高级公民课本（第一册）［M］．上海：世界书局，1925：扉页．

② 郑航．中国近代德育课程史［M］．北京：人民教育出版社，2004：183．

个人都有应尽的责任，应守的规律，所以要组成好家庭，先要有好份子。”

张先生接着又说道：“你既是家庭的一份子，便当认清家庭是我们共同生活的根据地；各个份子，都该竭尽心力，图谋家庭的发达。还须知道家庭的成立，是完全以情爱做基础的；所以一举一动，都要根本于爱；爱长辈，爱平辈，还要爱幼辈。凡是家里的人，都该通力合作，共图发展；那么最快乐的家庭，便可以实现了。”

（实践：表演家庭的共同生活，调制家庭起居时刻表，表演家庭间的亲爱情形）①

这篇课文，以“杨生”作为虚拟的儿童形象，从儿童的视角进行发问；“张先生”以合于儿童经验的措辞娓娓道来，解答了“杨生”的问题，阐释了个体在家庭中的地位及应尽的职责，给儿童以启迪。除材料明显贴近儿童生活世界外，公民教科书在国外材料的选取方面视野亦更开阔。《新小学教科书公民课本》第 1 册 14 篇课文中，林肯（“工作不忘求学”）、富兰克林（“富兰克林”）、德人约翰安斯坦（“老师的临别赠言”）、日本人滨吉（“救人却救了父亲”）、英国女皇维多利亚（“玩具和穷苦的老人”）、林肯（“仁慈的林肯”）等在 5 个篇目中分别被提及，约占全书的 36%；第 2 册提及的国外人物包括蒲丰（“时间和天才”）、英国人杜琉（“鞋匠改过”）、美国大总统习克森（“不刷靴”）、德国的铁路转辙员（“铁路转辙员和他的儿子”）、美国马黎翁将军（“只求自由”）等，占 36%。不唯如此，教科书在对人物的阐释方面也有明显的时代特色，如借美国独立战争时期马黎翁将军的语言阐释对自由的向往——“我们的作战，是有一种浓挚的爱情督促着的，爱情的力量，使我们奋不顾身，无论什么困苦都能忍受，我们所爱的是自由，我们为自由作战，虽是咬草根，嚼树皮，觉得他的滋味比肥鱼大肉还好哩！”②课文最后还赞叹道，“好啊独立军的将士！没有饷，不拿俸，饥不得食，寒不得衣，却尽力战争，说道是‘只求自由’！”③

① 潘文安，戴渭青．新学制小学教科书高级公民课本（第一册）［M］．上海：世界书局，1925：1－2．

② 朱文叔．新小学教科书公民课本（第二册）［M］．上海：中华书局，1923：20～21．

③ 朱文叔．新小学教科书公民课本（第二册）［M］．上海：中华书局，1923：20～21．

三、《三民主义》与《党义》:政党政治下的千书一面

1926 年始,三民主义教科书开始发行。戴季虞编辑、共和书局出版的《中山主义新国民读本》编辑例言写道,“我们以为要建设新中国,必先训练新国民;要训练新国民,惟有以中山主义为标准。本书目的在介绍中山主义的精神,使一般后知后觉及不知不觉的民众,受中山先生的指导,奋斗于青天白日旗之下而建设新中国。”①以此为目标,《中山主义新国民读本》根据中山先生所著三民主义、五权宪法及建国方略,并参考中山主义信徒所著出版物数十种编辑而成;这套教科书分四册,扉页都配有孙中山遗像、遗嘱及《孙先生悼歌》,第 1 册以认识中山先生及明了中国地位为目的;第 2 册以宣传三民主义、五权宪法为目的;第 3、4 册以介绍建国大纲为目的。以第 1 册为例,目录为:

表 52 《中山主义新国民读本》课目摘举(戴季虞,1926 年)

册别	条目	课目	
第 1 册	中山先生传略	1. 幼年时代的家庭生活	2. 青年时代的求学生活
		3. 初次失败的革命运动	4. 二次失败的革命运动
		5. 再接再厉的革命运动	6. 霹雳一声的武昌起义
		7. 晚年努力的国民革命	
	中山思想概观	8. 时代的背景	9. 过去的解释
		10. 现在的观察	11. 将来的计划
	中国祸乱原因	12. 军阀乱国	13. 官僚误国
		14. 政治压迫(一)	15. 政治压迫(二)
		16. 经济压迫(一)	17. 经济压迫(二)
		18. 人口压迫(一)	19. 人口压迫(二)
		20. 中国的国际地位	

查阅其他的三民主义和党义教科书,仅极少数书籍在编写上略有不

① 戴季虞. 中山主义新国民读本(第一册)[M]. 广州:共和书局,1926:编辑例言.

同。如吕伯攸、郑昶编辑的《新中华党义课本》(新国民图书社,1928)课目中可见“勇敢”、“友爱”等德目,但其内容始终绕不开孙中山。这两篇课文分别是:

孙中山小时,家里很穷。他有一个哥哥,在檀香山务农,赚了钱,便叫他到那边去读书。① (友爱)

孙中山最欢喜读书,连打仗的时候也带着书本。② (勤读)

其他教科书更是大同小异,从选材到编排都甚少殊异。不难看出,这与国民党对三民主义和党义课程厉行严格的标准规范和审查制度密切相关,终不过是“政治上的专制独裁论在文化领域的回响”③而已。

四、《公民》与《公民训练》:培养党治的“公民”

1933 年,赵侣青等编的《小学公民课本》中两个课目提及“公民”,如第 4 册 16 课“怎样做一个完善的公民”,内容为:

公民的身份既是公有的,当然有对于公众应尽的责任。这责任是什么呢?最重要的有下列的几种:

一、对于民族的责任 民族固有的精神,我们应该保持;民族已失去了的精神,我们应该恢复;要把民族的盛衰强弱,当做我们自己的盛衰强弱一样。

二、对于政府的责任 政府是国家的代表。政府的命令,我们应该服从;政府所定的法律,我们应该遵守;政府征收的租税,我们应该缴纳;但是政府办错了事,我们也应该行使政权去督促或纠正。

三、对于社会的责任 社会生活是整个的,我们既是社会的一员,倘游荡不务正业,社会就会受我们的害。所以我们应该人人有为社会服务的责任。

能够尽了这几种责任,才可算是一个完善的公民。④

在这里,“民族固有的精神”实有所指,即忠孝、仁爱、信义、和平,并在第

---

① 吕伯攸、郑昶.新中华党义课本(第三册)[M].上海:中华书局,1929:7.

② 吕伯攸、郑昶.新中华党义课本(第三册)[M].上海:中华书局,1929:8.

③ 倪伟.“民族想象”与国家统制——1929~1948 年南京政府的文艺政策及文学运动[M].上海:上海教育出版社,2003:179.

④ 赵侣青,黄铁崖.小学公民课本(第四册)[M].上海:中华书局,1933:22~23.

1 册第 6、7、8、9 四课分别加以论述,称之为"中国固有的好道德";此外,"礼义廉耻"也被大肆宣扬,以宣传"新生活运动":

举行早会时,黄校长讲演"新生活的意义和目的"。他说:"今天我讲新生活。新生活是蒋主席倡导的,蒋主席提倡新生活的意思,是要我们全国人民戒除烟、赌、迷信、污秽、浪漫、萎靡、贪鄙等不良习惯,实行整齐、清洁、简单、朴素、迅速、确实的新生活。简单的说,就是要全国国民的生活合理化。新生活的目的,是要把我们民族的固有德性——礼义廉耻——做基础,去改造国民的习惯,振作国民的精神。换句话说,就是要把礼义廉耻表现于日常生活的食、衣、住、行当中。

譬如我们的态度恭敬,容貌端庄,做事谨慎,心平气和,孝敬父母,尊敬师长,说话有规矩,行动守纪律,这就是合乎礼的表现。

我们不争夺权力,宁可薄待自己,厚待别人,对于公众的事情,热心去做,主张公道,扶持正义,奖励善良,制裁作恶,这就是义的表现。

我们能够辨别是非,分别善恶,不取不应该取的东西归自己,不把不应该给别人的东西给别人,不夺取,不倚赖,能够节约,能够俭朴,这样我们的生活就合乎廉。

我们要尊重自己,力求进步,国家有难不愿苟且偷生,愿拼命抵御外侮,能够这样,才算是明白了耻。"①

"礼义廉耻"、"忠孝仁爱信义和平"作为核心德目列入中小学教科书,由此可见国民党的价值导向——培养党治下的"公民"。当然,中小学教科书也提及"公民"、"自由"、"平等"等字眼,如《小学公民课本》第 1 册第 1 课论及"现在的学生,就是将来的公民"。② 那么怎样为将来做一个好公民而准备呢? "优良的品性"、"丰富的学识"、"强健的体格",这些都只是个人修养方面的必备要件;此外,"还有准备做公民的必不可少的一件事情,便是遵守学校规则。"③第 3 册第 2 课甚至论述了"自由平等"的内涵,"真正的自由,是要为民族争自由;要为民族争自由,就要恢复民族的团结

① 俞焕斗,张超. 高级小学公民课本(第一册)[M]. 上海:国定中小学教科书七家联合供应处,1946:8~9.

② 赵侣青,胡怀天. 小学公民课本(第一册)[M]. 上海:中华书局,1933:1.

③ 赵侣青,胡怀天. 小学公民课本(第一册)[M]. 上海:中华书局,1933:1.

力,个人就应牺牲一部分的自由","现在要使做事业的人,尽量按照个人的才力去发展,个人的造就尽有高低,但在政治上使他们仍有一律平等的地位,这才是真平等"。[①] 总体而言,国民党毕竟顶着三民主义的的招牌,因而对孙中山自由、平等、民主的论述不敢妄自丢弃,所以"只好绞尽脑汁在概念上打主意,用看上去好像十分正当的所谓团体的自由和国家的自由,来取代和否认真正的'自由'",[②]而这不过是"假借群体名义施行个人独裁和暴政的借口"而已。

第三节　教科书形式之分析

1932 年,孙钰编著的《小学教材研究》中论及教科书的形式,言"教科书形式的优劣,非仅为美观,实与儿童身心的卫生和读书的效率有密切的关系。"[③]他列举的注意之要点为:

(1)教科书不宜过大,亦不宜过小,应以学习者易于一手握住者为佳。

(2)纸张须洁白耐用及不反光。

(3)字体大小须视儿童年龄而定;初年级字宜大,行宜短,以后逐年分别缩小放长。

(4)字与字,行与行间,须有适宜的距离。

(5)图表须颜色鲜明便于辨认,大小尤须有一定比例。

(6)标点要清楚。

(7)装订要牢而美观;封面颜色要悦目而有意义。

(8)一二年级以正楷为最合适,至三四年级即可用铅笔体。[④]

1933 年朱翊新从纸张、书本、字体、字形、图画、封面等 6 方面规定教科书的形式。1935 年,吴研因、吴增芥在《小学教材研究》中将小学教科图书编制的一般标准分为体例和形式两方面,其中形式方面的标准为:(1)要有丰

---

① 赵侣青,黄铁崖.小学公民课本(第三册)[M].上海:中华书局,1933:3~4.

② 张鸣.武夫治国梦——中国军阀势力的形成及其社会作用[M].北京:国际文化出版公司,1989:91.

③ 孙钰.小学教材研究[M].北京:文化学社,1932:237.

④ 孙钰.小学教材研究[M].北京:文化学社,1932:237~238.

美的插图;(2)要有流利的文字;(3)要有适当的字体和行距;(4)要有美术化的封面;(5)要有好看的字形。① 1937 年,吴研因在《批评小学教科书的标准》中引用了英国彭勃格氏(Florence Eilau Bamberger)在 3 个小学一二三年级试验 2000 多个儿童的结果而制成的"低级儿童用书形式评点表",要求小学教科书在形式上要符合:

(1)本子的大小:最好是 7 英寸长、5.5 英寸宽,1.25 英寸厚。

(2)封面颜色:最好是蓝的,红次之,黄又次之,而且要饱和鲜明;封面画大小最好占封面全面百分之八十五,颜色须有补色,而且饱和悦目,嵌入的字也得颜色饱和、悦目而对比,有半英寸那么大小。

(3)书名:最好具体而生动,足以投合儿童的所好。不必一部书通用一个呆板的某某教科书或某某读本的名称,可以每一本有一个专名字。

(4)分量:页数最好每本有 250 面到 300 面;课数最好 20 到 35 篇;全书的材料,最好有百分之七十五以上是儿童所习见习闻的。

(5)插图:分量在全册中最好和文字各占一半,或多于一半;图幅大小在一页的一面中,最好占全面的二分之一,至少四分之一;颜色最好温柔悦目而有深浅的色调。

(6)页面字和图最好占全面百分之六十五,天地头和左右的空白,最好平均在一英寸左右;字的排列,最好每行三英寸长,每页平均十二行。②

正如孙钰所言,"教科书形式的优劣,非仅为美观,实与儿童身心的卫生和读书的效率有密切的关系",③教科书的形式涉及到怎样把教科书的内容更好地呈现给师生的问题。本文拟从封面与封底、选文、插图、图表、分量页数等方面进行分析。

① 吴研因,吴增芥. 小学教材研究[M]. 上海:商务印书馆,1935:38~39.

② 吴研因. 批评小学教科书的标准[C]//吴研因. 小学教科书评论. 南京:正中书局,1937:2~4.

③ 孙钰. 小学教材研究[M]. 北京:文化学社,1932:237.

一、《修身》：渐趋现代

（一）清末《修身》

1. 编排体例较为规范，适度顾及儿童心理。

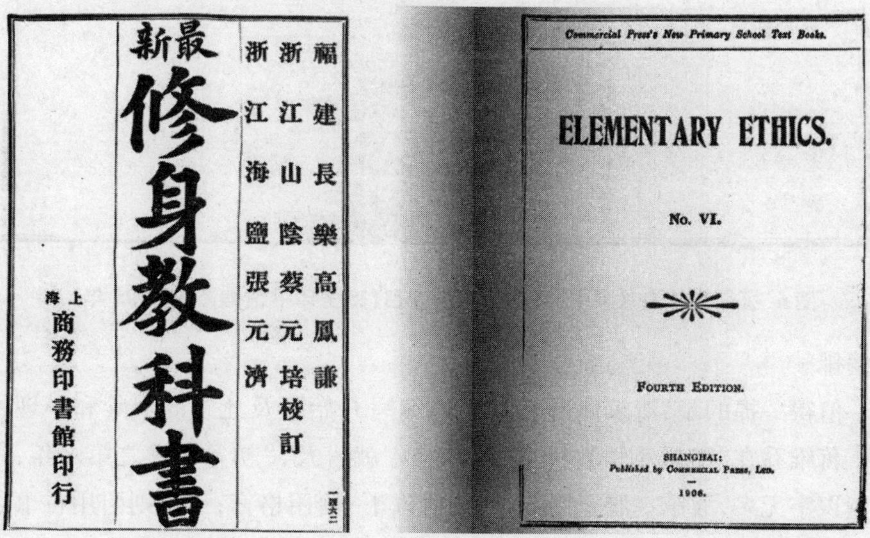

图 5　《最新修身教科书》封面（商务印书馆编译所，1905 年）

以图片为例，封面主要显示书名、出版社、编者，封底则涉及出版年月、编纂者、发行者、印书所及定价等信息。值得一提的是，1905 年商务印书馆编译所编辑的《最新修身教科书》有英文封面，将“修身”翻译为 ELEMENTARY ETHICS，由此可窥见修身科自外引入中国的痕迹。从编排体例上看，封面之后即为编辑大意和课目。编辑大意共分 4 项，简略指示授课对象、授课时数及注意事项等，具体如图所示：

封底、封面、编辑大意和课目特别注意规整和字号设计，以吸引儿童的注意，使儿童一看便了解教科书的基本信息；课目则较为清晰，20 个德目各编一课，依序展开。从内容的排列来看，以“敬祖”始，“自信”、“自重”等关乎个体品行修养的德目排序在后。与之相应蒋智由《小学修身书》（卷二）则采用章节体例，全书分四章，按照家族——国家社会——个体品行的逻辑理

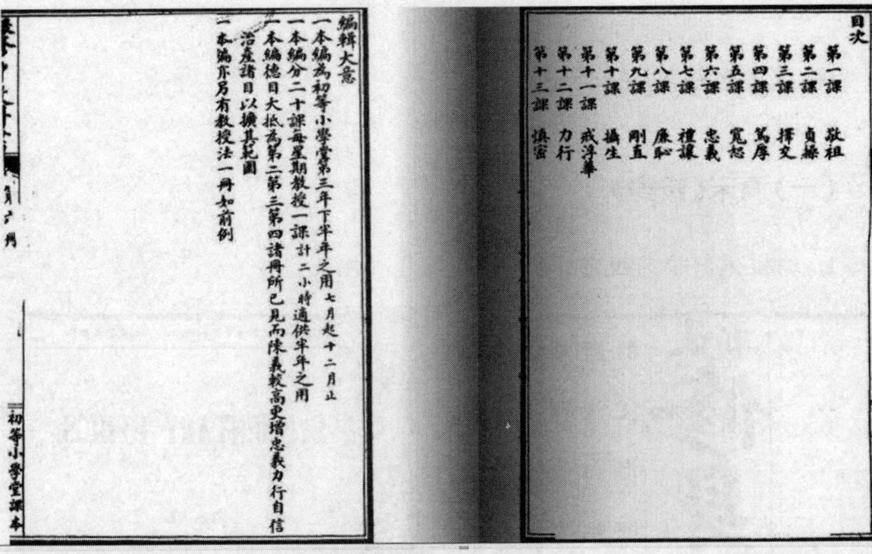
编辑大意
一本编为初等小学堂第三年下半年之用七月起十二月止
一本编分二十课每星期教授一课计二小时适供半年之用
一本编德目大抵为第二第三第四诸册所已见而陈义较高更增忠义力行自信治产诸目以扩其范围
一本编并另有教授法一册如前例
初等小学堂课本

目次
第一课 敬祖
第二课 贞操
第三课 择交
第四课 笃厚
第五课 宽恕
第六课 忠义
第七课 礼让
第八课 廉耻
第九课 刚直
第十课 摄生
第十一课 戒浮华
第十二课 力行
第十三课 慎言

图6 《最新修身教科书》编辑大意与课目(商务印书馆编译所,1905年)

路编排。

值得一提的是,清末修身教科书的编写开始顾及儿童的年龄和心理特征。蒋维乔在《编辑小学教科书之回忆》中就言及,“初等小学之第一年,因儿童识字无多,故第一册全用图画;二册以下,始用格言;三册则引用古事之可为模范者;皆每课附以图画……高等小学修身教科书,共四册。皆采历史中可以身体力行之事实;并附现代之伦理。”①《最新修身教科书》(第6册)课文都很简短,20篇课文字数均介于30~130之间,言简而意深;正文共40页,附插图15幅。图文对照,栩栩如生,以引起儿童的兴趣。何琪《初等女子修身教科书》更具代表性,全书20课,字数均在50字以内,由短句组成,朗朗上口,例如“百行中,孝为始,鸟反哺,羊跪乳,人为万物灵,禽兽尤如此,谁非父母生,本不分男女”,“兄弟姊妹,手足同情,譬如花木,枝叶连根,一体须友爱,同为父母生,血脉相关骨肉亲”等等,且每课均配插图,与文相对,便于理解。

2. 内容表述方面,多用道德叙事或训辞进行阐释,以文言文进行表述。

以《最新修身教科书》第六册为例,全书共20课,其中第10课“摄生”采

① 陈学恂.中国近代教育史教学参考资料(上)[M].北京:人民教育出版社,1986:650.

图7　《初等女子修身教科书》课文及插图(何琪,1906年)

用训辞,内容为“凡人才所不逮,而困思之;力所不胜而强举之。汲汲所欲,戚戚所患。寝息失时,饱食即卧,沉醉吐呕,欢呼笑泣,皆乖于摄生之方也。善养生者,食不过饱,饮不过多;冬不欲极温,夏不欲极凉;卧起有四时之早晚,兴居有至和之常制,调和筋骨有偃仰之方,节宣劳逸,有兴夺之要也。”①该书其余的19课均采用故事加以阐释。此外,蒋智由编纂的《小学修身书》也采用训辞的方式。

清末修身教科书主要采用的道德叙事方式。如《最新修身教科书》第六册第四课“贞操”就写道“蔡人之妻,宋人之女也。既嫁而夫有恶疾,其母将改嫁之。女曰,夫之不幸,乃妾之不幸也。奈何去之?适人之道,一与之醮,终身不改。不幸遇恶疾,彼无大故。又不遣,何以得去?终不听。”②《初等女子修身教科书》上编第九课以女媭之故事讲述兄弟姊妹之间的情谊,“屈原有贤姊,原放姊亦归,劝弟令自宽,世乱莫伤悲,乡人贤女媭,名县曰姊归。”③这样的故事在清末修身教科书中比比皆是,言简意赅,十数字就足以传达编

---

① 商务印书馆编译所.最新修身教科书(第六册)[M].上海:商务印书馆,1905:27.
② 商务印书馆编译所.最新修身教科书(第六册)[M].上海:商务印书馆,1905:4.
③ 何琪.初等女子修身教科书(上卷)[M].上海:会文学社,1906:21.

者的教育意图。

事实上,用道德叙事的方式阐述那些看似平凡朴实、通俗易懂而又亲切可感的具体事物或事件,使内蕴的道德思想和价值观念得以传递,使受教育者潜移默化地受到熏染,是中国传统社会教化中业已采用并发挥积极影响的一种有效的道德教育方式。如人们所熟知的《论语》就通过孔子学生的回忆、口述的方式,描述孔子和学生在不同情境中的教学、交往故事,使道德价值在叙事中得以阐明。再如《三字经》中说,“香九龄,能温席。孝于亲,所当执。融四岁,能让梨。弟于长,宜先知。首孝弟,次见闻。”清末修身教科书主要采用道德叙事的方式,通过真实的抑或虚构的典故、故事等,用精炼浓缩的寥寥数语就将一个个道德形象生动地叙述和呈现出来。当然,清末部分修身教科书采用了以义理为主的编写体例,如蒋智由的《小学修身书》,但基本遵循由浅入深、由易到难、“以次渐深”的认识规律,力图顾及儿童心理发展态势。

(二)民国后《修身》的变化

1. 编排体例愈加成熟,按照儿童心理发展循序渐进。

民国成立后,修身教科书有一些新的变化,以中华书局《新制中华修身教科书》为例,编辑大意较清末更为具体详实,编辑要旨、课文体裁、课时分配、注意要点等都有说明:

> 本书之材料以积极材料平易易行为主,其要点如下:
>
> 甲 假设 假设儿童所能行之事俾易于仿效
>
> 乙 寓言 必选多趣味近情理无流弊者
>
> 丙 故事 兼采中外以唤起儿童之历史观念及世界观念
>
> 丁 格言 择切用而易解者俾儿童可日日诵习以为处世之资
>
> 己 作法 普通礼法之当演习者①

体裁方面,公民教科书多用叙事、说明,力求切合儿童思维和语言的习惯。编辑大意强调“首三册全用图画,惟按课标列德目,使得遵行之准,四册以下图画与文字并列,图画悉与事实相应,而文字则自十字左右起逐渐增

① 戴克敦,沈颐.新制中华修身教科书(第一册))[M].上海:中华书局,1912:编辑大意.

加"，"前六册多用假设故事及寓言，后六册兼用故事及训辞"，"首三册以家庭学校为主，而兼及社会，四册以下则共和国民应备之道德按程度编入"①。为了使教科书更切合儿童心理，编者还特重细节处理，如"房屋衣服及一切陈设品等务求简单以养成儿童朴素之风"，强调在潜移默化中熏陶和教育儿童；甚至要求"凡为古人及西人之故事，图画中之衣服亦必用古装及西装，务使与实事实物相肖，绝无牵强之弊"、"书中间插彩色图画以增儿童之兴趣"等。

从内容体系的排列看，注意自儿童的日用生活始言，推而及至更大时空环境，力图遵循由浅入深、由易渐难的编写体系。以《新制中华修身教科书》为例，全套共12册，摘其课目如下：

表53　《新制中华修身教科书》课目摘举（戴克敦、沈颐，1912年）

册别	课目			
第1册	1. 入学	2. 上课	3. 游戏	4. 守时刻
	5. 守规则	6. 好学	7. 仪容	8. 清洁
	9. 早起	10. 慎食	11. 衣服	12. 习劳(一)
	13. 习劳(二)	14. 温课	15. 整理	16. 休息
第2册	1. 家庭之乐	2. 亲恩	3. 孝道	4. 兄弟
	5. 姊妹	6. 敬师	7. 爱同学	8. 敬客
	9. 睦邻	10. 敬老	11. 恤贫	12. 爱生物
第3册	1. 自立	2. 诚实	3. 专心	4. 和睦
	5. 公德	6. 公益	7. 竞争	8. 尚武
	9. 合群	10. 勇敢	11. 博爱	12. 国旗，
第4册	1. 父恩	2. 母恩	3. 孝亲	4. 事亲
	5. 兄弟	6. 姊妹	7. 敬长	8. 敬老
	9. 敬师	10. 朋友	11. 好学	12. 敬客
	13. 守规则	14. 专心	15. 守时刻	16. 竞争

① 戴克敦，沈颐. 新制中华修身教科书（第一册））［M］. 上海：中华书局，1912：编辑大意.

续表

册别	课目			
第5册	1. 卫生	2. 清洁	3. 整理(一)	4. 整理(二)
	5. 食礼	6. 行路之礼	7. 戒贪	8. 储蓄
	9. 诚实	10. 戒作伪	11. 践约	12. 择交
第6册	1. 职业	2. 礼让	3. 不拾遗	4. 公益
	5. 公德	6. 恕过	7. 戒疏忽	8. 爱物
	9. 合群	10. 勇武	11. 报国	12. 国旗
第7册	1. 孝道	2. 敬亲	3. 仪容	4. 友爱
	5. 不争	6. 勤学	7. 惜阴	8. 自省
	9. 责己	10. 改过	11. 励志	12. 公德
	13. 公益	14. 早起	15. 运动	16. 仁慈
第8册	1. 卫生	2. 恤下	3. 义勇	4. 进行
	5. 坚忍	6. 勤俭	7. 知足	8. 戒欺
	9. 朋友	10. 保人名誉	11. 从军	12. 让功
第9册	1. 友爱	2. 乡谊	3. 清洁	4. 养生
	5. 度量	6. 正直	7. 长厚	8. 节用
	9. 教育	10. 公益	11. 报德	12. 爱国
第10册	1. 家法	2. 兄嫂	3. 娣姒	4. 慎言
	5. 衣服	6. 卫生	7. 廉洁	8. 戒妄取
	9. 守信	10. 尚义	11. 戒迷信	12. 知耻
	13. 习惯	14. 践约	15. 勇敢	16. 爱众
第11册	1. 为学	2. 有恒	3. 早起	4. 自省
	5. 知足	6. 职业	7. 坚忍	8. 对人
	9. 宽厚	10. 义勇	11. 爱人	12. 爱物
第12册	1. 自尊	2. 自由	3. 平等	4. 守法
	5. 纳税	6. 兵役	7. 教育	8. 议员
	9. 人道	10. 对外人	11. 共和国民(一)	12. 共和国民(二)

课文内容和插图均贴近生活，令儿童亲切可感。前三册以插图阐释课文内容，直观而又感染力；第四册始图文并茂，以图配文，如第四课“事亲”，课文内容为“黄儿九岁，事父甚孝，夏扇帐席，冬温衣被”，文字之上辅以儿童持扇之图画；其后各册难度渐大，文字渐多而图片减少；第十一册第3课“早起”，课文为“黎痕女士，美国大教育家也，始创高等女学校。尝曰，人生起居动作，每日宜有定时，欲守定时，首宜早起。若一日迟起，则一日所定之时皆将迟延紊乱，失其常序矣。故吴人进德修业，必以守时为本。”①

图8　《新制中华修身教科书》第一册第一课“入学”（戴克敦、沈颐，1912年）

同时，教科书中同一德目有内容之反复，如“公益”一目，在第3、6、7、9册中均有论及。第3册为三童弯腰捡拾瓦砾的图片；第6册同为一童弯腰捡拾瓦砾图，配文“道中有瓦砾，儿见之，空碍行人，急拾之，弃于墙隅”；②第7册为三人植树图，配文“大庾岭下，路途辽远，夏时日光酷热，冬日狂风暴烈，行人苦之。蔡挺乃令民夹道树松柏，以蔽风日，行者便之”；③第9册为四人植树图，配文“陈尧叟为广西转运使，时岭南风俗，病者祷神，不服药。尧叟

① 戴克敦，沈颐. 新制中华修身教科书(第十一册))[M]. 上海：中华书局，1912：1～2.
② 戴克敦，沈颐. 新制中华修身教科书(第六册))[M]. 上海：中华书局，1912：3.
③ 戴克敦，沈颐. 新制中华修身教科书(第七册))[M]. 上海：中华书局，1912：6～7.

有习验方，刻石以示人，又以天气蒸暑，为植树凿井，每二三十里置亭舍，具饮器，人免渴死。”①

2. 内容表述方面，道德叙事与训辞相结合的趋势显现。

与清末不同之处在于，民国初期的修身教科书已经将道德叙事和训辞进行有机的结合者，亦不少见。《共和国教科书新修身》第1册共16课，其中“道德”、“自助”、“不畏难”、“专一”、“励志”、“储蓄”、“节用”、“职业”、“习勤”等课目采用训辞为主的编写方式，其余课目则以叙事为主；《新制中华修身教科书》（戴克敦、沈颐编，1912年）第6册第1课“职业”，内容为“猫捕鼠，犬守门，各司其事，人非猫犬可比，故尤贵有职业”，②可谓训辞；第5课“公德”，“公众之物，当视如己物，勿加毁损；公众之地，勿高谈剧笑，取厌于人”，③亦为训辞。其余则多为故事，如第2课“礼让”，“两儿食枣，食毕，余一枣，两儿相让，皆不食，适有丐至，遂与之”；④第7课“戒疏忽”，“一儿行急，覆水壶与地，母戒之曰，举动宜慎，此汝疏忽之过也”。⑤

除一本教科书中不同节目分别采用道德叙事和训辞外，在阐述某一德目或节目时将两者并用者也可见。如《新编中华修身教科书》（1915年，第10版）第8册对“坚忍”的阐释，“坚忍者何？恒久之力，处困难之事，不厌烦、不惮劳是也。盖一事之成，自始至终，必多困难，唯不为困难所阻，乃能终于成也。昔哥伦布航海西行，中途船众，群起为难，而哥伦布不为所动，故能寻获美洲，博举世称誉。”⑥概言之，民初修身教科书在内容表述方面愈加丰富多彩，这有助于教科书吸引力的提升。

二、《公民》：贯以现代气息

较之于《修身》教科书，《公民》教科书的编写进步明显：

---

① 戴克敦、沈颐. 新制中华修身教科书（第九册）[M]. 上海：中华书局，1912：7～8.
② 戴克敦、沈颐. 新制中华修身教科书（第六册）[M]. 上海：中华书局，1912：2.
③ 戴克敦、沈颐. 新制中华修身教科书（第六册）[M]. 上海：中华书局，1912：2.
④ 戴克敦、沈颐. 新制中华修身教科书（第六册）[M]. 上海：中华书局，1912：3.
⑤ 戴克敦、沈颐. 新制中华修身教科书（第六册）[M]. 上海：中华书局，1912：3.
⑥ 沈颐、范源濂，董文. 新编中华修身教科书（第八册）[M]. 上海：中华书局，1914：4.

1. 助读系统和实践系统精心编排，教科书结构更为完善。

题目是文章的眼睛和旗帜，是学生理解课文内容的窗口。修身科多采用德目主义，因而题目往往充分概括课文的主要内容，平实而直接；相较而言，公民教科书在题目的设计上则更花心思，有些教科书巧用修辞手法为课文增辉添彩。以朱文叔《新小学教科书公民课本》为例，课文标题中的修辞手法包括：

（1）设问，即运用设问手法在标题中提出问题，揭示全文的中心，以引起儿童的注意，启发思考，加深理解。采用设问手法的题目有“应该怎样的学做人”、“怎样方能整洁”、“可以一生遵守的是什么”、“何谓公民”等。这类标题中往往带有“如何”、“怎样”、“什么”等词语或词组，以此向读者发问；它们往往经过了反复推敲和精心锤炼，简洁醒目，有针对性，能够启发儿童的思考。譬如，教科书第 1 册第 1 课即为“应该怎样的学做人”，以黄生父亲对儿子的教诲作为开头，“开学的前一天，黄生的父亲对黄生说：‘儿呀！你今年十一岁了。小学四年的功课已经学完了，古语说人生十年曰幼学。十岁以上的人，不好再像小孩子一样，应该好好的学做人了。来，我讲两件故事给你听。’”[①]随后用一个穷苦和一个富有的儿童都自力更生、自强不息的实例教育学生。这样的编排无异于向读者提出了一个值得思考的问题，促使它们到文章寻找答案，作者试图传递的观念、价值也在无形中被儿童接纳。

（2）引用，以课文中的原话作为标题，如“要使民众娱乐”、“我自信决不是无用的人”、“他也是人”等。譬如第 3 册第 3 课题目“他也是人”，实际上在故事的娓娓叙述中阐述和强调了一个基本的道理——人与人是平等。课文内容：

刘宽做太尉的时候，曾和一个朋友坐着闲谈，那朋友忽然要喝酒，便差仆人到市上去买酒。仆人去了许久，喝得大醉而归；那朋友怒极了，厉声骂仆人道：“畜生！”停一会，刘宽恐怕那仆人自杀，便叫人去看他；并且对左右的人说：“他也是人。现在骂他‘畜生’，实是莫大的侮辱，所以我恐怕他要自杀呢。”

---

① 朱文叔. 新小学教科书公民课本（第一册）[M]. 上海：中华书局，1923：1.

人都是平等的,没有尊卑贵贱的分别。所以我们处世,要自认为“人中人”,不要自命为“人上人”,见了贫苦的人,就发生傲慢轻侮之行;也不要自认为“人下人”,见了有权势的人,就做出趋炎谄媚的事。从前,我国社会中有“士贵”之说,有“门第”之分,这都是共和国所不能容的。所以那些自命为“读书人”,贱视农工商,和自以为缙绅子弟,恃势作威作福的人,是不配做共和国民的。①

课文编纂者未在标题中点明“平等”字眼,却用“他也是人”代之,并采用恰如其分的故事抒发胸臆,既利于儿童接受和仿效,也增强了生动感和神秘感,令儿童心向往之,试图一探究竟。

此外,公民教科书最突出的特征是开始关注和精心设计助读系统。首先是课后习题。万良浚、魏屏三编《新撰公民教科书》文后均附“习问”,以启发儿童回顾和深入思考课文内容。如第3册第1课“我国领土”,文末设四项“习问”:

(1)何谓领土?

(2)何为我国领土?

(3)吾人为何收回领事裁判权?

(4)如不收回外国租借地,与领土主权有无妨碍?②

除课后习问,有的教科书还将课前导读纳入教科书编排体系。如潘文安、戴渭青编《新学制小学教科书高级公民课本》第1册第5课“怎样养成有秩序的习惯”:

【问题】有秩序有甚么好处?没有秩序有甚么坏处?怎样可以养成有秩序的习惯?

人类无论做什么事情,第一要有秩序。有秩序的习惯,并非天生的本能,是自小养成的。我们做事,倘使散漫杂乱,一定被旁人轻视;所以有秩序的习惯,是我们少年应该十分留意的。

陈生是一个做事极有秩序的人,他每天早起便把被褥折叠整齐,书籍收拾齐备。等到晚上回家,又把书籍排列桌上,次第温习,自修完后仍放原处,

---

① 朱文叔. 新小学教科书公民课本(第三册)[M]. 上海:中华书局,1923:4~5.

② 万良浚,魏屏三. 新撰公民教科书(第三册)[M]. 上海:商务印书馆,1924:2.

从来没偶遇遗忘散失。他又能帮助家长把一切家用杂具安置妥帖，穿的衣服鞋袜，也都十分整洁。所以教师同学没有一个不看重他。

杨生便不是这样了，他书桌上的一切用具，都是随便乱抛。用的时候不是纸笔无着，便是书籍散失，他一天到晚的工夫，大半消磨在找寻课业用品里，同学没有一个不穷笑他。

后来杨生知道了自己的弊病，便痛自改革。随时随地以陈生为法；不到数月，事事也按部就班，都有头绪了。

【实践】实习整理书桌上的课业用品，实习整理学校成绩室和小图书馆，实习整理衣服鞋袜，实习布置教室、自修室和学校园。①

正如该书编辑大意所言，“除讨论课文外，又注意问题反省和课外活动，所以课文之前首列讨论问题，课文之后，又附实践事项。”②

2. 内容表述方面，道德叙事与训辞有机融合，多用语体文。

公民教科书在整体编排上延续了民初修身教科书的优点，教学内容循序渐进、螺旋上升，由具体到抽象，自简单而复杂。为了契合儿童心理，教科书在编纂中特别注意多种内容表述方式的综合运用。以《新小学教科书公民课本》为例：

表54　《新小学教科书公民课本》课目摘举（朱文叔，1923年）

1册	(1)应该怎样的学做人	(2)好学生自述	(3)工作不忘求学
	(4)怎样方能整洁	(5)勤俭是做人最要紧的	(6)叶澄衷
	(7)富兰克林	(8)可以一生遵守的是什么	(9)老师的临别赠言
	(10)救人却救了父亲	(11)援助患病的朋友	(12)玩具和穷苦的老人
	(13)小孩救火	(14)仁慈的林肯	

① 潘文安、戴渭青. 新学制小学教科书高级公民课本(第一册)[M]. 上海：世界书局，1925：9－10.

② 潘文安、戴渭青. 新学制小学教科书高级公民课本(第一册)[M]. 上海：世界书局，1925：编辑大意.

续表

2册	(1)欢喜种田的学问家	(2)时间和天才	(3)沟里的饭粒
	(4)葛洪的卫生法	(5)愚公平山	(6)鞋匠改过
	(7)不刷靴	(8)铁路转辙员和他的儿子	(9)家庭
	(10)吕氏乡约	(11)爱国的女孩子	(12)赵奢收税
	(13)只求自由	(14)捐躯报国的好男子	
3册	(1)职业	(2)"我自信决不是无用的人"	(3)"他也是人"
	(4)陶侃的故事	(5)范仲淹的故事	(6)守塔人的话
	(7)国家的统治机关	(8)国会	(9)英国的国会旁听
	(10)英国的国会趣话	(11)政府	(12)法院
	(13)地方自治	(14)省议会和省政府	
4册	(1)何谓公民	(2)公民的权利和义务	(3)守法
	(4)参政	(5)社学	(6)夹谷会
	(7)公众卫生	(8)地但尼邮船的沉没	(9)不刻碑
	(10)"要使民众娱乐"	(11)"大北之交"	(12)个人人格的完成
	(13)社会的进步	(14)国家的隆盛和世界的和平	

其中,第一册以故事或叙述为主的课文为13篇,占92.9%;第二册为12篇,占85.7%;第三册为8篇,占57.1%;第四册为5篇,占35.7%。教科书在编写中开始使用导语,如第二册第九课"家庭",开头便设问"你家中有什么人?有父亲么?有母亲么?有祖父、祖母么?有哥哥、弟弟、姊姊、妹妹么?这许多人住在一处,就叫做'家庭'。"①文字上开始采用时下通用的国语。如说明体——

我国为民主政体,凡国民皆有参与国政之义务,然我国人口号称四万万,如人人参政,必为事实所不许,因此遂采用间接参政之方法。所谓间接参政

① 朱文叔. 新小学教科书公民课本(第二册)[M]. 上海:中华书局,1923:13~14.

者，即有人民选举代表以主持政治。国会即人民代表组织而成之机关也。①

服从是对于正当的命令和管理，能够听从的意思。换句话说，凡有正当理由的事情，应该绝对服从。我们在小学时代，无论在家庭、在学校、在社会，父母的训诫、师长的教诲、同学的指导，无一不是希望我们上进，所以我们都该服从他。②

叙事体也较为普遍，如：

从前有一个黄生，跟了周先生出外游玩。他俩走到租界，看见一个公园的门外，写着“华人与犬不得入内”字样。黄生很是诧异。周先生说：“这是中国人自己弄坏的，因为我国人往往缺乏公德心，对于自己的物件非常爱护，如果偶然损坏，就觉十分可惜。但是对于公有物，任意糟蹋，一些不知爱惜。到了公园，把花草乱攀乱折，把墙壁乱涂乱写，或者随地吐痰便溺，甚至弄坏器具，种种举动和犬一样。所以外人禁止华人进这公园，这是华人最可耻的一件事情。”③

三、《三民主义》与《党义》：编写体例的单一化

自1927年后，公民科为三民主义与党义科所替代，教科书的编写亦有诸多不同：

1. 不同版本教科书趋同，助读系统较为简单。

1927年商务印书馆出版的《新时代三民主义教科书》（李扬编，1927年）4册目录分别为：

① 万良浚，魏屏三. 新撰公民教科书（第三册）[M]. 上海：商务印书馆，1924：14.

② 潘文安，戴渭青. 新学制小学教科书高级公民课本（第一册）[M]. 上海：世界书局，1925：11～12.

③ 潘文安，戴渭青. 新学制小学教科书高级公民课本（第一册）[M]. 上海：世界书局，1925：27.

表 55 《新时代三民主义教科书》课目摘举（李扬，1927 年）

册别	课目		
第 1 册	1. 救国和救国的道理	2. 三民主义	3. 民族主义
	4. 中国民族的国际地位	5. 列强的人口压迫	6. 列强的人口压迫（续）
	7. 列强的政治压迫	8. 列强的政治压迫（续）	9. 列强的经济压迫
	10. 列强的经济压迫（续）	11. 怎样去解脱列强的压迫	12. 恢复民族主义的方法
	13. 恢复民族地位的方法	14. 中国民族对于世界所负的责任	
第 2 册	1. 民权	2. 民权的来源	3. 民权主义
	4. 英国革命	5. 美国革命	6. 法国革命
	7. 自由平等和民权	8. 欧美各国所征得的民权——间接民权	9. 国民党所提倡的民权——直接民权
	10. 欧美各国的民权政治没有大进步的原因	11. 国民党解决民权政治的根本办法	12. 人民管理政府的四个大权
	13. 五权宪法的政府	14. 民权主义和民族主义民生主义	
第 3 册	1. 甚么叫做民主	2. 民生问题	3. 民生主义
	4. 平均地权（一）	5. 平均地权（二）	6. 节制资本（一）
	7. 节制资本（二）	8. 制造国家资本	9. 民生的需要（一）
	10. 民生的需要（二）	11. 民生的需要（三）	12. 民生的需要（四）
	13. 民生主义和民权主义的关系	14. 民生主义和民族主义的关系	
第 4 册	1. 孙中山先生传略	2. 孙中山先生传略（二）	3. 建国方略（一）
	4. 建国方略（二）	5. 建国方略（三）	6. 建国大纲（一）
	7. 建国大纲（二）	8. 建国大纲（三）	9. 中国国民党史略（一）
	10. 中国国民党史略（二）	11. 中国国民党对外政策	12. 中国国民党对内政策
	13. 不平等条约（一）	14. 不平等条约（二）	

1930 年，由魏冰心和朱翊新编纂、世界书局出版的《三民主义课本》共八册，择取前四册课目如下：

表56　《三民主义课本》课目摘举(魏冰心、朱翊新,1930年)

册别	课目			
1册	三民主义概观	1. 甚么叫作三民主义	2. 三民主义是谁创造的	3. 三民主义是怎样产生的
		4. 三民主义和救国	5. 民族的起源	6. 甚么叫做民族主义
	民族主义	7. 中华民族的现状	8. 列强政治压迫(一)	9. 列强政治压迫(二)
		10. 列强经济压迫(一)	11. 列强经济压迫(二)	12. 列强人口压迫(一)
		13. 列强人口压迫(二)	14. 中国的国际地位	15. 恢复民族主义的必要
		16. 恢复民族主义的方法	17. 恢复固有的道德	18. 恢复固有的智能
		19. 取法欧美的长处	20. 中华民族未来的责任	
2册	民权主义	1. 甚么叫做民权	2. 民权的作用	3. 奋斗的历史
		4. 中国的民权思想	5. 世界民权的潮流	6. 权和能
		7. 政权和治权(一)	8. 政权和治权(二)	9. 全民政治
	三民主义	10. 甚么叫做民生主义	11. 提倡民生主义的理由	12. 平均地权
		13. 节制资本	14. 吃饭问题(一)	15. 吃饭问题(二)
		16. 吃饭问题(三)	17. 穿衣问题(一)	18. 穿衣问题(二)
		19. 居住问题	20. 行动问题	

续表

册别		课　目		
3册	行易知难学说	1. 发明行易知难学说的原因	2. 用饮食证明行易知难	3. 用用钱证明行易知难
		4. 用作文证明行易知难	5. 用建屋造船证明行易知难	6. 用筑城开河证明行易知难
		7. 用电学化学进化证明行易知难	8. 知行总论	9. 能知必能行
		10. 不知亦能行		
	实业计划	11. 开发实业的方法	12. 开发北部的富源	13. 开发中部的富源
		14. 开发南部的富源	15. 建筑铁路	16. 发远工业
		17. 开采矿产		
	民权初步	18. 会议的组织	19. 会议的程序	20. 民权的训练
4册	五权宪法	1. 甚么叫做五权宪法	2. 五权宪法的来源	3. 五权宪法的作用
	建国大纲	4. 建国的目标	5. 建国的程序	6. 军政时期的工作
		7. 训政时期的重要	8. 训政时期的地方行政计划	9. 训政时期的地方行政工作(一)
		10. 训政时期的地方行政工作(二)	11. 训政时期的地方工作(三)	12. 训政时期的地方行政工作(四)
		13. 宪政时期的国民大会	14. 宪政时期的中央政府	15. 宪政时期的中央政府和地方政府
	中国国民党	16. 中国国民党的历史	17. 中国国民党的主义	18. 中国国民党的政策
	国民政府	19. 国民政府的职责	20. 国民政府的组织	

两者相较，内容上没有显著差异。同时期出版的其他三民主义和党义

教科书亦愈来愈趋同。同时，助读系统也较为简单，《新时代三民主义教科书》每篇课文后附有4各问题供学生思考，如第2册第1课“民权”一课，4个问题分别是：

(1)什么是民权？

(2)政治两个字是什么意思？

(3)中国民国的主体是什么人？

(4)中华民国的政事应当谁人管理？①

其他三民主义和党义教科书甚至略去课后的问题，而仅有课文范文，如《三民主义课本》、《新中华三民主义课本》等。另外，教科书的插图也明显减少，仅保留了少量地图。

2. 题材来源单一，内容表述以说明为主。

1927年，潘梓年公开发文《我对于现出的三民主义教科书的一点意见》中谈及：

我已经见到的中山主义或三民主义教科书有好几种；现在要对之贡献一点意见的是世界书局发行（或经售？）和商务印书馆经售的两种——（手前无书，不能举名）。我以为要为小学生编中山教科书，第一要简要。中山学说或中山主义原不是几本薄薄的教科书能够说得详尽，也不是小学生这一点小脑子所能全盘领会。我们应当从中选其精要的举出，来做小学教科书的教材。第二，要从具体的背景上说明。因为概念的学说，就是成人，骤看也不能明了，须得先把该学说或主义所由产生的背景（历史的和地域的）弄清楚了，才有看懂一学说或一主义的可能。②

可见，题材来源单一，脱离学生生活的实际，是三民主义和党义教科书所共有的特征。唯如此，才能与专制独裁的政治倾向相呼应。就内容表述而言，故事体偶见之，主要以说明文字为主。

---

① 李扬. 新时代三民主义教科书（第二册）[M]. 上海：商务印书馆，1927：2.

② 潘梓年. 我对于现出的三民主义教科书的一点意见[J]. 北新周刊，1927(32)：1～2.

四、《公民》与《公民训练》:沿袭前期

公民和公民训练科的设立,并未从根本上改变教科书的编写形式。

1. 编写体例沿袭前期,力图顾及儿童心理。

1933 年,赵侣青等编《小学公民课本》分 4 册,每学期 1 册。第 1 册讲述公民的意义和公民所应注意的时事研究,阐述总理遗嘱和党治的意义,以示三民主义共和国公民的任务;然后由总理主张保存道德,说到家庭、地方、社会的意义及改善的方针,以明确公民对社会应有的任务。第 2 册以民族主义为纲;第 3 册以民权主义为纲;第 4 册以民生主义为纲,将公民知识的作业要项,按其性质分别编入,使儿童藉以了解三民主义的精神,以成为三民主义共和国的良好公民。4 册的目录分别是:

表 57 《小学公民课本》课目摘举(赵侣青,1933 年)

册别	课目		
第 1 册	1. 学生与公民	2. 地方新闻和重要时事的研究	3. 总理遗嘱的意义
	4. 党治的意义	5. 建国三时期	6. 忠孝
	7. 仁爱	8. 信义	9. 和平
	10. 何谓家庭	11. 家庭问题的观察讨论研究	12. 何谓地方风俗习惯
	13. 地方风俗习惯的观察调查	14. 地方风俗习惯的改善	15. 社会生活的观察研究
	16. 社会服务的实际参加		

续表

册别	课　目		
第2册	1. 民族主义的要职	2. 何谓民族	3. 民族和国家
	4. 帝国主义	5. 民族地位	6. 怎样恢复民族地位
	7. 怎样恢复民族精神	8. 家族观念与民族	9. 人口问题
	10. 妇女问题	11. 减少文盲	12. 民族复兴运动
	13. 国民革命的目的	14. 民族主义与世界大同	15. 人民权利的研究
	16. 人民义务的研究		
第3册	1. 民权主义的意义	2. 自由平等的研究	3. 民权初步的演习一
	4. 民权初步的演习二	5. 民权初步的演习三	6. 选举权的设计练习
	7. 罢免权	8. 创制权	9. 复决权
	10. 五权宪法	11. 我国现行重要法制的研究	12. 我国现行政治的研究一:中央
	13. 我国现行政治的研究二:地方	14. 市政的观察研究	15. 地方自治与民权实施
	16. 地方自治的观察调查研究		
第4册	1. 产业革命	2. 民生主义的意义	3. 社会经济
	4. 劳动与生产	5. 生产	6. 消费
	7. 交易	8. 分配	9. 职业与社会
	10. 职业的种类	11. 择业的方法	12. 职业上必需的品性
	13. 失业问题	14. 农村经济的衰落	15. 贫乏的救济
	16. 怎样做一个完善的公民		

从编写体例来看，基本沿袭了三民主义和党义科，但编者特强调“本书编制，兼采心理的排列和论理的排列，务使儿童能实际受用而又不感枯寂为主”、“叙述文字亦务求其浅显明白，不使儿童因文字障碍而感困难”、“每册

分量及内容,由约而详,由浅而深,务期与儿童了解力相适应",[①]甚至在形式上加以美化,如采用新式标点符号、课题用四号方体字、课文用四号字印等。整体而言,公民与公民训练教科书的插图仍然鲜见,助读系统也较为简单。如俞焕斗与张超合编之《高级小学公民课本》范文前置问题,后置作业,如第2册第1课"保甲的编制"文前安排的问题为:"(1)校长和华先生谈的什么问题?(2)怎样编制保甲";文后附的作业为:"(1)把本课内容表列出来(2)讨论实行编制保甲的方法和手续(由教师辅导)"。

2. *题材来源应时而变,内容表述以说明为主。*

国民党业已形成"新生活运动"的核心观念,教科书基本以"四维八德"为骨架,将预设德目分别纳入对个体、对家庭、对社会、对国家乃至对世界的责任中,教科书的编写亦只能在既定逻辑框架内展开。况且,随着形势的变化,"战时教育,应适合战时需要,已成了不移的原则。今后编辑公民教科书必须切合抗战建国的需要,才有价值。例如抗战建国纲领、德育纲领、青年训练大纲、三民主义青年团的组织,以及战时政治、外交、经济、军事、国防、民众组织训练等知识,均应纳入公民教材之内,使青年对抗战建国有整个的认识,确立抗战必胜建国必成的信念,培养为战时服务的知能,为民族国家牺牲奋斗的大无畏精神,以适应国家的需要。"[②]因而,教科书的题材来源随着环境和形势的变化而变化,其内容表述仍以说明为主,仅少量范文采用叙述文字。

① 赵侣青,胡怀天.小学公民课本(第一册)[J].上海:中华书局,1933:课本编例.

② 王鸿俊.如何编辑中学公民教科书[J].教育通讯周刊,1938(37):14~15.

第五章 衍变与更易：中小学公民教育的课外活动分析

“课外活动，是利用学校课余时间和学生剩余精力，在一定的组织之下，以课程的内容为中心，予以适当的指导；其方法是以康乐的、休闲的形式，给以学习的综合，藉资发展其身心，扩张其经验，并以培养其社会生活为目的。”①李仲耕在《课外活动指导》一书中专门介绍了学生自治会与童子军，它们与公民教育关系密切，都以儿童身心的发展和社会经验的增加为旨归。

第一节 学生自治会

在实施学生训育的课外活动形式中，学生自治组织发挥了不可替代的作用。舒新城称“学生自治，是训育上的一个问题。”②谢嗣昇论及“民国成立十五年，无日不在扰攘之中，其最大原因，在于国民对于公共事业不能注意，缺乏自治能力。”③学生自治能力之训练，“为公民教育最需要者”。然而，“何以数年之间，能如此盛行，何以在盛行之时，又提倡改革”，是颇值得深究的话题。学生自治会本身的迂回发展就是不同阶段公民教育培养导向变化的直接缩影。因而笔者试图以论史为主，分析学生自治会在不同阶段的影响因素、目标导向、组织形式等的变化，以展现不同历史时期下公民教育内涵的迁移。

---

① 李仲耕. 课外活动指导[M]. 上海：商务印书馆，1948：2.

② 吕达，刘立德. 舒新城教育论著选(上)[M]. 北京：人民教育出版社，2004：300.

③ 谢嗣昇. 中等学校实施公民教育之方法[J]. 新教育评论，1926，2(17)：11.

一、从专制到自由：清末民初的潜滋暗长

清末，我国开始推行教育改革，私塾、书院纷纷改为学校。因仿效日本提倡军国民教育，学校秩序甚为严肃，况且改革的根本目的仍在维护封建统治，故特重规则，要求学生一举一动严加遵循。1904 年 1 月颁布的《奏定各学堂管理通则》明言，“欧美日本所以立国，国各不同；中国政教风俗，亦自有所以立国之本。所有学堂教习人员，如有明倡异说、干犯国宪，及与名教纲常显相违背者，查有实据，轻则斥退，重则革办。”①对教员要求尚且如此，于学生更毋庸言。学生功课、斋舍规条、讲堂规条、操场规条、礼仪规条、放假规条等都详加规约，不可违逆。以“讲堂规条章第四”为例，八节内容中有 5 处使用“不得”、“无得”等禁绝性辞令，如自习室内“无论何时不得聚谈喧笑”、寝室内“器具被褥皆有一定置”等。《学堂禁令章》除第 12 条约定惩处办法外，其余 11 条均使用“不准”、“不得”等字眼，摘举部分内容如下：

第一条　学生在学堂以专心学业为主，凡不干己事，一概不准预闻。

第二条　各学堂学生，不准干预国家政治及本学堂事务，妄上陈条。

第三条　各学堂学生，不准离经叛道，妄发狂言怪论，以及著书妄谈，刊布报章。

第四条　学生不得私充报馆主笔及访事人。②

学校一切管理规程，均由学部制定后颁行各省，各校严格奉行；校长对学生、教员有绝对的权威，学生对教员恭敬顺从，对校章校纪悉数遵奉；学生稍有不从，便横遭“违反圣旨”之罪名。不得不说，学生完全处于机械服从的被动境地，更勿言结社自治。然而，“学生群与专制社会存在天然对抗，由此产生本能的自由趋向”，③学生中酝酿一股反抗的潜力，况“民族革命风盛倡，主持学校教育者之一部分又从而鼓吹之，于是从前机械的被动中学生，至清

① 璩鑫圭，唐良炎. 中国近代教育史资料汇编：学制演变［M］. 上海：上海教育出版社，1991：476.

② 璩鑫圭，唐良炎. 中国近代教育史资料汇编：学制演变［M］. 上海：上海教育出版社，1991：482.

③ 桑兵. 晚晴学堂学生与社会变迁［M］. 上海：学林出版社，1995：285.

末亦一变其旧风,而有弄风潮之名词发现于中小学校之中。”[①]反对专制规范而向往民主秩序虽是美好愿景,然学生中充斥的散漫习气和叛逆心理终不免招致诋毁和非议。上海徐汇公学、安庆陆军小学堂、湖北方言学堂、长春中学堂等发生的学潮,均与组建学生自治团体有关。

为将学生对封建统治的抵制由本能化为自觉,由混沌转为有序,扬州学生“以今日学生中颇有败坏名誉之事,转于学界进步有碍,特邀集官私各学堂学生创立学生自治会”;[②]而地方官绅也为形势所迫或默许或接纳,比如顺天中学堂学生自立会成立后,府尹曾两度到会演讲试图将学生自治纳入官方管辖之下。就这样,各级学堂的学生自治团体潜滋暗长、生根发芽,渐入正轨。

学生自治会一般具完备的形式和规章,譬如上海义务学堂学生自治会下设四部,分别为检查部、劳作部、遗失物代收及发还部、法律部,四部各有分工,分司学生记过、精勤、廉洁、守法习惯之养成。1904 年,《岭南学生界》刊文《本学堂自治会略》,规定章程如下:

学堂四周,亦不可不洁,违者例罚二仙。其二,本学堂之内吐口水于地,及投杂物于不当投之处,是皆足害卫生。至于其一,当学生在本班自修时不准别人骚扰,违者例罚一仙。凡在本学堂中无论会友与否均在本会之治下。

自立之力,而立爱国之基础;特为本会暂定至简至要之律例二条,及授我等以权而实。本学堂医生兼教习林安德先生深知我辈青年欠缺此权,欲吾等当为学生之时,先试之权不可也。故本会定名曰“自治会”。学生欲为世界公正人,必先依良心而行事,则可抗拒诱惑,亦可互相规谏,是非有自治由正路,或恃所学而逆良心,其结果何如乎?是可决其终不能成伟人也。[③]

1905 年后,以校为单位的自治团体逐渐扩展为区域性团体,福建学生自治会、扬州学生自治会、山西全省学会、浙江全省学会、吉林全省学会、西安学界组织的国民自治会、黑龙江学界联合会等陆续成立。1911 年还成立了“中国学界联合会”,并公布《中国学界联合会章程》,以“联合全国学界切实预备武装并研究一切救亡方法”为要旨,任职人员若干(名誉会长 1 人,正会

① 吕达,刘立德.舒新城教育论著选(上)[M].北京:人民教育出版社,2004:301.

② 桑兵.晚晴学堂学生与社会变迁[M].上海:学林出版社,1995:275.

③ 作者不详.本学堂自治会[J].岭南学生界,1904,1(1~2):39.

长1人,副会长2人,书记4人,庶务4人,会计2人,纠察若干人,评议若干人);联合会职员由全体会员票选,半年一任,于春秋大会时更选;联合会下设五种机关——报赎部、编译部、军事学校、调查部、通信部等。

学生自治组织的成因,除对政府压制的直接抗逆外,西方民主思想的传播及地方自治的风潮亦不可轻视。据统计,1905~1911年间全国发行的报刊约600余种,而直接为清政府控制的则不足1/10。① 民间传播渠道的发达,使得官方话语权旁落,新思想公开占据宣传阵线,与清末的专制统治形成对垒之势,学生不断受到新思想、新气息的冲击。江西高等学堂试图增置新书报而遭拒绝后,自行派人至上海购置各类新书报;扬州常昭公立高等小学堂学生则在修身考试中公然鞭挞三纲五常等"正统"观念,甚至谓"君臣夫妇二纲可以不设"。

辛亥革命后,民主、自由、平等之风更盛,学生不仅被要求在校读书,还被鼓励参与社会活动;各校可斟酌情形自行规定管理细则,学生对校长与教员也不必毕恭毕敬、事事顺从,学生对管理规程确有意见者得以面陈于学校行政者。民国元年至五四运动前,教育部颁布的管理规程、各类令文书明:(一)校长及教员不得以威权挟制学生,而应以人格为学生树立表率,以期获学生信仰爱戴;(二)学校规程纪律,务期学生自律的服从;(三)施行惩戒,务求学生之悔悟。② 学生自治浪潮中,女性谋求独立的呼声也越来越高。1918年吴江私立丽则女子中学学生金蘅公开论及,"今则世界大同,人人平等,即人人有治国之义务,盖国以民为本,积民而成国,……故国民自治能力之消长即一国之治乱系焉,惟女子为国民之母,闺门之化御于家邦,姬周之所为兴邦也。故窃以为培养国民之自治能力,必先完成我女子之自治能力。"③

事实上,学生自治这个名词在中国听闻时日不多,溯其根源则在西方。王造时认为,"西历一千五百四十年的时候,德国有一个中学,曾经行过学生自治。其他各学校,也有仿行的;到了近代,美国推行最广。考察最先推行学生自治的人,名字叫做杰耳(Gill)。他著一部书叫做杰耳氏制度(The

① 桑兵. 晚晴学堂学生与社会变迁[M]. 上海:学林出版社,1995:285.

② 吕达,刘立德. 舒新城教育论著选(上)[M]. 北京:人民教育出版社,2004:301.

③ 金蘅. 拟本校学生自治会征集会员启[J]. 妇女杂志,1918,4(2):2.

Gill's System)。他的用意是要使学生知道行政的概略,养成自治的观念,所以想出一种方法叫做学校市制度(School City)。把学校内的学生组织成一种有机体的机关,好像地方市自治机关一样,里面也有立法、司法、行政三部。……教职员并没有什么干涉,不过到了必要的时候能在旁边指导和训练。这种学生在学校练习自治,将来在社会上就可以成为一个好国民。"[①]罗廷光认为16世纪弗罗岑多夫(Frotzendorf)主张学生自治分为三部:一、立法部,二、行政部,三、裁判部;18世纪兰卡斯特(Lancaster)在英国试行领班制,可谓是自治的一种。[②] 吴俊升将学生自治的历史推得更久远,认为学生自治制的雏形源于13世纪英国"公立学校(Public School)"之Prefectural System[③],即教师任命年长学优品端的学生,司管理同学之责,这是学生管理学生的嚆矢,与日后盛行的级长制相当。[④] 无论学者观点如何相异,学生自治制自外输入中国这一观点均获认同。

学生自治制令人耳目一新,学者积极投身宣扬推介中。1917年《教育杂志》发表《学校市之组织》,详述了阿赛奈尔的"学校市宪章",强烈呼吁"我国现今之学校训练是否可稍稍采用之",因"于宪政教育上必有所裨益"[⑤]。类似的文章还有《自治之商榷》(《东方杂志》,1915年第12卷第2号)、《自治的训育》(《教育杂志》,1914年第6卷第9号)、《国民自治之精神》(《进步》,1916年第10卷第2期),等等。其中对学生自治介绍最为细致的当推正如李相勖、徐君梅、徐君藩之《课外活动》一书。

二、从理论走向实际:"五四运动"后的全面勃兴

正如舒新城所言,"等到五四运动成功,教育者旧日的威信全失,青年自身,因无适当的指导者,对于五四运动的前因后果少分析的观察,大多数以

① 王造时.学生自治的原始和解说[J].清华周刊,1920(185):5~6.

② 罗廷光.教育行政(下册)[M].福州:福建教育出版社,2008:188.

③ [注]"级长制",由施鲁斯伯里公学校长巴特勒(S. Butler)创立,源于Public School中寄宿制的管理需要而生。

④ 吴俊升.德育原理[M].福州:福建教育出版社,2011:105.

⑤ 天民.学校市之组织[M].教育杂志,1917,9(7):130.

为五四的成功,完全是学生的力量,社会上一般人随声附和,也以为学生的势力最大,黠者利用之以为政争之具,怯者则诸事惟学生之意是从。”①对青年学生力量的过高估计,加之杜威来华提倡学生自治,各校无不热衷于组建学生自治团体,学生自治呈全面勃兴之势。

(一)引介、讨论中推进

1919 年后,对学生自治制的推介更为频繁。《新教育》第二卷第三期登载廖世承译的《关于学生自治的几个问题》(英文为:Some Problems of Pupil Self - Government),原文由美国全国学生自治委员会印行、顾樊山(L. Edwin Goldwasser)演讲,廖世承专门注释道“演讲题旨是说学生自治为造成公民的训育”。② 同期登载的还有美国学生自治委员会宣布的《中小学校学生自治实施之计划》的中文译文,充分阐述了美国学生自治的实况:学生自治组织之种类包括学校园、学校联邦、委员会、学生议会和学校市;活动机构有议事部、司法部、执行部;活动形式有教室讨论、朝会、作文、辩论等。其中教室讨论题目宜为“自由之真义”、“自治之重要”、“自治之限制”、“共和社会重个人之重要”、“舆论之力”;作文题目宜为“学生应有管理其体育会之权否”、“何事为佳美公民所应为者”、“协力合作,在野球比赛中之重要,与其在共和社会之重要”;辩论题目如“自治为有利于本校”,等等。这样一套系统完整而切实可行的学生自治制的实施方案,无形之中使得人们对学生自治的前景更为坚定而明确。

一些著名的思想家、教育家也纷纷加入声援和支持学生自治制的队伍中,较早对学生自治发表评论的当属陈鹤琴和陶行知。陈鹤琴于《新教育》1919 年第二卷第三期发表的《学生自治之结果种种》援引美国新泽西州奥兰治市栎木街中学校长卡斯利特先生的议论,称“大凡各校已经采取此制(学生自治制),即视为训育儿童之最优机关,较之昔日之书本训育,远胜万万。”③陈鹤琴对学生自治制有高度期许,“学生自治制之用实大且深,自治使

① 吕达,刘立德. 舒新城教育论著选(上)[M]. 北京:人民教育出版社,2004:302.

② 廖世承. 关于学生自治的几个问题[J]. 新教育,1919,2(3):257.

③ 陈鹤琴. 陈鹤琴全集(第 6 卷)[M]. 南京:江苏教育出版社,2008:1.

学生得有服务社会之良好机会，以尊重他人之自由与权利；且每协力同心，和衷共济，凡于学校有益者，必竭力提创之、护助之；凡于学校有损者，必公排斥之。"①因而学生自治制的成效已"彰彰在人耳目"，教育家应提创此制！当然陈鹤琴依然保有客观、冷静的判断，称"自治制非仙丹也"，学校中所发生的种种困难断不是一自治制所能尽解。

无独有偶，陶行知1919年10月于《新教育》第二卷第二期发表文章《学生自治问题之研究》，称学生自治是自动主义贯彻德育的结果，"是我们数千年来保育主义干涉主义严格主义的反应，是现在教育界一个极重要的问题。"②陶行知集中回答了七个问题：学生自治是什么？为什么要施行学生自治？学生自治办得妥当有哪些好处？学生自治如果办的不妥会发生哪些弊端？规定学生自治范围，应有若何的标准？学生自治与学校有什么关系？施行学生自治应注意哪些要点？难能可贵的是，陶行知冷静地认识到，学生自治若未办妥会带来四种显著的弊端——把学生自治当作争权的器具；把学生自治误作治人看；学生自治与学校立在对峙地位；闹意气，随后这些弊端在学生自治中纷纷表现出来。1920年11月6日朱自清也在浙江省立第一师范《十日刊》发表散文《自治底意义》，激昂陈词道：

中国自治底火焰在民国初元间亮过一亮，——虽然很昏暗——不久便被人捻熄了。五四运动后，大家用自由底火烧他，才又渐渐地复活起来；什么学生自治咧！地方自治咧，如今东也嚷着，西也嚷着了！

……

自治是一种进步的活动，他里面包着两个历程：一、表现；二、抗议。我们努力求自由，不绝地发展我们的可能性，便是表现。但是进化底路上不免有许多障碍——灵肉不调和所生的种种冲突——直线的表现是不可能的；我们不得不费些力量去"清宫除道"——故不得不经济些。这便是抗议。表现是创造；抗议是破坏，是表现底一种手段。真正的自治，这两种功夫都要有的。那些只晓得沾沾地守着"庸德之行"，"庸言之谨"的个人或社会，只消极地不作恶，却没力量去行善去恶；这不算自治得好，只好做一个生活的落

① 陈鹤琴．陈鹤琴全集(第6卷)[M]．南京：江苏教育出版社，2008：3.

② 陶行知．陶行知文集(上)[M]．南京：江苏教育出版社，2008：54.

伍者罢了。还有那专门破坏的,只省得摧枯拉朽地将生活里一切不合理的元素都划除尽了,却不想想造出新的来替代他们,生活岂不要成空虚么?①

1921年10月经亨颐在北京高师期间,曾兼任学生自治指导委员长,特意强调学生自治是本校提倡最早,"要和诸君同立于教育者的地位研究怎样维持外面一般中等学校的学生自治"。② 他认为,"学生本位的训练,就是指导学生自治",这是学生人格上不愿受制裁的一种特色,然而外面中等学校学生自治的情形却只能概括为一句话——"学生实在可怜"!产生这种状况的原因,主要是中国历来有"师道之尊"的积习,一般做校长和教员的多不愿意学生自治,反而因学生自治引起了校长、教员和学生的恶感,"其结果双方误解,竟是有宣战的样子"。经亨颐认为这是第一期的学生自治会,是一种消极的手段,是一定要经过才能达致第二期的学生自治会——积极的指导,即"做校长、教员的有了觉悟,不可以威权用事;不可以束缚学生精神,但是做校长、教员仍有不能不切实指导的责任。"③经亨颐热切希望赶快从第一期学生自治会进于第二期学生自治会,这才是"教育界的幸福",而学生自治的真义才可表见。

1922年2月1号《教育月刊》创刊号发表恽代英的文章《我对于学生自治的意见》,认为学生自治是"逐渐使学校主权操于学生"。他的逻辑理路在于,学生将来要做社会的主人、操控社会主权,现在必须先做学校的主人、操控学校主权,尤其是就中国眼前的事实来说,"要培养民治的精神,固有使学校预先便民治化的必要",④因而"即令学生操使学校主权,不算最好的法子,究竟由比校长或其他三五人操使主权,在教育学理上合理些!"⑤在恽代英看来,学生自治是"学生互治",即"由教职员的独治,而求一种解放的意思"⑥。我们以前的教育,使得学生只知道服从权力,而有违民治精神,而今学生既

① 朱自清著,朱乔森编.朱自清散文全集(下)[M].南京:江苏教育出版社,1998:4.

② 潘懋元,刘海峰.中国近代教育史资料汇编·高等教育[M].上海:上海教育出版社,2007:707.

③ 潘懋元,刘海峰.中国近代教育史资料汇编·高等教育[M].上海:上海教育出版社,2007:707.

④ 恽代英.恽代英教育文选[M].武汉:湖北教育出版社,1991:191.

⑤ 恽代英.恽代英教育文选[M].武汉:湖北教育出版社,1991:193~194.

⑥ 恽代英.恽代英教育文选[M].武汉:湖北教育出版社,1991:194.

要做民治社会的人,他们就不得不早在学校养成互治的习惯。张莆田称自治“非向学校宣布独立,乃为练习自治,仍须受学校之辅导者也”①;学生自治有充分之必要,理由在于:(1)多数人的团体自治胜过受少数人的专断治理;(2)民治国须有能自治的公民;(3)要养成能共同自治的公民,须使人民练习自治;(4)民治国的学校应陶铸“能共同自治的公民”;(5)陶铸“能共同自治的公民”最妙的途径是学生自治;(6)因世界大势所趋而不能不使学生自治;(7)学生自治适应于学生的需要。不可否认,这一时期的言论与讨论多力捧学生自治,有为学生自治摇旗呐喊之势。

然而,学生自治制并未取得人们预期的效果。1923 年 12 月舒新城于《新教育》第 7 卷第 5 期发表的《一个改革中学学生自治的具体方案》直接发问,“学生自治最重要的目的,在锻炼青年的团体生活,养成其组织力,其用意固善。在欧美推行数十年,其结果也未尝不好,何以传到中国的中等学校便发生相反的结果?”②经过多人的讨论,舒新城还起草了一个改革案,具体内容为:

表 58 《一个改革中学学生自治的具体方案》改革案③(舒新城,1923 年)

诊断(现自治会之缺点)	1. 会务只有少数人负责,多数人视为无关重要; 2. 每次集会,职员出席不踊跃,缺乏热心会务的自动精神; 3. 每次改选职员,总有若干人不愿就职; 4. 有时决议之规章办法,不能执行。
原因	1. 平时少真实团体生活的练习; 2. 缺乏教师指导。
改进要旨	由养成团体生活的习惯着手,至能完全采用地方自治为止
改进步骤	1. 教师与学生共同为团体之活动分子; 2. 团体组织以学生为本位,教师只利用机会引起其动机,自立于辅导地位; 3. 团体活动完全由学生自立,教师只在旁监察。
改进方法	略

① 张莆田. 学生自治之研究[M]. 武汉:湖北教育出版社,1991:19.
② 吕达,刘立德. 舒新城教育论著选(上)[M]. 北京:人民教育出版社,2004:303.
③ 吕达,刘立德. 舒新城教育论著选(上)[M]. 北京:人民教育出版社,2004:303~304.

舒新城称其为“中学学生自治的预备计划书”,只略提改革大纲,详细的办法要随地而异。此外杨贤江也陆续公开发表了《学生自动之必要及其事业》、《学生自治失败的负责者》、《学生自治何以必要》、《威权打破了以后——学生现行记》等文章或讲话,其中1925年发表于《学生杂志》第12卷第2号的《学生自治失败的负责者》引用山东省立第一中学校王云鹏关于学生自治的一段话,评论道“故要说学生自治已经失败——实在说来,未免冤枉了他。——则失败的负责者终不能推到学生身上。我以为,教职员们实应负责。……要希望在这种反动、顽固的学校教育底下,实现‘一个教育意义下的学生自治会’,原是很难的啊!”[①]他还痛心疾首地抨击道,“‘学生自治会的宗旨,并不是完全使学生自治,是要学生们练习自治,养成学生的自治力。’王君的这几句话是很对的。但有谁能真心热诚地做指导者?”[②]同样,《改进学生自治的商榷》也毫不掩饰地指出学生自治的窘境,“它(学生自治)的病源,决不在学生自治的本身,却在于我们大家心坎里不曾深深地刻着‘学生自治’四个大字。你想大家对于学生自治,既然都淡焉漠焉,抱着‘于我如虚云’的态度,我们还希望我们的学生自治有完美的组织和民治的精神吗?”[③]

张君劢对学生自治的定义颇能体现这一时期的特色,“自治之义,与他治相对待,……以英语言之,名曰‘学校中之自治’(Self - government in School);德育亦大略相同,曰 Sebst - Regierung der Schuler。总之,皆以宪政精神推及于学校管理与教课而已。”[④]换言之,学生自治是实施公民教育的重要形式。胡适、蒋梦麟、张伯苓、俞子夷等甚至直接投身入学生自治的实践;关于学生自治制的讨论频繁见诸报刊杂志,学生自治制俨然成为一时热潮。笔者以为,这一时期关于学生自治制的讨论大致可分两个阶段:1919~1923年,集中于对学生自治制的积极译介、愿景展望及引入中国中小学必要性之探究;1923年~1927年,集中于失败原因的探究及修正方案之设计。

---

① 杨贤江.杨贤江全集(第2卷)[M].开封:河南教育出版社,1995:251.
② 杨贤江.杨贤江全集(第2卷)[M].开封:河南教育出版社,1995:251.
③ 仙女生.改进学生自治的商榷[J].学生杂志,1925,12(1):18.
④ 张君劢.学生自治——北京平民中学演讲稿[J].教育杂志,1923,15(9):2.

（二）发展之概貌

在人们的广泛关注和热烈讨论中，学生自治从理论走向实际，从零散走向集聚。1919 年江苏省教育会开中等以上教育研究会，特邀教育专家演讲学生自治问题。同时，《第五届全国教育会议联合会议革新学校教育方案》第 2 条“训练”项形成如下议案：(1)教育学生组织学校市、学校共和国等，以练习公民自治；(2)鼓励学生服务社会，实现学校与社会之接合；(3)提倡各种作业，使学生发展个性。8 月 16 日江苏中等以上学校教育研究会形成学生自治会试办办法，设立“学生自治团体组织法研究会”，中等以上各学校参与研究，并由江苏省教育会委托南京高等师范学校调查共和国关于各级学校自治团体的组织方法。1920 年第六届全国教育会联合大会上，鉴于中华国体已定共和，而一般国民有爱国心而乏自治力，特定“学生自治纲要案”，以“发展青年天赋之本能，养成其负责与互助之习惯”。该决议案提出，共和国教育当养成全国学生人人有共和国国民之资格；而要养成共和国民资格，就必须实施学生自治，“其方法，在练习团体组织。其宗旨，在发挥民治精神。共和先进国风行有年如学校国、学校市等，其名不同，其旨则一。”①大会还专门拟定学生自治纲要五则，通告各省区教育会转致各学校一体注意：(1)学生自治，系教育陶冶，与实施政治有别；(2)以公民教育之精神，练习自治，得采分区制度；(3)学生自治权限，视学校之性质，及学生之年龄与程度，由校长酌定之；(4)学校教职员，应设自治指导员会，负指导学生之责；(5)除学校行政外，均得由学生根据校长所授予之权限，定相当之办法，由指导会通过实施。② 同年，还通过了《民治教育标准设施案》，其中特意强调学生应练习公民自治。当时已经涌现了专门练习自治的组织，如学生会、公仆会、巡察团等，而一般的小学也将“好国民”、“好学生”或“好公民”作为自定的训育目标。1922 年，第八届教育联合会乙组第十六案，提出今后中等学校应仍以学生自治为训练方针。

---

① 《中国教育事典》编委会. 中国教育事典（中等教育卷）[M]. 石家庄：河北教育出版社，1994：970.

② 《中国教育事典》编委会. 中国教育事典（中等教育卷）[M]. 石家庄：河北教育出版社，1994：970.

怀抱着美好愿景，学生自治会如雨后春笋般蓬勃生长。1922年江苏一中校长陆殿扬曾对京师、京兆、江苏、安徽、山东、湖南、湖北、浙江、江西、四川、云南、福建、奉天、黑龙江、广东、广西、直隶、河南、陕西、山西等20个省份的69所中学进行调查，发现其中62所学校设有学生自治会。[①] 人们对学生自治组织的期待，以1921年浙江省立第一中学校学生发表自治会成立宣言为集中体现。宣言集中回答了两个问题——"学生自治会是什么"、"为什么要组织学生自治会"。就前者而言，"组织这个学生自治会并不是自放的运动、反动教职员的运动，也不是一种机械性的组织，是一种共和国学生所应有运动，是毕生自己管理自己的运动，也是预备将来为公民的运动。细说起来，就是学生结起团体来自己订了规则，凡有关于学生的事情都要学生自己去做，学生自己的言行都要自己去管束，以为将来公民共同自治的预备。"[②] 就后者而言，"我们中华民国是共和国家，我们学生是共和国的学生，就是将来共和国的公民，凡共和国所需要的公民是要他有共同自治的能力，难道我们的共和国还要养成被治的公民吗？既不当养成被治的公民，难道还要养成被治的学生吗？既不当养成被治的学生，那么我们这个学生自治会是当然要成立的！"[③]这一宣言基本是呈现了这一时期学生自治会成立的目标指向——"为将来公民的预备，也就是为将来共同自治的预备"。

这一时期的学生自治组织类别较多，李相勖细分为五种：(1)不具形式的自治会；(2)特务团；(3)自治乡与自治村；(4)自治市；(5)学生自治会。[④] 杨彬如谈到，"现在几个著名小学校里所实行的自治事业，有一种是模拟国家组织，三权鼎立，有议院、有法院、有行政局等的。另一种是采取美国自治委员制的雏形，由各种自治机关的领袖合组行政委员会，商议重要事情，把立法行政合为一炉，司法事情也归行政委员的一份子——巡察团——去办理的。各级都行学级自治，做基本的功夫。"[⑤]还有一些学校进行了形式上的混合或变种，如商务印书馆附设尚公学校里的儿童自治，把学级自治作为基

---

① 王伦信. 清末民国时期中学教育研究[M]. 上海：华东师范大学出版社，2002：188.

② 作者不详. 浙江省立第一中学校学生自治会成立宣言[N]. 申报，1920-01-18(7).

③ 作者不详. 浙江省立第一中学校学生自治会成立宣言[N]. 申报，1920-01-18(7).

④ 李相勖，徐君梅，徐君藩. 课外活动[M]. 上海：商务印书馆，1936：196.

⑤ 杨彬如. 儿童自治施行实况[J]. 教育杂志，1924，16(7)：6~7.

本，各级均有学级自治会；并将各级学级自治会进行联合，另组一个学校青年会，把集会游艺做主题，而附设各种特殊机关；巡察团作为独立机关，主持秩序方面的事情。再如北京高师附小试验班设立儿童俱乐部，把游艺集会做主体，而附设各种特殊机关，如总务股、谈话股、游艺股、学科股、故事股、卫生股，以达致“自治的习惯、联络感情、团体的责任心、交换知识”①之目标。总的来说，1919～1927年中小学校的学生自治组织采取的形式主要有三种：

第一种，仿照美国设立立法、行政、司法三部。这是直接模仿欧美的公民自治模式，试图使儿童幼年时期就熟悉三权分立的精神，并以民治的原则获得自我管理的直接体验。

第二种，以美国的自治委员制为蓝本而形成的委员制。以南京高等师范附属小学的“公仆会”为代表，主要由自治机关的领袖组成行政委员会，进行公民自治的指导，基本上采取三权合一的集体领导方式。

第三种，市乡制，即按照市或乡的政府结构形式进行构架。以秀州中学为例，采用的模式是学校市，内部组织仍旧采用三权分立制，设行政、立法、司法三部。行政部设市长、副市长、秘书、警察，及经济调查、外交、银行、卫生、膳务、教育等科科长及司库书记；立法部设议长、议员和秘书；司法部设录事、市律师及推事陪审员等。②

（三）个案展示——南高附小之公仆会③

公仆会是南高附小训练儿童自治的机关，成立于1919年秋，由学生会转变而来。

自治机关成立之前，附小已尝试儿童自治，采用级长管理级务、照料生监护同学、寝室与自修室室长照料同学及学生向学校新闻投稿等。但终究说来级长、室长等不过是受教师之命维持风纪罢了；学校新闻虽有学生投稿，但主编仍为教师。从这个意义上说，儿童只是处于被动地位，教师实为主体；况且各级没有联合的组织，学校缺乏统一的机关。此种情况下，附小

---

① 赵镛．附小试验班儿童俱乐部的组织在训育上的关系[N]．北京高师周刊，1922－10－22(7).

② 吴慧珠，蒋晓选．课外校外活动[M]．北京：人民教育出版社，1991：459.

③ 中央大学实验小学校编．一个小学十年努力纪[M]．上海：中华书局，1933：299～306.

呼吁成立学生会,目的主要在于培养儿童的自治习惯、引起儿童的自治需要。学生会更接近于代议机关,是“筹备自治时代的过渡办法”,是儿童自治的雏形。

学生会在一定范围内进行学校事务的管理。此处略摘举1918年12月16日第37次职员大会通过的学生决议案内容如下:

甲 请各位担任先生注意训诫各级同学的:

一、国三退课时,须按时出室,免得国四在外空待;

二、国三四园艺时,所弃之砖石,不可置在路口;

三、戒己室手工课后,须整理清洁,以免妨碍图画;

四、提倡藤篮做书包以免失物。

乙 请庶务执行及训诫厨房仆役的:

一、自修室内放抹布;

二、自修室吐钵须常倒;

三、各处茶壶要生火,自修室内礼拜日也要备茶;

四、饭菜要清洁,天冷时不要搬出得过早。

可以看出,学生具备自治的习惯和需要,但附小在探索中发现学生会模式下学生依赖教师甚多,不利于发挥自治精神。因而1919年春季学生会自身提出改组的议案;至秋季开始组织公仆会。

公仆会,取字面之义,即为公众服务。公仆会组织法的第一条即规定“公仆会由学生组织,讨论全校同学生活之改进,协助校务之进行,并练习自治能力,培养社会服务之习惯”。因学校校舍、教学法、编制的变换,公仆会的机构历经调整,主要分为十二部:一、级务部;二、舍务部;三、膳食部;四、图书部;五、新闻部;六、演讲部;七、表演部;八、体育部;九、清洁部;十、俱乐部;十一、巡查团;十二、商舍。

1921年秋,公仆会已较完善。公仆会委员主要从高年级选出,但公仆大会及各部议决案中涉及全校的,中低年级仍应服从,并须由会长或部长具函或口头向中低年级同学通知;中低年级同学如有意见须全校同学改革或一致进行的,可向公仆大会或各部提出,并推举代表出席会议。

中、低年级学生虽不加入公仆会,但也有具体而微的小组织:(1)中级有校公仆会,分纠察、清洁、运动、管理遗失品等部,也有会长、部长和每日的当值员。每星期开常会一次，临时发生了事情则开临时会议。当值员看见犯规的事情，就地可以解决的就解决掉，否则到开会时报告公决。另有报告单，可以把事实写上去，作为开会的资料。(2)低年级的自治有两种：其一，领袖。领袖的组织，根据学生自己的要求而设计成立，当学期主要有三种——清洁领袖(查清洁、管理换鞋子等)；图书领袖(整理图书等)；排队领袖(管理排队时齐不齐、静不静、秩序好不好等)；其二，委员。有临时事项发生而须杜威院全院各级共同进行的，有必要召集联席会议推举委员。委员由各级自行推举，召集开会由发起的一级主持，例如肯亲会委员、演讲会委员、庆祝国庆委员等。

与学生会相比，公仆会有诸多改进：第一，公仆会不但为议事机关，也是执行机关；巡察团的性质，近乎于司法；公仆大会的裁判所则完全是司法机关。公仆会是立法、司法、行政的混合组织，而学生会仅具议会性质。第二，公仆大会和各部会议时由会长和各部部长主持，指导老师不过从旁指导，儿童的能力可以充分发挥。第三，公仆会分设各部，目标明了，责任专一。第四，公仆大会统辖各部，精神一致。经统计，自 1919 年 9 月起到 1926 年 11 月止公仆大会 70 次决议案内容分别为：

表 59　南高附小公仆大会决议案(1919 年 9 月～1926 年 11 月)

百分比			议案性质	件数
1	建议学校改善生活的		76	20.8%
		起居方面	26	
		学业方面	21	
		运动设备	18	
		饮食及其他卫生方面	11	
2	参加社会服务的		64	17.6%
		爱国运动	37	
		慈善事业	24	
		其他	3	
3	关于本会自己建设的		54	14.8%

续表

百分比			议案性质	件数
		组织裁判所	13	
		制定徽章徽带	12	
		起草或修改规程	11	
		修改选举法	7	
		增设分部	6	
		其他	5	
4	劝导同学力行的		42	11.2%
		发表成绩	12	
		爱护学校	7	
		注意秩序	6	
		注意卫生	5	
		遵守比赛规则	4	
		其他	8	
5	支配同学服务的		36	9.8%
		大扫除	14	
		学艺运动会	11	
		庆祝会	9	
		其他	2	
6	督促本会各部勤务的		33	9.0%
		当值或服务	12	
		公布议决案	10	
		定期会议	6	
		订规程细则	2	
		其他	3	

续表

百分比			议案性质	件数
7	规正同学过失的		26	7.2%
		不守秩序	6	
		不尽公职	4	
		借钱欠账	4	
		私取人物	3	
		逃课	3	
		其他	6	
8	特别请求学校的		11	3.0%
		定制银质徽章	4	
		变更寒假期限	2	

（四）发展与反思

“五四”以后学生运动颇为盛行。然而“国内各校学生自治已经过十几年，回顾起来，成绩很少可观”。① 刘薰宇更一针见血地指出“要说学生自治问题了，这是‘五四’以来教育界最严重的问题。”②学生自治组织蓬勃发展的同时，也广遭质疑和抱怨。不得不说，学生自治的困境将其发展中的多重矛盾予以充分暴露。

其一，数量激增与功能混乱的矛盾。1924 年杨彬如描述道，“近来儿童自治的声浪，一天高似一天，大学中学的学生实行的自不必说，小学校里一面感受着这种潮流，一面因教师们提倡什么自动自学等等，因此，也大行其自治了。试到几个有精神的学校里去看看，一走进校门，就可以看见廊下路灯钉着什么路什么里的木牌，也有在应接室里看得见什么村什么市的小宪法。”③陈兼善也论及，“于是学生会之组织，举所有有学校之都市，所有有学

① 北京师范大学校史研究室. 林砺儒文集[M]. 广州：广东教育出版社，1994：647.

② 刘薰宇. 五四以来的教育[J]. 教育杂志，1926，18(5)：4.

③ 杨彬如. 儿童自治施行实况[J]. 教育杂志，1924，16(7)：6.

生之学校,视同必需,否则即足以显示其无人。"[①]从一定意义上说,学生自治组织已经成为彼时中国学校中的一股潮流,校际攀比也推动了学生自治的发展,使得学生自治组织的发展势头甚至远胜其来源地——美国。Satchell于1922年曾对美国200所著名学校进行问卷调查,实际回收150份,其中仅42校设学生自治会。[②]

与迅猛的发展势头形成强烈反差的是学生自治的功能混乱状态。举当时学生自治之典范——东大附中为例。东大附中学生自治会成立于1920年底,初期采用三权鼎立制,即分议事、行政、纠察三部,由总干事总理一切事务。未及二年,觉此制仅由少数教职员负办事责任,未免偏劳,不适合于共和之旨,乃由学生提议,修改章程,取消三权制,采用委员会制,设立经济委员会、膳食委员会、卫生委员会、审理委员会、纠察委员会、社会教育委员会、学艺委员会、实业委员会、出版委员会、体育委员会。东大附中学生自治会定宗旨为"发展自治能力、增进互助精神,养成健全人格",在培养学生自尊心和独立精神、练习做公民、明了人我间关系、发展学生社会性和公众责任心方面确实起到一定作用。即使如此,廖世承仍言"本校自治会,虽尚能积极进行,然范围太大,总不免精神涣散,办事迟疑。"[③]杨彬如称学生自治会"在形式上,有市政厅、市议会、裁判所,……定着许多规程细则,似乎组织很完备,规模很宏大。但是这些组织都是成人的、形式的,和儿童的经验不切近,生活上不需要的。在年龄大一些的儿童看来,教师拨一拨,他们才去动一动;年龄小一些的儿童,那更不用说了,简直是莫名其妙,跟人瞎走罢了。所以实际也许要偏在空摆架子一方面去。"[④]从某种意义上说,不少学校的学生自治组织仅是形式主义,走走过场,凑凑热闹而已,是夹裹在时代潮流中的盲目跟风而已。

其二,自治理想与专制惯性的矛盾。对于学生自治,支持者与反对者都不乏其人,"赞成这种方法的人,说他是社会化;反对这种方法的人,说他是无谓骚扰,或说是教师偷懒。"吴研因在江苏一师附小所出的《儿童自治》一

① 陈兼善.学生参与学校行政论[J].教育杂志,1924,16(9):1.

② 王伦信.清末民国时期中学教育研究[M].上海:华东师范大学出版社,2002:191.

③ 廖世承等.施行新学制后之东大附中[M].上海:中华书局,1925:41.

④ 杨彬如.儿童自治施行实况[J].教育杂志,1924,16(7):6.

书序言中的一段话代表了大部分支持者的态度——“中国只有数千年宛转于帝政之下的臣奴,没有力能自治的公民,要臣奴担负公民的责任,所以不免左支右绌,治丝益紊了。今为之计,要救国,只有竭力造就公民;要造就公民,只有在教育上设法;要在教育上设法,只有注意学校自治;要注意学校自治,则小学校的训练自治为尤要。”①中华民国的成立,使得臣民人格向公民人格的转变迫在眉睫,也使得为团体服务、对团体负责任成为公民必备的素质,然而现实恰恰是,“我们中国人向来没有自治底习惯,也可以说中国人旧习惯和团体自治正相反对。”②换言之,中国固有的国民性是极不适宜于团体自治的,而团体自治恰恰又是中国学生必须学习的。这样一种循环的、矛盾的怪圈,仅通过在校园内组建一定的学生自治团体,是难以根本解决的,因而学生自治变成“自乱会”也就不足为怪了——“十余年来学生自治会也脱不了这个圈套。或者是大家都冷淡,谁也不爱过问,自治会毫无生气。遇着有几个机灵的,就想借自治会名义出风头,图一点不可告人的便宜。再遇着想出风头的人多,同学间便争打起来,变成自乱会。而大多数懒管事的,依然不闻不问,往往被十个八个人把学校弄到一团糟。”③况且,学生自治会实际操作还遇到一些难以解决的问题。俞子夷提及,法院制中级任教师与法官的关系最难搞,他还举了一个真实的例子:

陶文④作于晓庄未创办前,或可视为晓庄自治制的种子。晓庄的自治最彻底,教师生活亦为学生所治。某次赴宁出席一会议,陶亦在。下午,陶频频看手表,不及终会先退,谓校内规定几点钟必回校,迟返者罚坐暗室云。从教师管学生而学生自管,而学生反过来管教师,诚一个大翻身也。湘师⑤初期全仿晓庄。刘嗥长校时发生过这样一个难题:规定早会不到满几次者退学,但教师聘约上无此规定,怎么办?⑥

---

① 杨彬如.儿童自治施行实况[J].教育杂志,1924,16(7):6.

② 北京师范大学校史研究室.林砺儒文集[M].广州:广东教育出版社,1994:647.

③ 北京师范大学校史研究室.林砺儒文集[M].广州:广东教育出版社,1994:648.

④ 编者注:可能指陶行知的《学生自治问题之研究》,刊于1919年10月《新教育》第2卷第2期

⑤ 编者注:系当时的浙江省立湘湖师范学校

⑥ 俞子夷.学生自治与学校管理——回忆简录[J].华东师范大学学报(教育科学版),1989(1):88.

其三,外来引入与本土发展的矛盾。1906 年,李成谟撰文《中学训育上的一些消极的意见(续)》中直截了当地建议“暂时取消学生自治会”,他言辞恳切地剖析了学生自治会的流弊及原因:

自治会的流弊已经是大家所公认,现在不欲多谈,大概总括两点:(1)学生自治会对于学校成为独立政治团体,对内实无自治权力和社会制裁。(2)大多数人无参与的兴趣和机会,少数人的活动借此满足他们的虚荣(中学生虚荣心的方向不同,有务于校外,有务于内的各方面)和反抗约束的欲望(反抗约束自是一般学生所同情的)。

所以有这样的流弊的,其原因有三:(1)中学生过正的趋向;(2)教育者没有做根本的功夫,减少他的恶趋向;(3)迷信原理,不察实情,加之“好高骛远”的见解。①

迅猛的发展势头过后,人们陷入了对学生自治的反思和深深质疑。学生自治会源自美国,美国的学生自治会以学生自身生活为职责范围,不可逾越;同时校长有权决定学生自治会的设立和取消。然而,“蜀省某学校,学生对于学校设施以及教员学力为一严厉之批评,当局者收集而统计之,以定下学期学校行政应兴应革,教职员应进应退之标准。”②从一定意义上说,自治会与学校行政的关系已经因学生自治会的过激行为而陷入尴尬境地。在某些学校,自治会已经实现了权力的僭越,甚至成为学生整治教职员工的利器。“中国的学生自治组织皆直接由美国抄来,自己并无创造的实验。”③学生自治会的乱象,不仅是外来引入与实验发展之间矛盾的直接呈现,而且也表征了近代教育在本土与异域之间的纠葛状态。

三、从自由发展到全面限制:国民政府时期的强制整顿

南京国民政府成立后,人们对学生自治的反思仍在持续。这种反思主要集中于两方面:

---

① 李成谟. 中学训育上一些消极的意见(续)[J]. 新教育评论,1926,2(23):9~10.

② 王伦信. 清末民国时期中学教育研究[M]. 上海:华东师范大学出版社,2002:193.

③ 李相勖,徐君梅,徐君藩. 课外活动[M]. 上海:商务印书馆,1936:193.

一是针对学生自治组织本身的反思。如1928年《湖南教育》刊文指出,现在长沙各小学校的学生自治,多假设县市乡等社会组织,如城南市(一中附小)、心田市(二中附小)、城北市(广益)、中山乡(市立三校)、中山市(楚怡)、三民县(修业)等。这种自治组织设有各级政府,如县政府、区政府、乡政府等,采用委员制或首领制;政府设有各种机关,如教育局、公安局、卫生局、消费合作社等,以举办各类性质的事业。全校的地段便是该社会的区域,全校的学生便是该社会的人民,教师被聘为高等顾问;人民举行人民大会或代表会,实行各种政权,组织各级政府。① 一所学校俨然是一个独立的、整个的、有系统的自治组织。然而这种组织广为诟病:一方面,是假设而非实在的;另方面,偏重组织,而忽略了学生自治之效能。此外,《尚公学校儿童自治之今明昨》将儿童自治的困难归于五个方面——儿童不容易明白自治的意义;儿童怕开会;儿童缺乏做主席的能力;儿童缺乏工作的计划;包办主义。② 1930年《小学学生自治的训育之研究》则将学生自治会发生弊害的原因更多归于教员,如教员不甚了解自治的意义;有些教员虽然知道学生自治的价值,但不知道指导学生的责任;有些教员过于注重形式的组织,而忽略精神的指导。③

二是针对学生自治组织与教职员工、学校行政之关系。学生自治组织可否凌驾于教职员工之上?可否替代学校行政?这一问题自"五四"以后愈加凸显,也成为国民党对学生自治组织实施强制整顿的重要理由之一。1930年《中央党务月刊》专门发文论述学生自治会与学的之关系,称"查学生自治会会员皆为学校学生,故学生自治会会务之进行,与学校行政有密切之关系。学校对于学生自治会应有指导监督之权,在教育上方能收合作并进之效。否则任令学生自治会自由行动,学校不能过问,不特对于教育之进行多所障碍,将来或至变成学校与学生自治会对立,互相牵制冲突,重蹈过去学生会之覆辙。"④

---

① 李旦萱. 小学教育实际问题之商榷(二)[J]. 湖南教育,1928(3):1~2.

② 马精武. 小学教育实际问题之商榷(二)[J]. 湖南教育,1928(3):1~2.

③ 韩定生. 尚公学校儿童自治之今明昨[J]. 教育杂志,1929,21(5):125~126.

④ 中国国民党中央执行委员会训练部. 令各省党部训练部解释学生自治会与学校之关系[J]. 中央党务月刊,1930(24):10~11.

鉴于人们的争议和质疑,也为防止学生自治组织进一步联合和扩张,南京国民政府成立后便重新限定了学生自治会的职能和范围。1928 年南京国民政府在全国教育会议上通过了由国立中山大学、广东教育厅、广西教育厅提交的《确立教育方针实行三民主义的教育建设以立救国大计案》,确立了学生自治会的组织及法律关系。其中言明学生会本为各校学生之自治机关,过去数年之间,在鼓励民气、宣传文化方面颇为得力;然而因组织及监督管理的缺陷,使得学校教育受牵制而致停顿退步者亦不少见。况且,一切民间团体之组织,都须遵循国家法令规程,学生会作为人民团体之一种,"其组织及运用之良否,关系国家兴亡社会安危不小,非由中央政府制定规程为之范围不可。至学生会之名义,应正为'学生自治会',使其顾名思义,有所警悟也。"①不唯更名而已,现有的学生会组织尚有一大"谬误"——"联合会之无限制的扩大与势力之滥用","此种组织,将全国百千万之学生,操纵于少数学生政客之手,而强迫百千万之学生以盲从。名为民主,实乃最专制愚民之制度,等于从整个国家组织之中,夺取一部分国民以去,而自成一国家。一有错误,全体随之。此制不革,国家不能立教育方针,社会不立生活秩序,教育破产,生活破产,学术破产,国家破坏,均由此起;而各学生本身之危险,则更不待言矣。"②

鉴于此,国民政府将学生会统一更名为学生自治会,性质为各学校之学生自治团体,活动不得超越此范围,更不得滥用权能以干涉国家政治和学校行政。学生自治会的职责限于四方面:

(1)自治 一切关于生活秩序之工作,及结社集会雄辩之拟制训练等。

(2)智育 科学组织之研究等。

(3)德育 个人的社会的道德之互励等。

(4)体育 一切体育运动等。③

同时规定学生自治会发起之初应呈请本校校长转呈地方行政官厅注册立案,且注册立案须附带章程,章程内容准用民法上法人之规定。学生自治

---

① 中华民国大学院. 全国教育会议报告(乙编)[M]. 上海:商务印书馆,1928:57.

② 中华民国大学院. 全国教育会议报告(乙编)[M]. 上海:商务印书馆,1928:57~58.

③ 中华民国大学院. 全国教育会议报告(乙编)[M]. 上海:商务印书馆,1928:58~59.

会的监督指挥权，属于本校校长；学生自治会联合会之注册、立案、监督与指挥，属于其所在地之行政官厅；学生自治会及联合会之行动违反国家法令与学校规程时，主管官厅及学校校长有权解散或改组。大会还拟定《学生自治会条例草案》，共18条，对学生自治会的名称、目的、学生自治指导委员会与执行委员会、规程公约、会费管理、与学校行政的关系等都做了细致而明确的规定。

随后，1930年1月又通过了《学生自治会组织大纲》和《学生团体组织原则》，规定凡中等以上之各学校学生，不分性别，皆得在学校以内组织学生自治会。《学生团体组织原则》明确界定学生团体组织的范围、目的、名称、方式、职权等，具体为：

一、范围 以在学校内组织为限。

二、目的 本三民主义之精神，作成学生在学校以内之自治生活，并促进其智育、德育、体育、群育之发展。

三、名称 暂定为学生自治会。

四、方式 采委员制。

五、职权 以不侵犯学校行政为限。

六、小学校之学生团体组织，不适用本规定。

同年2月杨贤江以“牛犇”署名在《新思潮》第4期发表文章《评 < 学生团体组织原则 >》，一针见血地说道：“这个组织原则，值得我们特别注意的，就是（一）、（二）、（五）三项。它仿佛是这样对学生们说：你们不得组织全国范围内的乃至一个地方的学生团体！你们在学校里也只好组织一个学生自治会！你们的学生自治会还不得干涉学校行政！另有一句重要的话，它是没有明说的，就是‘你们不得做政治运动及社会运动’！”①那么，“三民主义之精神”应作何理解？杨贤江大呼这与日本的教育的“皇室中心主义的精神”、意大利的“法西斯主义之精神”实质相同，即这类“党化的教育”都是专制的教育；且规定学生团体组织“以在学校内组织为限”，是试图将学生生活与社会生活完全隔离，“这样一来，党国的教育竟从民国十九年向后一跳，跳

① 杨贤江．杨贤江全集（第三卷）[M]．开封：河南教育出版社，1995：246.

到民国八年'五四'运动以前的时代去了。"①不难看出,国民党的用意无非是限制和取消学生运动,使学生难以联合参与社会运动及政治斗争。从这个意义上说,学生自治会已经逐渐淡去五四时期民主、自由的光芒,演变为政治斗争和政治控制的工具。

然而,对自由、民主的向往促使学生不断与当局进行斗争,在此情形下国民党对学生自治施以更严厉的管控。1943年公布的《学生自治会规则》强调"学生自治会为学生课外活动之唯一组织,以在学校以内组织为限,不得有校与校间联合组织,并不得以会参加校外各种团体组织或活动。"②与前期不同,《学生自治会规则》要求中等以上学校学生一律参加本校学生自治会;且要求学生自治会于成立后两星期内缮具办事细则、职员履历、会员人数须报呈学校,由主管教育行政机关核准备案;职员履历表项目填写极为细致,包括会员号数、姓名、籍贯、性别、年龄、学历、现任职务、是否中国国民党党员或三民主义青年团团员、住址及通讯处等。

1947年在政权摇摇欲坠的情况下,国民党又通过《修正学生自治会规则》,对学生自治组织的管控更为严格。其中规定,筹备人员和理事应经学校当局"指派"或"圈定",并据学校命令"随时退职";自治会的范围限于设学、健康、服务、风纪、事务五部。在受到质疑和抨击的情况下,当局曾专门做出解释,称"过去少数学校学生自治会之组织,未尽依照规定办理,行动亦多越轨,甚至干涉校政,荒废学业,且为少数别有作用分子所把持,作为政治斗争之工具,今后欲达成学生自治会之真正目的,故必须彻底依照修正之规则办理云。"③次日复发表谈话云"盖学生自治会为学生之组织,学生之身份实从学校得来,离开学校即非学生,如准自治会参加校外团体活动,即与普通民众团体无异";④同时言及"青年应因势利导,以应训练其学习,故不应过分放任,倘于在校之时即纵其习于把持操纵,不守纪律,不尊重他人,顺己则喜,逆己则恶,养成习性,将来入身社会,不更将颠倒是非,淆乱黑白,而益增

---

① 杨贤江.杨贤江全集(第三卷)[M].开封:河南教育出版社,1995:247.

② 宋恩荣,章咸.中华民国教育法规选编[M].南京:江苏教育出版社,2005:170.

③ 作者不详.修正学生自治会规则教育当局解释要旨[N].申报,1947-12-30(2).

④ 作者不详.对学生自治会规则教部发言人谈话认某报抨击实为不当[N].申报,1947-12-31(2).

社会之乱源。”[①]不难看出，学生自治会已完全沦落为国民党排除异己、进行整治控制的工具。从这个意义上说，学生自治组织已经丧失了训练学生民主、自治生活的要义。

第二节　童子军

民国时期译介的《法国公民教育》称“童子军是未来公民准备的一个综合的方法。它的活动不单限于几小时的集会，或几天的远足和露营；它影响孩子生活的每一时刻；他的活动不单限于几种体力的发展（如运动会）、精神的发展（如学校）和道德的发展（如进德会），它影响整个的孩子本身，很和蔼的发展他们各种能力，为别人尽职。生命单纯化的意识，在孩子较成人为甚；他不懂区分阻隔，他不知贡献一半，他需要一个用全副精神对付的理想，这个理想他在童子军的团体里找着了。”[②]从这个意义上说，西方将童子军视为培养儿童以致未来公民的良好途径。

民国前后童子军引入我国并得以落实。1948 年，李仲耕在《课外活动指导》一书中阐述道，“童子军活动，就是课外活动，童子军活动课程可作我们实施课外活动的参考。”[③]尽管民国后期童子军纳入课程体系，但作为一种主要通过户外活动的训练方式培养健康、快乐、尽责、有用社会公民的教育模式，童子军始终与普通课程传授有所区别。因而，本研究将童子军作为公民教育课外活动的重要形式，正是基于其训练形式的特殊性；童子军课程化后，依然可以作为课外活动的参考。整体而言，童子军在发展中自形式到内容都发生了巨变。

一、形式上：由民办走向党办

由英国人贝登堡创立的童子军，“意味着是一套透过游戏方式，对男女

① 作者不详. 对学生自治会规则教部发言人谈话认某报抨击实为不当［N］. 申报，1947－12－31(2)

② 张怀编译. 法国公民教育［M］. 上海：商务印书馆，1939：186～187

③ 李仲耕. 课外活动指导［M］. 上海：商务印书馆，1948：36

孩子们所实施的公民训练。"[①]换言之，童子军训练旨在通过游戏活动培育富有爱国心、活用体力和智力的良好公民。这种训练方式不同于课堂教学，它更强调亲身参与和亲自实践，以弥补学校教育中对公民素质和人格陶冶的不足。

童子军于民国前后传入中国，兴起了童子军运动。根据童子军在中国的发展，有学者将其分为三个时期：仿效期（1912－1915年）、发达期（1916～1925年）、党化期（1926年后）；[②]亦有研究者分为：初创期（1911～1925年）、党化期（1926～1932年）、国定期（1933年后）。[③] 无论基于何种判断，1926年都是童子军发展中的重要转折点，这种变化从某种意义上可以视为近代中国公民教育转变的缩影。

1. 组织形式：由分散到统一。

童子军的名称译自英文"Scout"。Scout一词，含有侦察、侦探、间谍、侦察军情者之意。1907年陆军中将贝登堡将训练警探的方法施诸儿童，抽调20名儿童在英国南部白浪岛开展教育实验。20个儿童被分为4支小分队，从事露营、追踪、先锋运动、烹饪、森林技术、陆童军警术等工作，成效卓著。次年贝登堡撰写《童子警探》（Scouting for Boys）一书，系统阐述童子军活动的设计与训练，由此形成童子军的滥觞。

童子军初传入我国，被译为"童子警探队"、"童子斥堠队"、"童子义勇团"等，最后统一采用"童子军"三字。[④] 时人议童子军，与军队性质绝异而纯然为精神上之训练，以养成儿童坚忍耐劳克己爱人之德性。[⑤]回溯历史，1911年前后童子军始介绍入中国，如《进步》杂志登载《童子军之生活与编制》，译介美国童子军的概况——"童子军之组织，屡见于欧美。其在美国，此项军队之人数，已达三十余万，且不独盛行于境内，即侨居国外者亦皆仿效之。今沪上所见，特其一斑耳。要于幼童志趣之向上，体育之发达，皆有绝大影

① 贝登堡．童子军训练原理［M］．谢又华等译．台北：中华书局，1965：1．

② 杨品吉．中国童子军史略［J］．中国童子军总会筹备处汇报，1934（16）：6～7．

③ 郑行之．中国童子军三级训练的演变［J］．战时童子军，1939（46）：19～21．

④ 吴耀麟．童子军教育概论［M］．上海：商务印书馆，1936：1．

⑤ 作者不详．上海之童子军［N］．申报，1916－03－04（10）．

响而养成忠勇果敢之气,以为将来伟大之国民。”①颐谷图文并茂地介绍童子军训练状况,并特意强调凡为童子军不可不服膺者十二事:(一)诚实;(二)忠良;(三)协助;(四)友爱;(五)礼让;(六)仁慈;(七)顺服;(八)和乐;(九)俭约;(十)勇敢;(十一)清洁;(十二)肃敬。作者对童子军在我国的发展满怀期待,“caption诲曰,吾国今日之趋势,已自文弱之极点,一跃而入于武强。虽然萎靡之积习去而犷悍之流弊亦不可不谨防也。美国童子军之制,完全粹美,寓温良端谨之意于活泼英伟之中,圣贤豪杰,双方兼顾,而后成为共和国之国民,留意军国民教育必有取于斯。”②

童子军在中国的兴起,与国内的军国民思想、教会学校的直接推动都不无关系。早期童子军主要集中于教会学校,组织训练完全是采用欧美化的方法,一般认为文华童子军是中国最早的童子军。教会学校之外人们对童子军也怀有强烈关注,对这一新的训练形式跃跃欲试。1912 年《申报》多篇提及童子军的组织。如 1 月 8 日一文称“住居顺征里南林里一带之各学堂学生每日放学后聚集铁路旁边编成童子军,一队共有五六十人,年龄自十一二岁至十六七岁不等,所练体操步伐整齐,精神贯注,队中教练员年亦相等,而能从容指挥,始终不懈,诚为难得,此足以见新国民之尚武精神矣。”③7 月 26 日另文称,“近来教育界发现一种特殊之现象,有童子军、童子团、童子体育会等名目繁多,聚多数小数年龄之儿童研究体育,甚至有十岁以下之儿亦参与其间蹒跚学步。”④

由此可见童子军蓬勃之势。以上海为例。上海童子军始于华童公学,由康普竭力提倡并热心发起,他还组织童子军教育会议以讨论组织训练法,会上成立“上海中华童子军会”。上海童子军早期教练主要由外国人担任,口令、教材及训练方式模仿西式,训练内容包括包扎、急救及野外生存技能等。1915 年举行的第二届远东运动会有三四百名童子军参加服务,他们将平日所习之救护、操法、旗语、生火及游戏等一应展示,广受赞誉。运动会闭幕后,教育界人士决定在全国推广童子军教育。直至 1916 年“上海现有童

① 颐谷.童子军之生活与编制(附图八)[J].进步,1911,1(2):1.

② 颐谷.童子军之生活与编制(附图八)[J].进步,1911,1(2):13~14.

③ 作者不详.童子军之精神[N].申报,1912-01-08(18).

④ 作者不详.儿童且缓尚武[N].申报,1912-07-26(7).

子军十一队,队员四百九十人,队长二十六人,而童子军会于一千九百十三年创始之时仅成华童公学一队约二十人,至今竟能如是,亦可谓推行神速矣。"①"中华全国童子军协会"亦在上海成立,北京、天津、南京、广东、苏州各有分会,强调"本会(中华全国童子军协会)会务之一大部分前由外人经营者,今应由华人担负。盖中国童子军会完全为中国之童子而设,则一切经济及会务自应由华人肩任。"②1916 年《申报》忆及童子军的发展,"上海之有童子军已多年,惟举行者皆西人办理之学校。吾国自办之初无仿行者,故国人罕有知之者。去岁靶子场公园举行远东运动大会有童子军大操,童子军之名乃大著,风声所播,渐及内地,而办童子军者始众。"③

不唯上海如此,其他地区童子军亦发展迅猛,自教会学校向公办学校蔓延的趋势渐显。1915 年 4 月 16 日,中华江苏无锡童子军第一团诞生在三师附小,这是公办学校的首支童子军。此后,无锡第一、第二、第四、第八、第十等国民学校及私立秦氏国民学校相继而起,但各团编制互不统属,训练亦不相仿。三师附小童子军主事者唐昌言萌生了建立童子军联合组织的设想,"苟各处童子义勇队能一方注意推行,一方注意联络各县童子义勇队而组成一全省童子义勇队联合会(其机关附属于省教育会最相宜),则一省之童子义勇队之基础可以立,更进而联合数省组成一各省童子义勇队联合会为全国童子义勇队之最高机关,则全国童子义勇队之基础可以立,由是全国童子军俨然成为一个大团体而一致进行。"④由此一来,童子军由分散走向统一就成大势所趋,童子军也走向了中国化的道路,甚至开启了参与国际童子军运动的先河。1924 年,江苏省教育厅和教育会委派李启藩等率 6 名童子军至丹麦哥本哈根参加国际童子军总会举办的第二次国际童子军大会。

总体而言,1926 年以前中国童子军处于相对自由的发展阶段,童子军或教练,都是自主、自愿加入,政府部门极少干涉;经费和师资也都是由创办者自行谋取,"奉恳诸位来宾尽力赞助"。研究活动的开展亦较自由,如江苏省教育会附设童子军暑期研究会,请有童子军经验者按日讲授功课、指导实

① 作者不详. 上海童子军之兴盛[N]. 申报,1916-11-02(11).
② 作者不详. 上海童子军之兴盛[N]. 申报,1916-11-02(11).
③ 作者不详. 上海之童子军[N]. 申报,1916-03-04(10).
④ 唐昌言. 中华江苏无锡童子义勇队联合会报告书[J]. 教育杂志,1916,8(10):34.

习,邀请中外名人讲演及参观童子军实地演习;根据课表,研究会的课程包括童子军历史及宗旨(讲员李启藩)、童子军之训练法(讲员唐昌言)、打结(讲员沈维桢)、童子军之操法(讲员顾果)、方位(讲员唐昌言)、观察(讲员沈维桢)、生火法(讲员李启藩)、测量(讲员李启藩)、扎营(讲员李启藩)、星象(讲员沈恩孚)、童子军之组织法(讲员唐昌言)、国旗解释及升旗法(讲员顾果)、礼节(讲员顾果)、记号(讲员沈维桢)、旗语(讲员华元龙)、跑步(讲员沈维桢)、炊事(讲员顾果)、制图(讲员李启藩)、军号(讲员顾果)、造桥(讲员王锦云)。

1926 年起,中国童子军逐渐为国民党统治政权所掌控。政治力量的涉入为其带来统一的机构组织和训练标准等,使其队伍日益壮大,童子军也由自发的联合走向了强制的统一。1927 年国民党中央训练部成立"中国国民党童子军司令部",领导全国童子军事务;1928 年还通过了《中国国民党童子军总章》,第一条就明确规定"本党童子军之训练,以养成三民主义之革命青年,完成国民革命为宗旨",童子军自此打上了党化的烙印。

2. 参与形式:由自愿到强制。

童子军除了组织形式上由分散到统一外,其参与形式历经自愿到强制的变化。就前文看来,1926 年以前童子军的发展中,民间力量发挥了重要的推动作用。早期集中于教会学校的童子军,在教育界人士及教育组织的促动下走上了地方联合的道路;在这种趋势下官方亦一力倡导。

1915 年北平清华学校"开华北童子军之先",京师多所小学迅即组建童子军。鉴于童子军的宗旨、办法等多有不适,京师学务局于 1917 年下发"为推广童子军事致各学校函",除组织实地参观、讨论、会集研究外,拟"俟议有端倪,仍可联合未及参观之各校校长、教员,以期推广。"①同年 11 月 20 日厘定京师童子军办法,称童子军训练并非为实施军国民教育,而在于人格训练,"盖养成儿童独立自治之精神以及优美之道德为各国童子军唯一之宗旨,吾人从事组织,自当咸本斯意,以期趋于大同。"②同时规定童子军的编

① 京师学务局为推广童子军事致各学校函(稿)(1917 年 5 月 19 日)[J]. 北京档案史料, 2006,(3):123.

② 京师学务局为颁发京师童子军办法给各公立小学校的训令(1917 年 11 月 20 日)[J]. 北京档案史料 2006,(3):128.

制、资格、职权、服装、用具、徽章、旗帜、课程、愿词、规律、礼节、口令、教练、经费等14项内容，“按欧美成例，参照江浙经过情形”，各地童子军取同一之方针，以便于各校遵照办理。1918年8月30日京师学务堂又下发“京师童子军联合会章程”，称“考童子军事业须有统一之编制而后收效可以宏大。彼英美各国童子军无论大小区域均设有联合会，以为统一之机关。”[①]京师学务局召集京师公私立各校童子军团联合而成京师童子军联合会。10月4日发布训令童子军讲习会，“俾中小学校教员之愿训授童子军者得以实地研习”，以养成儿童服从规律的习惯与坚忍武勇的德性，并培育期公忠爱国的精神。此时，京师童子军处于自发联合的阶段，与前者所论之江苏、上海等地童子军发展趋势相似，各地之童子军均自愿参加，无须报备。

至1919年2月19日教育部下发训令第68号，认定“童子军之组织风行于欧美各邦，其主旨在依据青年心理实施道德的训练，以期培养公忠爱国之精神，陶成服从规律之习惯”，国内各省区学校有接踵仿效接力倡导者，“如江苏省之无锡、上海等县各校、直隶天津之西方庵小学校、浙江桐乡之崇道高等小学校均经报部有案”，因此要求所属各校如有组织童子军者，“迅将办法汇报备核”。此后，童子军的组建均须报教育部备案，不过教育部并不强制要求学生参加童子军。

然而1926年后情形则大为不同。中央青年部在第二次全国代表大会审查过去的青年运动时，觉得有不少的缺点，“尤以力量不集中没有系统的组织最为显明。……童子军有勇敢诚实的精神，助人服务的特性，是青年运动的好工具。所以特向中央常会提出具体方案，成立童子军委员会，直接统辖国民政府区域内的童子军。”[②]3月5日中国国民党中央执行委员会开第十次常务会议时，由中央青年部提议创办中国国民党童子军案，称：

以本党所负之使命，灌输于童子军中，因之中央青年部决议，“中国国民党童子军委员会”直接统辖国民政府区域内之童子军，并与全国童子军相联络。

---

① 京师学务局关于颁发京师童子军联合会章程的训令（1918年8月30日）［J］. 北京档案史料2006，(3)：142.

② 刘澄清. 中国童子军教育［M］. 上海：商务印书馆，1938：16.

……

根据本党青年运动决议案,本党对于童子军运动实有负责办理之必要,其理由如下:

(一)童子军教育为学校青年最重要之课外教育。

(二)童子军尚任侠,主实行,重纪律,有组织,最富于革命性。

(三)童子军教育,不惟为民众武装之前导,且可站于战线上警备之职务。①

童子军的新生命在国民党抚育下诞生了。进入党化阶段后,童子军原本自愿的组织形式亦变为强制。"中国国民党童子军委员会"成立后,当时的委员甘乃光、李朴生、黄日葵、梁一颚等认为过去中国的童子军无中心主义、无严密的组织、无训练目标,所以积极研究童子军的训练、组织、宗旨,并出版《中国国民党童子军教育章程》,强调党童子军与西洋化的童子军不同。1927 年广东省党部青年部曾发起组织中国国民党童子军广东省军部委员会,设立政治训练处、军事训练处、秘书处;江苏省党部于同年 10 月亦组织中国国民党童子军江苏省军部筹备委员会,其内部组织与广东相同。1928 年中国国民党第二届四中全会以后,中央青年部撤销,而青年运动事宜归中央训练部办理,部长丁惟汾向中央呈请修改童子军规程及委员会组织法,经中央第 137 次常会议决,中央训练部修改后通过,"认定童子军为党义教育中重要工作之一"。

1929 年中国国民党第三次全国代表大会以后中央训练部鉴于童子军教育有普及全国之必要,故将童子军司令部地位提高,由中央训练部向中央常会提案,改组童子军,经中央第 21 次常会决议决定改组童子军司令部,司令部直辖于中央执行委员会,童子军名称改为"中国童子军"。"各地童子军请求登记,纷纷而来,已经审查合格核准成立童子军团者,有二百余团;又各地继续组织的童子军促进会、学术研究会、教育研究会、书店等林立,这些团体都是中国童子军教育的良好现象啊!此外还有童子军领袖训练学校,成立也不少,如苏州中山体育学校、上海东亚体育学校、北平体育学校、北平民国大学、国立北平师范大学……等,均有附设童子军领袖训练班,所造就的童

① 刘澄清. 中国童子军教育[M]. 上海:商务印书馆,1938:16~17.

子军领袖人材颇多,对中国童子军教育有莫大的贡献。”①

1931 年中央训练部部长戴季陶与蒋中正谈中国童子军教育问题时,蒋先生认为“童子军训练,为国民军事教育的基础,青年军事训练的根本,在中央方面,应该有以独立健全的组织机关,然后中国童子军教育方能办理得好。”4 月 14 日,中央第 16 次常务会议在洛阳举行,“中国童子军司令部”改为“中国童子军总会”,推定蒋中正为正会长,戴季陶、何应钦为副会长。此后,中国童子军总会成为全国童子军的领导机关。由此可见,国民党对童子军的管理愈加重视,也凸显了童子军党化作为国民党意识形态灌输工具的重要价值。例如童子军举行入会宣誓仪式时,举行仪式会堂中央一般有孙中山遗像,两侧悬挂党旗国旗;儿童在党、国旗、国父遗像的面前,恭恭敬敬地背诵且宣誓终身奉行誓词规律。

除领导机关的变化外,国民党还通过课程化的途径强化童子军教育。1924 年的全国省教育会联合会上,江苏代表提议规定童子军为必修课;1929 年中小学课程暂行标准规定初中增“党童子军”一科;1934 年教育部通令全国公私立初级中学,增加童子军课程,修习时间为三学年,每年度每星期实施三小时,课内一小时,课外二小时,与高中的军事训练及军事管理衔接。“至于小学儿童,年龄较幼,小学办理童子军,仍应列为课外作业,无庸在课内一律实施。”②中国童子军训练从此正式成为中学必修课程。自此,在国民党的领导和管辖下,童子军完成了自愿到强制的转变。

二、内容上:由军事训练而及政治训练

最早开始的文华童子军,其组织与训练均仿英美等国,并绝对听命于教会。③ 据现有的史料来看,文华童子军的规例主要涵括诚实可靠、乐善好施、助人为乐、见义勇为、勤奋好学、服从命令、守望机警、行动敏捷、热爱祖国,还要求伙伴间友爱可亲;这些内容一律以英文规定,完全源自于西方;儿童

① 刘澄清. 中国童子军教育[M]. 上海:商务印书馆,1938:24

② 令知初级中学应以童子军训练为必修科[J]. 广东省政府公报,1934(275).

③ 肖志华,严昌洪. 武汉掌故[M]. 武汉:武汉出版社,1994:111.

对这些规例不仅要熟读背诵，而且要严苛遵守、见诸行动。① 文华童子军采用小队制度，课外活动包括竹刻、雕刻、塑像、缝纫、木工制作、烹饪、架桥、搭棚、篝火、野宴、旗语等。引入初期，教会学校的童子军以效仿欧美国家为主。1916 年就上海之状况而言：

童子军之组织分初级、本级、优级三班。入初级者先投愿词规则及国旗解释；此外则投暗号及六种结法愿词：（一）诚心立愿势必竭尽心力；（二）完全尽我对于上帝及国家之天职；（三）时时扶助他人；（四）遵守童子军规则（规则共十皆）。诚实不欺，孝顺父母，惜物爱人，谦让有礼，言语纯洁，举动坦白，忠于所事，勤俭储蓄之类。

至本级则授钻木取火法、煮水法、目力练习法、方向辨认法、一英里赛跑法、旗号法、急救法；

至优级则更授泅泳法、烹庖法、灯号法、作游记法、木工、金工、乘自由车法、修理机械法、拳术舞刀法等，节目甚繁。质言之，皆人生必须应用之种种技能与知识也。②

1916 年，唐昌言发表《中华江苏无锡义勇队联合会报告书》关于编制、课程、徽章等进行了详细规定。其中关于课程，规定如下：

童子义勇队之编制既归一律，则教授课程亦不容有所参差。但无锡童子义勇队，向来所授课程皆归各队自由编辑，故同一队员，程度或分高下。自本会成立后，首先厘定各级课程，以定教练之标准。教练员复各依所定要目、搜集教材、编订教程。经研究会通过后，即由会中印刷分给各队。各队领袖遂本之以实施教练。于是各队程度渐归一致。兹将本会所定之入队资格及本级、优级课程列举如左（下）：

（1）入队资格 愿词之解释、规则之解释、国旗及升旗法、敬礼、结绳、浅近军事学、体操。

（2）本级课程 暗号、方位、记忆、生火、炊事、救急法、信号、跑法、军事学、储蓄。

---

① 王晋丽．童子军在中国——中国近现代童子军兴衰史的初步考察［D］．华中师范大学，2006：13.

② 作者不详．上海之童子军［N］．申报，1916－03－04(10).

(3)优级课程 救急法、测量法、烹庖、电信、游泳、教练队员一人、游记、制图、军事学、储蓄。①

前已提及,1917 年 11 月 20 日京师学务局《为颁发京师童子军办法给各公立小学校的训令》厘定了京师童子军办法 14 项,将课程分为正课和补充课,正课具体内容为:

表 60 《为颁发京师童子军办法给各公立小学校的训令》规定的正课内容(1917 年)②

正课	初级	1. 知愿词及规律及意义并须背诵纯熟; 2. 知国旗之意义及使用法; 3. 熟习下列日用结纽八种以上并知其用途:帆结、系帆结、活结、死结、缩短结、称人结、钓鱼结、捉狗结; 4. 知童子军之礼节、操法、记号及徽章之命意; 5. 知下列各项卫生办法及理由:修建指爪、清洁牙齿、鼻呼吸、涕吐时之注意。
	本级	1. 知罗盘针之十六方位; 2. 熟习旗语(按数字码检查旗语字典或电码书); 3. 练习观察及记忆须合下列三种之一:甲、市中行路每四店内须认明一店之牌号或观察店中所陈列之货物,经一分钟后详细报告;乙、一分钟观察二十四种不同之物件,至少须记忆十六种;丙、参观工厂或游览胜迹后,能作一详细之报告; 4. 四分钟内能行路一里,须跑步、便步各二十步交换行之; 5. 能自劈柴并用二支以内之火柴在室外生火,能历十分钟; 6. 能于所举之火上煮饭及家常菜二种; 7. 具有下列各项之能力:甲、修补衣服之破绽;乙、清洁衣服或鞋袜一双;丙、传达十五字以上之口信;丁、扫除街巷之废纸与尘土、瓦砾等盈一畚箕; 8. 习婚丧喜庆及普 通交际之礼节; 9. 习普通消毒法及指伤、烫伤或火伤之治法; 10. 有半元以上之储蓄;

① 唐昌言. 中华江苏无锡童子义勇队联合会报告书[J]. 教育杂志,1916-08-10:36.

② 京师学务局为颁发京师童子军办法给各公立小学校的训令(1917 年 11 月 20 日)[J]. 北京档案史料,2006(3):131~132.

续表

正课	优级	1. 能游泳十丈以上或六分钟能行路二里; 2. 习绷带法及人工呼吸法并知下列救急法二种以上:失火、溺水、马逸、触电、受煤气; 3. 每分钟能发出十六字以上之旗语; 4. 能作三十里间之游行; 5. 能知地图之记号且能绘画,并能不用罗盘针以定方位; 6. 能于旷野中识别动植物各五种,并能寻出北极星及普通恒星三个; 7. 能自出心裁制实用手工品一种,或将各国国旗各级勋章之绶及各种动植物绘成水彩画,八幅成一组; 8. 习禽兽水产四种以上,并制点心一种; 9. 有一元以上之储蓄; 10. 能测距离、面积、数目、高度、重量,所差不得过百分之二十五; 11. 能于三个月内训练一初级童子军,但不添募新队员时可从缓。

补充课共22班,具体为救急班、信号班、工程班、攀登班、炊事班、游泳班、向导班、农事班、园艺班、养蚕班、簿记班、记录班、通译班、音乐班、武术班、畜牧班、气象班、金工班、木工班、骑马班、自行车班、救火班等,课程内容颇为实用。以救急班为例,学生须具备如下之能力:

1. 能临时作一病人之床架;
2. 熟习救命绳之掷法;
3. 知主要动脉之位置及止血法;
4. 能临时作一夹板,裹缚受伤者之肢体;
5. 知人工呼吸法;
6. 知烫伤、火伤、眼毒、眼受微尘及各创伤之处理法;
7. 须有普通之卫生知识。①

再如园艺班,要求学生知普通花木之播种法与保护法;知修剪、灌溉、施肥及接树法;能种花木或蔬菜十种,并确保有成效;等等。至1926年童子军课程在某些地区已经较为普遍。如1926年10月16日《申报》刊出《苏省童子军教练员养成所之开办》中论及,“吾人欲创造进化之社会,宜先致力于童

① 京师学务局为颁发京师童子军办法给各公立小学校的训令(1917年11月20日)[J].北京档案史料2006,(3):133.

子军事业。盖童子者，即将来组社会之中坚分子也，有健全优良之分子，不应无进化之社会。在现时童子事业上尽力一分，即将来于社会改进上多收效一分。童子事业设施之善良与否，小而一家一族，大而社会国家，其影响所及，大有可以惊叹者。在童子军训练适合儿童心理，利用儿童余暇，组织纯正学科实用。所以使人类于青年时代发挥其本能，补充其学识，练习服务锻炼身心，补助其教育上之不及，其宗旨则重博爱、务友助，泯人我之界，谓私利之见，其结果则提高青年之人格，养成健全之公民，充其极足以消弭战争促进大同。"①江苏童子军联合会针对童子军教练员的养成，以初、本、优三级课程为主，补充科为辅注重实习及野外生活，其中补充科有 75 种之多，涵括摄影、农事、公民、商业、电学、电报、园艺、体育、游泳、驾驶、枪术、汽车、公共卫生、救护、消防、飞机等，其学科表具体如下：

第一学月：童子军史略、初级课程、教育原理、儿童心理、军号、欢呼歌唱、游戏

第二学月：组织法、本级课程、教育原理、儿童心理、露宿须知、军号、欢呼歌唱、游戏

第三学月：本级课程、教育原理、儿童心理、露营布置、长途旅行、童子军常识、比赛及考试

第四学月：本级课程、优级课程、训练法、补充科、野外生活、比赛及考试、旅行参观

第五学月：优级课程、补充科、野外生活、参观旅行、比赛及考试②

然而，恰在 1926 年童子军的课程悄然变化。4 月 23 日中国国民党童子军委员会秘书处致各省童子军界函称，"现在我国之童子军仿自欧美，徒具形式，实为帝国主义者文化侵略之一工具，夫童子军之训练除教育之意义外，尚有其中心之精神与应负之使命，本党为求童子军训练之一致力量之集中与组织之统一，以养成仁智勇之革命青年，兹据三月五日中央执行委员会决议案由中央青年部组织了'中国国民党童子军委员会'，直接统辖国民政

---

① 作者不详. 苏省童子军教练员养成所之开办[N]. 申报，1926－10－16(7).

② 作者不详. 苏省童子军教练员养成所之开办[N]. 申报，1926－10－16(7).

府域内之童子军而与全国童子军相联络。”①同时，增订课程分为军事训练与政治训练，“使对于政治有明确的认识，于个人有应用的技能”。随后，《申报》刊发“国民党童子军之誓词规律”：

人类不平发生革命，革命事业是团结各界民众在同一战线上努力的，是整个而非零碎的，决不是少数团结及一部份力量所能办到。童子军是素有训练和纪律的国民一份子，也是能担负国家重任而增大革命力量的干员，欲施行国民党的主义与政纲，童子军非加入合作不可。从前苏省童子军界、广东童子军冠以“中国国民党”五字，竟有一小部分的教练员大起忧惧主张，把童子军改换名称，以示区别。这种缪解极为可笑，现在反革命派业已打倒，童子军全体加入国民党，以后气象事业定能焕然一新。②

其中特规定国民党童子军的誓词为“（一）遵奉总理遗嘱，完成国民革命；（二）扶助农工及一切被压迫民族；（三）服从纪律”；中国国民党童子军规律为诚实、尽忠、助人、友爱、礼节、爱物、服从、快乐、节俭、勇敢、清洁、公德。同年颁布的《中国国民党童子军规程》，规定凡是年在十二岁至十八岁之学生皆得报名入伍童子军。国民党组织青年团体的目的是完成国民革命，因而党童子军的训练宗旨之一便是“养成仁、智、勇之革命青年，完成国民革命为目的”；③党童子军的课程标准自然被分为政治训练与军事训练，具体为：

表61　党童子军三级课程标准（1926年）④

	初级课程	本级课程	优级课程
政治训练	童子军之组织系统、总理事略、革命浅释、国旗、国耻事略、誓词纪律	国民党概论、三民主义浅说、党史、不平等条约、各法团组织法、建国方略	帝国主义侵略史、中华民族革命史、各国革命史、孙文主义大纲、政治概论、国民党最近政纲

① 作者不详. 国民党童子军之新组织[N]. 申报，1926－04－24(11).

② 君畴. 国民党童子军之誓词规律[N]. 申报，1927－04－21(10).

③ 秦穗龄. 童子军与现代中国的青少年训练(1911～1949)[D]. 台北：台湾师范大学，2005：32.

④ 秦穗龄. 童子军与现代中国的青少年训练(1911～1949)[D]. 台北：台湾师范大学，2005：33.

续表

	初级课程	本级课程	优级课程
军事训练	史略、礼节、徽章、唱歌、操法、记号、结绳、生火、卫生、旅行、洗濯、储蓄	方位、侦查、操法、急救、服务、旗语、炊煮、缝纫、工程、露宿、簿记、储蓄	急救、讯号、测量、射击、自由车、游泳、驾驶、星象、工程、烹饪、野外生活、储蓄、训练初级

1926年后的童子军课程经调整而为军事训练和政治训练两项，纵向上仍分初级、本级、优级，其中新增的三民主义、国民党党史等内容均是以往教会学校或公立学校的童子军课程中从未出现之项。适度的政治熏陶利于儿童了解国家政治、政权、政党等，但不可否认，国民党领导下的童子军已渐褪去西化的影子，而具强烈的政治色彩，实际上已经成为中国国民党进行政治训练和思想控制的工具。以上海广肇公学为例，童子军教练部列出的童子军课程分军事、政治两项，原有的三级功课列入于军事，三民主义等训练列入于政治。具体为：

各级军事训练的科目：

初级：结绳、操法、旅行、童子军历史、卫生、徽章、记号、礼节

本级：方位、救伤、旗语、军步、举火、炊事、缝纫、洗濯、视察、服务、营幕测量、军棍使用、礼仪

优级：救护、旗语、游泳、制图、辨物、星象、测量、单车、驾艇、消防、笔记、初级训练

各级政治训练的科目：

初级：三民主义浅说、孙中山先生事略、不平条约之意义、国耻小民、国旗、誓词、规律（誓词规律君畴先生也曾在申报发表过了）

本级：中国国民党初步、中国国民党党史大纲、帝国主义侵略史略、国民党五大政策、中国国民党童子军规程

优级：孙文主义大纲、中国民族革命史大纲、各国革命史略、阶级分析①

国民党完成北伐，基本完成中国统一后，便迅速做出掌控全国童子军的

① 作者不详. 党童子军的课程及组织系统撮要[N]. 申报，1927-04-11(11)

举措。1929 年国民党公布了新的课程标准，较之 1926 年的课程标准更为详尽；但就 1929 年的课程标准本身而言，并未明确提及政治训练和军事训练两项的划分，而强调从纵向上将其分为党童军初级课程标准、中级课程标准和高级课程标准。具体言之：

表 62　中国童子军三级课程标准（1929 年）①

初级课程标准	中级课程标准	高级课程标准
三民主义 总理事略 国耻 党国旗 童子军史 记号 徽章 结绳 操法 卫生 洗涤 礼节 旅行 游唱 讯号 誓词与规律 储蓄	服务 三民主义要略 中国国民党史略 帝国主义侵略中国概况 旗语 童子军步 侦察 刀斧使用法 生火 方位 炊事 缝补 救护 露营 礼仪 党童子军组织法 储蓄	服务 三民主义精义 五权宪法 建国大纲 中国革命史略 各国革命史略 中国国民党国民政府之组织 中国国民党之政纲 储蓄 游泳 博物 旅行 救护 技能 讯号 测量 制图 烹饪 实施初级训练 军事常识

可见，1929 年党童军课程标准与 1926 年并无二致，都旨在突出中国国民党的精神控制。就内容而言，军事训练部分与 1926 年以前之课程亦有诸多相似，都强调内容之实用性、训练之可行性。如初级课程之“洗涤”，要求儿童“1. 能洗净领巾和长筒袜；2. 知道有颜色的东西应当怎样洗；3. 知道为什么熟水洗东西比冰水好；4. 知道洗好的东西应当怎样晾干；5. 知道洗墨，

① 中国国民党童子军初级课程标准[J]. 河南教育，1929，1(18)：25～28. 中国国民党童子军中级课程标准[J]. 河南教育，1929，1(18)：28～31. 党童军高级课程标准[J]. 军事杂志，1930，(29)：1.

油,漆,锈的洗法。"①再如中级课程之"救护",要求儿童能知并能表演下列各项:"1. 血脉之循环;2. 止血法三种;3. 消毒法三种;4. 三角巾之用途;4. 伤人之处置";②等等。然而不可否认的是,政治训练的课程的要求亦趋于具体化。以初级课程之"三民主义"为例,对儿童做出如下要求:

1. 知道什么叫三民主义;

2. 知道民族主义的两方面内容;

3. 知道什么叫做"以平等待我之民族";

4. 知道为什么联合世界上以平等待我之民族;

5. 知道民权主义主张的是那四个民权和四个民权的作用;

6. 知道民生主义实施的两大办法。③

同时,在"誓词与规律"项中,要求儿童能够背诵和默写童子军誓词及规律,这已经具有明显的政治驯化的意味。从某种意义上说,童子军课程中政治训练部分的内容,与同时期的三民主义、党义科已趋于同质,互为补充。1931 年 3 月 20 日中央第 132 次常务会议通过了中国童子军誓词及中国童子军军歌。其中中国童子军誓词为"誓遵奉总理遗教,确守中国童子军之规律,终身奉行下列三事:第一励行忠孝仁爱信义和平之教训,为中华民国忠诚之国民;第二随时随地扶助他人,服务公众;第三力求自己智识、道德、体格之健全。"④《中国童子军军歌》和《中国童子军日行一善歌》分别为:

中国童子军军歌

我们,我们,我们是三民主义的少年兵

年纪虽小志气真

献此身献此心献此力,为人群

忠孝仁爱信义和平

充实我们行动的精神

大家团结向前进,前进,前进

青天高白日明

---

① 中国国民党童子军初级课程标准[J]. 河南教育,1929,1(18):27.

② 中国国民党童子军中级课程标准[J]. 河南教育,1929,1(18):30.

③ 中国国民党童子军初级课程标准[J]. 河南教育,1929,1(18):25.

④ 作者不详. 中国童子军誓词及军歌[N]. 申报,1931-03-21(11).

中国童子军日行一善歌

公众的事,在前在后在左在右
等着我们做
一手一足一生一世
做去天天做
也不要人知,也不求人誉
水裹,水裹去
火裹,火裹去
革命青年当如是
童子军,好同志
打起精神做的事
水裹,水裹去
火裹,火裹去①

在国民党的大力倡导下,童子军在全国迅猛发展。至1931年5月,全国童子军团已登记者共438团,童子军服务员已登记者共2243人,童子军之已登记者共33812人。② 不唯如此,正如童子军歌所唱,"忠孝仁爱信义和平,充实我们行动的精神",童子军被打上了国民党精神控制的烙印。然而,因童子军课程趋重,儿童无力承受,加之1933年中国童子军总会筹备处成立,因而重新修订了中国童子军三级训练合格标准:

① 作者不详. 中国童子军誓词及军歌[N]. 申报,1931-03-21(11).
② 作者不详. 全国童子军统计[N]. 申报,1931-06-26(12).

表 63　中国童子军三级训练合格标准(1933 年)

初级训练	中级训练	高级训练
总理事略	三民主义要略	中国革命史略
党旗国旗	服务	服务
童子军史略	方位	讯号
誓词规律	军步	自然
结绳	旗语	救护
礼节	侦察	烹饪
操法	生火	测量
记号	救护	制图
徽章	炊事	游泳
卫生	礼仪	露营
	缝补	旅行
	洗涤	工程
	露营	训练初级
	储蓄	童子军组织法
		储蓄
		军事常识

1933 年颁布标准的训练内容明显减轻,党义训练项目明显压缩,童子军技术训练内容也有删减。表面看起来,修订后课程中的党化痕迹渐少,但不可否认的是在有限的党旗国旗、三民主义要略、中国国民革命历史等内容作为各级训练合格标准首项内容的地位始终未曾撼动。童子军的党团化倾向一直延续至童子军消失,都未曾减弱。

结语　近代以来中小学公民教育的历史反思

作为最为引人瞩目的政治景观,古希腊的城邦文化和公民生活孕育了“公民”概念;此后,在现代民主制度下公民教育得以发展。作为一个外源性事务,公民教育在近代中国的发展艰难而多舛。中国两千多年漫长封建社会历史中,臣民训练系统而全面,已经深深渗透于社会、文化、教育等一切方面甚至个人的生活细节。因而,正是独特的时代因素,使得中国公民教育自萌生之初就因循着与其发源地迥异的路径。回顾近代以来公民教育的演进历程,大概可窥见:

一、公民教育与道德教育、政治教育在内容上具有共享性与差异性

不可否认,近代以来的公民教育孕育自修身教育。清末起始的修身科要义在于“涵养儿童之德性,导以实践”,[①]换言之,修身科是道德教育的载体,直接指向个体道德修养。1902 年《钦定蒙学堂章程》要求修身科教学生以“孝弟、忠信、礼义廉耻、敬长尊师、忠君爱国”,[②]无一不关涉个体道德。以前文所列举之《最新修身教科书》第 6 册(商务印书馆编译所,1905 年)为例,20 课课目依次为:敬祖、贞操、择交、笃厚、宽恕、忠义、礼让、廉耻、刚直、摄生、戒浮华、力行、慎密、敬事、自信、戒迷信、自重、果敢、辨义利、治产。这些德目基本是中国封建传统道德教育的延续,主要囿于个人私德的范畴。

1922 年公民科设立,公民教育正式实施。次年公布的《新学制课程标准

① 舒新城. 中国近代教育史资料(中册)[M]. 北京:人民教育出版社,1985:451.

② 舒新城. 中国近代教育史资料(中册)[M]. 北京:人民教育出版社,1985:395.

纲要》规定将修身科并入公民科,“关于个人修养,仍宜注重,各学科均应兼顾道德教育。”①这一变迁明确传递两个讯息:其一,公民教育并非割舍道德教育,亦非取消私德,反而是将道德教育融入公民教育。专注“己事”的修身科为公民科所取代,而后者的视野更为开阔,兼顾个人与家庭、学校、社团、地方、国家、国际的关系。以《新小学教科书公民课本》(朱文叔,1923 年)为例,其中既有“怎样方能整洁”、“勤俭是做人最要紧的”等个体道德修养的文本,又涵括参政、守法、追求国家的隆盛和世界的和平等等关乎公民权责的文本。其二,仅通过道德教育科目并不能完全达致道德教育的目的,而应将道德教育融化于各学科之中,以收潜移默化之效。从这个意义上说,在本土化的递演中公民教育的外延远大于道德教育,后者主要关涉个体私德的养成,而前者则涵括了社会公德及个人与家庭、学校、社团、地方、国家、国际的关系。

1927 年以后,国民党以强制的姿态对公民教育加以改造,中止公民科,代以三民主义与党义科。国民党要求小学校授以“民权初步、孙文学说浅释、三民主义浅说”,中学校授以“建国方略概要、建国大纲浅释、五权宪法浅释”。从某种意义上说,公民教育已经演化为政治教育,中小学则成为国民党散播意识形态的主要场域。不可否认,取消道德教育及基本的公民知识教育使得纯粹的政治教育难以为继,因而国民政府于 1932 年正式颁布《小学课程标准》,取消党义科,在小学、中学分设公民训练科和公民科。较之三民主义与党义科,公民科与公民训练科的最大变化是将政治导向巧妙而隐秘地融入公民道德训练中,实现党治下的“公民”要求与一般社会公民素养的有机结合。换言之,国民党将政治教育与道德教育融汇起来,并吸纳了前期公民教育中关乎社会公德、个体习惯养成等内容。较之三民主义与党义科,公民与公民训练科存续的时间更长,也更能代表国民党培育合格公民的主要手段。

① 全国教育联合会新学制课程标准起草委员会. 新学制课程标准纲要[M]. 上海:商务印书馆,1923:8.

二、官方与民间的力量博弈构成公民教育递演的直接动因

从一定意义上说,修身进入课程体系带有清政府力挽狂澜、维护封建统治的强烈主观意愿;从修身教育向公民教育的转换主要是民间促动的结果;其后具有明显政治色彩的党化教育、三民主义教育,则是党派力量的显现。毋庸讳言,近代中国公民教育的发展本身就是在官方和民间的互动中实现的。

在社会文化发展转型的清末民初,清政府实现了伦理修身传统与现代教育体制的有效对接,直接孕育了新的课程形式——修身科。从初等小学堂到高等学堂,修身科都位列课程之首。作为纯粹的道德教育科目,修身科的目的是通过教育学生学习传统伦理准则以引导其行为符合儒家意识形态规范,从而在行动上践行传统伦理,这与清政府"忠君、尊孔、尚公、尚武、尚实"的教育宗旨相契合。清政府设置修身科的初衷不外乎两种:一是迎合学校教育体制制度性变革的客观需要,二是为强化意识形态控制而寻求新式手段的主观需要。与其被动地坐等社会变迁的洪流冲击清政府的意识形态教育提防,清政府更愿意选择主动利用国家机器采纳新的教育武器。因而,修身科几乎没有遭遇太大的阻力便在课程体系中得以展露。于清政府而言,他们不过实现了一种意识形态教育形式的变化,即从一种无所不在的、普泛化社会化的道德教化形式向学科化、专门化的教育形式的转换。事实上,学堂成为清政府进行意识形态灌输教育的新场所,为此清政府不无得意,"凡中学向有之经学、史学、文学、理学、无不包靡遗,凡科举之所讲习者,学堂无不优为;学堂之所兼通者,科举皆所未备,是则取材于科举,不如取材于学堂彰彰明矣。"①修身教育自此开始了独立化设置,固定课时加以讲授和考核,并辅以专门化、系统化的教科书。这样,自蒙学堂至高等学堂的新式教育体系中,传递清王朝意识形态意图的、专门化的修身教育体制就在国家的倡导和主持下得以正式建立。

---

① 璩鑫圭、唐良炎.中国近代教育史资料汇编·学制演变[M].上海:上海教育出版社,1991:527.

修身科可谓清政府向学生灌输意识形态而寻求的一片良田。然而悄然间,修身科内却添设了社会伦理、国家伦理和国际伦理方面的新内容,如崇尚公德、履行公民权责等,这些新的伦理概念范畴冲抵着修身科作为意识形态传播媒介的功能,清政府不遗余力、费尽心机开展的意识形态教育反而孕育了无以计数的掘墓人。思想家和教育家的思想启蒙和教育实验、大众传媒和文化机构的推波助澜、教育组织和团体的实际促动,使得修身科向公民科的转变成为大势所趋。尽管民国初期政府部门的教育改革是官方姿态的生动表达,但毋庸置疑这一时期的主导力量仍是民间。这一时期的公民教育理论研究不再满足于思想启蒙,而更强调在教育实践中的应用,"理论研究由抽象走向实践的范式转变,以及理论研究者所直接推动的教育实验成为公民教育实施的一个主要力量。"①民间力量在开展理论研究和教育实验方面进行了不懈的努力,使得公民教育的图景愈加明晰而真切。与清末相比,民国初期公民教育的迅猛发展,不得不归功于政治权利的更替之际,因国家权力尚未成形而使教育获得了较大的自主性和自由成长的空间。"民初幼稚的共和体制虽然混乱不堪,却与现代教育呈现一种良性互动。"②军阀混战和"弱政府"的现实,却为公民教育的发展提供了一个难得的历史机遇。

然而,1927 年以后强有力的国家权力开始对教育施行垄断和严格控制,教育沦为实现国家目标的政治工具和行政附庸。以严密的社会控制和教育的高度政治化为特征,国民党开始实质上的一党专制统治。公民教育受党派政治的影响而演变为党化教育、三民主义教育。从某种意义上说,公民教育与专制政治制度从根本上是尖锐对立的,不过特殊的历史境遇使得二者共生,这不可避免造成国家、政党、社会之间长期而激烈的较量。1922 年民间推动下实现的公民教育,在 1927 年以后被排挤,甚至取消;1933 年公民教育在中小学教学计划中复出。这一过程充分体现了这一较量的激烈程度,也印证了公民教育于政党、国家的意义远超于普通课程之上,是传递官方意识形态的重要媒介。概言之这一时期的公民教育,是专制政治体制下官方

① 檀传宝等.公民教育引论——国际经验、历史变迁与中国公民教育的选择[M].北京:人民出版社,2011:174.

② 杨东平.艰难的日出——中国现代教育的 20 世纪[M].上海:文汇出版社,2003:326.

主导的一个民主教育实践过程,民间则近乎无声状态。

不得不说,清末修身科实施时,官方力量强而民间力量弱;1922 年公民科实施时,官方力量弱而民间力量强;三民主义与党义科、公民与公民训练科实施时,则复归官方力量强而民间力量弱的状态。在近代中国,官方恰是以国家的姿态出现,而民间则往往代表社会。因而,官方 - 民间的关系亦可推演为国家 - 社会的关系,换言之,公民教育正是在人 - 社会 - 国家的关系互动中演进的。就公民教育的发展轨迹来看,如果说南京国民政府时期代表的是强国家 - 弱社会的态势,那么民国时期则代表弱国家 - 强社会,仅就这二者做一比较可以发现,弱国家 - 强社会模式更利于公民教育的自由发展。当然,清末弱国家 - 弱社会的态势下,公民教育难以得到发展;而近代中国未曾历经强国家 - 强社会的态势,因此难以判断此种模式下公民教育的状态。

三、"名"与"实"的位移是探寻公民教育本土演进脉络的外在依据

公民教育作为一种与现代国家及民主制度相关联的教育,孕育生长的土壤应该是商品经济、民主政治和现代文化。中国近代萌生公民教育时,尚不具备这些基本要求和基本条件。从经济形式来看,尽管以一家一户为生产单位、自给自足的小农经济逐渐走向多元的经济形式。但农业社会、封建文化的威力依然持久存在,这些并不足以支撑公民教育的顺利成长;而专制统治,又与现代国家的民主、平等精神背道而驰。因而,中国的公民教育探索,从一开始就注定发展并非一帆风顺的。作为公民教育最直接的反应,课程层面历经修身科——公民科——三民主义与党义科——公民与公民训练科的变迁历程,实际上是公民教育从兴起到高潮直至改头换面的命运。

就第一次课程转换而言,修身科可谓公民科的母体。引入修身科本是清政府夹裹在教育体制变革的洪流中而自日本引入中国的,其目的无非是"造就人格之根本"、"养成国民之道德心"而已,清政府试图通过系统化、专门化的学科化教育培养忠于清王朝的顺民而已。然而,历史的潮流最终吞噬了清政府美好的愿望,修身科内潜滋暗长着公民教育的胚胎,"公民须知"

的添设就是明证。1916 年 10 月修改《国民学校令实施细则》,修身要旨始有“自第三年起兼授公民须知,示以民国之组织及立法司法行政大要”的规定,尽管公民教育尚未成为一门独立的课程,但在修身科内兼授“公民须知”已经实现了从无到有的转变。同时,教科书中也透析出新时代的曙光。如1906 年蒋智由编辑的《小学修身书(卷二)》已开始论述“爱国”、“国民之义务”、“对于社会之人人”、“图公众之利益”等话题,强调“夫人既相合而成国家社会以谋生活,故所谓我者,即国家社会之一份子,未有不顾国家社会公众之利益而我独能一己之利益者也。”[①]再如 1910 年蔡振编辑出版的《中学修身教科书》第 4 卷专章论述“国际及人类”,教育国民当知国家自卫及外交的权利。换言之,修身科内孕育的公民的胚胎。在某种意义上,这是近代社会由传统向现代转型的一种反应。

1922 年公民科正式进入课程体系,公民教育既有“名”,又有“实”。壬戌学制中规定中小学均设公民科,其中小学、初级小学设社会科(公民、地理、历史、卫生合并教学);高级小学单独设公民科;初中阶段设公民科,记 6 学分;普通高中阶段分设人生哲学、社会研究,每周授课 3 小时,分别记 4、6 学分。至此,公民科作为一门独立学科被确定下来,标志着公民教育进入课程体系,实现了从无到有的历史性转变。概言之,公民教育实现了从清末“无名”到“有名”的转换。在课程、教科书、课外活动层面公民教育均得落实,因而可谓是公民教育演进过程中“有名有实”的典范。

1927 年后,南京国民政府掀起了党化教育思潮,并以党义与三民主义科取代了公民科,课程内容严密规定,教科书千书一面,课外活动全面限制,国民党试图将中小学生甚至全社会的思想意识都纳入一党的监控之下。由此人们质疑:将某一党的理念强行置于国家课程体系之上,将具有党派倾向的三民主义与党义科强行纳入国家教育体系,在此背景下公民教育的“公”字是否已受到玷污?不得不说,这一时期公民教育无立足之地,既“无名”,又“无实”。

然而 1931 年后国民党自己意识到将公民教育置于“无名”、“无实”之境地并不利于政治统治的实现,因而强调对儿童施以公民知识和健全人格的

① 蒋智由. 小学修身书(卷二)[M]. 东京:同文印刷舍,1906:19.

陶铸,“意义尤为伟大”,因而建议恢复公民科,将公民应备具之知识及中国固有道德悉数纳于该科,而精神要旨方面则尽量采纳“中国固有道德”,如“忠孝仁爱信义和平”等。经充分酝酿 1932 年公民与公民训练科复归中小学课程体系。公民与公民训练科的内容除党义外,还应涵盖道德、政治、法律及经济等。从某种意义上说,较之三民主义与党义科,公民与公民训练科最大的区别在于国民党将党治色彩以更加深刻而隐秘地投射到教育体系和教育实践中。换言之,国民党政府试图将政治目的与教育目的趋于一致,并赋予课程内容“忠孝热爱信义和平”、“四维八德”的精神要旨,并使公民和公民训练科成为政府掌控的工具。尽管这一时期对儿童实施的身心规约较前期更为严密和系统化,却受到了较少的攻击,这不能不说是国民党政治手段渐成熟的表现。公民的个人修养、政治知识等关涉公民教育的内容无非是服务于国民党党派政治的工具而已。因而从根本上讲,这一时期公民教育有“名”,却无“实”。

归纳言之,公民教育的本土演进历经“有实有名”——“无实无名”——“有名无实”的转变,“名”与“实”的位移是探寻公民教育本土演进脉络的外在依据,也是对公民教育进行阶段划分的直接依据。当然,“名”与“实”位移的深层原因仍须进行深入探究。

近代以来公民教育的发展可谓大起大落,历经坎坷。广而言之,既有社会、历史因素的叠加影响,又有官方和民间的多重互动;狭而言之,既有教育家和思想家的奔走呼号,又有学校师生的不懈探索。这一发展脉络,必将影响未来公民教育的走向。

参考文献

一、报刊杂志

〔一〕

广东省政府公报

辽宁教育公报

河北教育公报

安徽教育行政周刊

中央党务月刊

〔二〕

教育杂志

中华教育界

新教育

青岛教育

儿童教育

湖南教育

新教育评论

河南教育

教育通讯周刊

〔三〕

万国公报

国民报

清议报

时务报

湖北学生界

东方杂志

今日青年

进步

大中华

申报

广益杂志

学生杂志

青年进步

现代评论

独立评论

北新周刊

岭南学生界

妇女杂志

清华周刊

北京高师周刊

战时童子军

进步

军事杂志

二、档案史料

〔一〕

1. 中华基督教青年会第十一届全国大会全国协会报告书:28,上海档案馆 U120-0-11.

2. 教育部普通司. 优良小学事汇(第一辑)[M]. 自刊,1919.

3. 中国第一历史档案馆. 鸦片战争档案史料(第一册)[M]. 上海:上海

人民出版社,1987.

4. 中国第二历史档案馆. 中华民国史档案资料汇编第五辑第一编 · 教育(二)[M]. 南京:江苏古籍出版社,1994.

5. 中国第二历史档案馆. 中华民国史档案资料汇编第五辑第二编 · 教育(一)[M]. 南京:江苏古籍出版社,1997.

〔二〕

1. 何琪. 初等女子修身教科书(上编)[Z]. 上海:会文书局,1906.

2. 李嘉谷. 蒙学修身教科书[Z]. 上海:文明书局,1906.

3. 杨志洵. 中等修身教科书[Z]. 上海:文明书局,1906.

4. 商务印书馆编译所. 最新修身教科书(第六册)[Z]. 上海:商务印书馆,1906.

5. 蒋智由. 小学修身书(卷二、卷三)[Z]. 东京:同文印刷舍,1906.

6. 蔡振. 中学修身教科书(第五册)[Z]. 上海:商务印书馆,1908.

7. 陆费逵. 修身讲义[Z]. 上海:商务印书馆,1910.

8. 蔡振. 中学修身教科书(第一册)[Z]. 上海:商务印书馆,1910.

9. 包公毅、沈颐. 共和国教科书新修身(第二册)[Z]. 上海:商务印书馆,1912.

10. 沈颐、戴克敦. 共和国教科书新修身(第三册)[Z]. 上海:商务印书馆,1912.

11. 沈颐、戴克敦. 共和国教科书新修身(第一册)[Z]. 上海:商务印书馆,1912.

12. 缪文功. 中华中学修身教科书(第二、三、四册)[Z]. 上海:中华书局,1912.

13. 戴克敦、沈颐、陆费逵. 新制中华修身教科书(全九册) [Z]. 上海:中华书局,1913.

14. 沈颐、戴克敦. 共和国教科书新修身(第五册)[Z]. 上海:商务印书馆,1913.

15. 包公毅、沈颐. 共和国教科书新修身(第一、六册)[Z]. 上海:商务印书馆,1913.

16. 戴克敦、沈颐. 新制中华修身教科书(全十二册)[Z]. 上海:中华书局,1913.

17. 沈颐. 女子修身教科书(全四册)[Z]. 上海:商务印书馆,1913.

18. 樊炳清、张元济. 共和国教科书修身要义(二册)[Z]. 上海:商务印书馆,1913.

19. 李步青. 新制修身教本(全四册)[Z]. 上海:中华书局,1914.

20. 沈颐、戴克敦. 共和国教科书新修身(第七册)[Z]. 上海:商务印书馆,1914.

21. 沈颐、范源濂、董文. 新编中华修身教科书(第一至八册)[Z]. 上海:中华书局,1914.

22. 周日济. 修身教科书[Z]. 上海:中华书局,1914.

23. 戴克敦、沈颐. 新制中华修身教科书(第十册)[Z]. 上海:中华书局,1917.

24. 贾丰臻. 新体修身讲义[Z]. 上海:商务印书馆,1918.

25. 丁晓先、赵欲仁. 新法修身教科书(第三册)[Z]. 上海:商务印书馆,1920.

26. 朱文叔等. 新教育教科书修身(第二册)[Z]. 上海:中华书局,1921.

27. 周日济. 修身教科书[Z]. 上海:中华书局,1922.

28. 蒋镜芙. 新中华社会课本(第七册)[Z]. 上海:中华书局,1922.

29. 顾树森、潘文安. 新著公民须知 · 道德编[Z]. 上海:商务印书馆,1923.

30. 顾树森、潘文安. 新著公民须知 · 法制编[Z]. 上海:商务印书馆,1923.

31. 周鲠生. 新学制公民学教科书(第一、二册)[Z]. 上海:商务印书馆,1924.

32. 舒新城. 新中学教科书初级公民课本(全二册)[Z]. 上海:中华书局,1924.

33. 王仲和、金崇如、冯顺伯. 初中公民教本[Z]. 常州:新群印刷公司,1924.

34. 万良浚、魏屏三. 新撰公民教科书(第三册)[Z]. 上海:商务印书馆,1924.

35. 刘秉麟. 新撰初级中学教科书公民(第三册)·经济 [Z]. 上海:商务印书馆,1925.

36. 舒新城. 新中学教科书初级公民课本(全三册)[Z]. 上海:中华书局,1926.

37. 郑昶、吕伯攸. 新中华党义课本教授书(第七册)[Z]. 上海:中华书局,1930.

38. 陆绍昌、刘傅厚. 新中华公民课本(第四册)[Z]. 上海:中华书局,1930.

39. 陆绍昌、刘傅厚. 新中华公民课本(第五、六册)[Z]. 上海:中华书局,1931.

40. 陆绍昌、刘傅厚. 新中华公民课本(第二、三册)[Z]. 上海:中华书局,1932.

41. 薛天汉. 好公民(全八辑)[Z]. 上海:世界书局,1933.

42. 徐逸樵. 高中公民(第一册)[Z]. 上海:世界书局,1933.

43. 赵侣青、黄铁崖、徐迴千、胡怀天. 小学公民课本(全四册)[Z]. 上海:中华书局,1933.

44. 胡泽. 复兴教科书公民(第三册)[Z]. 上海:商务印书馆,1934.

45. 顾维熊. 复兴教科书公民(第五册)[Z]. 上海:商务印书馆,1934.

46. 孙伯謇. 复兴公民课本(第二册)[Z]. 上海:商务印书馆,1934.

47. 孙伯謇、周新民. 复兴公民课本(第四册)[Z]. 上海:商务印书馆,1934.

48. 孙伯謇. 复兴公民课本(第一册)[Z]. 上海:商务印书馆,1934.

49. 钱选青、潘江. 新公民(第一、三、四册)[Z]. 上海:中华书局,1934.

50. 徐逸樵. 徐氏高中公民(第二册))[Z]. 上海:世界书局,1934.

51. 徐逸樵. 徐氏初中公民(全三册))[Z]. 上海:世界书局,1934.

52. 万九光、张耿西、束樵如. 中国公民(第八册)[Z]. 上海:商务印书馆,1934.

53. 陆伯羽、杨彬如等. 模范公民实施法(第一、二、三、四册)[Z]. 上海:世界书局,1934.

54. 张云伏. 复兴教科书公民(第二册)[Z]. 上海:商务印书馆,1935.

55. 吴士栋. 复兴教科书公民(第六册)[Z]. 上海:商务印书馆,1935.

56. 李震东. 复兴教科书公民(第一册)[Z]. 上海:商务印书馆,1935.

57. 叶楚伧、陈立夫. 高中公民(第一册)·社会问题[Z]. 南京:正中书局,1935.

58. 孙伯謇. 复兴公民课本(第五册)[Z]. 上海:商务印书馆,1935.

59. 王璧如. 王氏初中公民(全三册)[Z]. 上海:世界书局,1935.

60. 徐逸樵、王璧如. 徐氏高中公民(第三册))[Z]. 上海:世界书局,1935.

61. 叶楚伧、陈立夫. 初中公民(第一、三、四册)[Z]. 南京:正中书局,1935.

62. 徐逸樵、杨正宇. 新标准高中公民(第一、三册)[Z]. 上海:世界书局,1935.

63. 钱选青、潘江. 新公民(第八册)[Z]. 上海:中华书局,1935.

64. 叶楚伧、汪懋祖. 初中公民(第二、四册)[Z]. 南京:正中书局,1935.

65. 孙浩煊. 复兴公民课本(第三册)[Z]. 上海:商务印书馆,1936.

66. 罗鸿诏. 复兴公民课本(第四册)[Z]. 上海:商务印书馆,1936.

67. 叶楚伧、陈立夫. 高级公民(第四册)·经济概要[Z]. 南京:正中书局,1936.

68. 陶百川. 初中公民(第一、三册)[Z]. 上海:大东书局,1936.

69. 张素民. 复兴公民课本(第二册)[Z]. 上海:商务印书馆,1937.

70. 陶百川. 初中公民(第二、四册)[Z]. 上海:大东书局,1937.

71. 叶楚伧、陈立夫. 建国高中公民(一)·社会问题政治概要[Z]. 重庆:正中书局,1939.

72. 夏贯中. 初级中学公民(第二册)[Z]. 重庆:正中书局,1947.

73. 王鸿俊、夏贯中、陈家栋、陈盛清等. 初级中学公民(第一、二册)[Z]. 教科用书编辑委员会,1947.

74. 夏贯中. 初级中学公民(第三册)[Z]. 重庆:正中书局,1948.

〔三〕

1. 华南圭. 法国公民教育[M]. 上海:商务印书馆,1912.

2. 翁长钟. 公民模范[M]. 上海:中华书局,1914.

3. (美)斯密司、马维克著,苏锡元译. 公民鉴[M]. 上海:商务印书馆,1914.

4. 朱元善. 公民教育论[M]. 上海:商务印书馆,1917.

5. 教育部普通司. 优良小学事汇(第一辑)[M]. 上海:商务印书馆,1919.

6. 熊子容. 公民教育[M]. 上海:商务印书馆,1923.

7. (美)斯纳藤著,陶履恭译. 公民教育[M]. 上海:商务印书馆,1923.

8. 〔日〕小尾范治著,崔叔青译. 公民教育概观[M]. 上海:中华书局,1923.

9. 程湘帆. 小学课程概论[M]. 上海:商务印书馆,1923.

10. 周之淦. 公民学课程大纲[M]. 上海:商务印书馆,1923.

11. 张粒民. 小学公民教育及教学法[M]. 上海:商务印书馆,1925.

12. 教育杂志社. 训育之理论与实际[M]. 上海:商务印书馆,1925.

13. 俞子夷. 一个乡村小学教员的日记(上)[M]. 上海:商务印书馆,1925.

14. 刘湛恩. 怎样做一个中华民国的良好公民[M]. 上海:青年协会书局,1925.

15. 教育杂志社. 现代教育思潮批判[M]. 上海:商务印书馆,1925.

16. 舒新城. 民国十四年中国教育指南[M]. 上海:商务印书馆,1926.

17. 徐蔚南. 党化教育[M]. 上海:世界书局,1927.

18. 王克仁. 党化教育概论[M]. 上海:民智书局,1928.

19. 赵宗预. 小学校的公民教育[M]. 上海:新时代教育社,1928.

20. 俞子夷. 一个乡村小学教员的日记(下)[M]. 上海:商务印书馆,1928.

21. 高卓. 现代教育思潮[M]. 上海:商务印书馆,1930.

22. 陈翊林. 最近三十年中国教育史[M]. 上海:太平洋书店,1930.

23. 中国国民党上海特别市执行委员会训练部. 党义研究大纲[M]. 自

刊,1930.

24. 刘百川. 小学训育法 ABC[M]. 上海:世界书局,1931.

25. 张宗麟. 乡村小学教材研究[M]. 上海:黎明书局,1933.

26. 孙珏. 小学教材研究[M]. 北平:北平文化学社,1933.

27. 吴研因、吴增芥. 小学教材研究[M]. 上海:商务印书馆,1933.

28. 朱翊新. 小学教材研究[M]. 上海:世界书局,1933.

29. 南京女子中学实验小学编,沈子善校阅. 小学公民训练实施方案[M]. 上海:中华书局,1933.

30. 冯品兰. 现代教育思潮[M]. 上海:大华书局,1933.

31. 俞子夷. 一个小学十年努力纪[M]. 上海:中华书局,1933.

32. 李相勖. 训育论[M]. 上海:商务印书馆,1934.

33. 周郁年、何恒. 党义考试指南[M]. 上海:大达图书供应社,1935.

34. C. E. Merriam 著,黄嘉德译. 公民教育[M]. 上海:商务印书馆,1935.

35. 刘百川. 公民训练法[M]. 上海:黎明书局,1935.

36. 范公任. 小学公民训练概论[M]. 上海:商务印书馆,1935.

37. 沈子善. 小学公民训练之理论与实际[M]. 上海:商务印书馆,1935.

38. 浙江省立严州初级中学附属小学. 小学公民训练之实际[M]. 严州:浙江第九省学区辅导会议办事处,1935.

39. 丁致聘. 中国近七十年来教育记事[M]. 国立编译馆,1935.

40. 赵廷为. 小学教材及教学法(第一、二册)[M]. 上海:商务印书馆,1935.

41. 廖文奎. 比较公民训练[M]. 南京:大承出版社,1936.

42. 瞿世镇. 公民党义指导[M]. 上海:三民图书公司,1936.

43. Walter R. Smith 著,范寓梅译. 建设的学校训育[M]. 上海:商务印书馆,1936.

44. 张耿西,束樵如. 小学公民训练的理论与实际[M]. 上海:中华书局,1936.

45. 徐庭达. 训育研究[M]. 北平:中华印书局,1936.

46. 陈厥明、唐问巢. 怎样实施公民训练[M]. 上海:黎明书局,1936.

47. 可索克著，金澎荣、黄觉民译. 德国公民教育［M］. 上海：商务印书馆，1937.

48. 彼得斯著，鲁继会译. 公民教育详解［M］. 上海：商务印书馆，1937.

49. Charles E. Merriam 著，严菊生译. 美国公民教育［M］. 上海：商务印书馆，1937.

50. 范寿康. 日本公民教育［M］. 上海：商务印书馆，1937.

51. 吴研因等. 小学教科书评论［M］. 重庆：正中书局，1937.

52. 樊兆庚编，汪懋祖校. 小学训育实施法［M］. 重庆：正中书局，1937.

53. 陶愚川. 训育论［M］. 上海：大东书局，1937.

54. 王国元. 小学公民训练法［M］. 上海：世界书局，1938.

55. 王国元. 小学公民训练法［M］. 上海：世界书局，1938.

56. 蒋星德. 我们的公民［M］. 重庆：正中书局，1939.

57. 张怀编译. 法国公民教育［M］. 上海：商务印书馆，1939.

58. 徐家鉴. 训育周实施新例［M］. 上海：儿童书局，1940.

59. 段锡朋讲. 党政训练班教务训育之方针［M］. 自刊，1942.

60. 袁公为. 公民教育概论［M］. 贵阳：文通书局，1942.

61. 相菊潭. 公民教育实施法［M］. 重庆：正中书局，1942.

62. 袁公为. 公民科教材及其教学法［M］. 上海：商务印书馆，1943.

63. 袁公为. 中等学校公民科教材及其教学法［M］. 上海：商务印书馆，1943.

64. 赵廷为. 教材及教学法通论［M］. 上海：商务印书馆，1944.

65. 孙一芬. 新小学儿童训育法［M］. 上海：世界书局，1946.

66. 龚启昌. 公民教育学［M］. 南京：正中书局，1948.

三、文集文选

〔一〕

1. 全国教育联合会新学制课程标准起草委员会. 新学制课程标准纲要［C］. 上海：商务印书馆，1925.

2. 马克思、恩格斯著，中共中央马克思、恩格斯、列宁、斯大林著作编译局编. 马克思恩格斯选集(第一卷) [C]. 北京:人民出版社,1972.

3. 龚自珍. 龚自珍全集 [C]. 上海:上海人民出版社,1975.

4. 中国科学院近代史研究所中华民国史组、广东省哲学社会科学研究所历史研究室合编. 中华民国史资料丛稿增刊第一辑 · 孙中山年谱[C]. 北京:中华书局,1976.

5. 蔡元培著,高平叔编. 蔡元培教育文选 [C]. 北京:人民教育出版社,1980.

6. 康有为著,汤志钧编. 康有为政论集 [C]. 北京:中华书局,1981.

7. 陈学恂. 中国近代教育文选[C]. 北京:人民教育出版社,1983.

8. 张其昀. 先总统蒋公全集(第 1 册)[C]. 台北:中国文化大学出版社,1984.

9. 严复著,王栻编. 严复集 [C]. 北京:中华书局,1986.

10. 蔡元培著,高平叔编. 蔡元培教育论集[C]. 长沙:湖南教育出版社,1987.

11. 梁启超. 饮冰室合集 [C]. 北京:中华书局,1989.

12. 恽代英著,中央教育科学研究所编. 恽代英教育文选[C]. 武汉:湖北教育出版社,1991.

13. 北京师范大学校史研究室. 林砺儒文集[C]. 广州:广东教育出版社,1994.

14. 蔡元培著,张汝伦编选. 文化融合与道德教化——蔡元培文选[C]. 上海:上海远东出版社,1994.

15. 杨贤江. 杨贤江全集 [C]. 郑州:河南教育出版社,1995.

16. 杜威著,单中惠,王凤玉编. 杜威在华教育讲演 [C]. 北京:教育科学出版社,2007.

17. 陈鹤琴著,陈秀云、陈一飞编[C]. 南京:江苏教育出版社,2008.

18. 陶行知著,江苏省陶行知研究会、南京晓庄师范学校编. 陶行知文集[C]. 南京:江苏教育出版社,2008

19. 蔡元培著,书林编. 蔡元培文集[C]. 北京:线装书局,2009.

20. 梁启超著,王德峰编选. 梁启超文选[C]. 上海:上海远东出版社,2011.

21. 刘湛恩著,上海理工大学档案馆编. 刘湛恩文集[C]. 上海:上海交通大学出版社,2011.

〔二〕

1. 中央研究院近代史研究所. 近代中国对西方及列强认识资料汇编[M]. 台北:中央研究院近代史研究所,1972.

2. 舒新城. 中国近代教育史资料[M]. 北京:人民教育出版社,1981.

3. 陈学恂. 中国近代教育史教学参考资料(上)[M]. 北京:人民教育出版社,1986.

4. 朱有瓛. 中国近代学制史料·第二辑(上册)[M]. 上海:华东师范大学出版社,1987.

5. 陈学恂. 中国近代教育史教学参考资料(中、下)[M]. 北京:人民教育出版社,1987.

6. 宋恩荣、章威主编,中央教育科学研究所教育史研究室. 中华民国教育法规选编(1912－1949)[M]. 南京:江苏教育出版社,1990.

7. 璩鑫圭、唐良炎. 中国近代教育史资料汇编·学制演变[M]. 上海:上海教育出版社,1991.

8. 北京图书馆编. 民国时期总书目(1911～1949):教育·体育[M]. 北京:书目文献出版社,1995.

9. 课程教材研究所. 20世纪中国中小学课程标准·教学大纲汇编(思想政治卷)[M]. 北京:人民教育出版社,2001.

10. 舒新城著,吕达、刘立德编. 舒新城教育论著选 [M]. 北京:人民教育出版社,2004.

11. 李桂林、戚名琇、钱曼倩. 中国近代教育史资料汇编·普通教育[M]. 上海:上海教育出版社,2007.

12. 潘懋元、刘海峰. 中国近代教育史资料汇编·高等教育[M]. 上海:上海教育出版社,2007.

13. 璩鑫圭、童富勇. 中国近代教育史资料汇编·教育思想[M]. 上海:上海教育出版社,2007.

14. 朱有瓛、戚名琇、钱曼群、霍益萍. 、中国近代教育史资料汇编·教育行政机构及教育团体[M].上海:上海教育出版社,2007.

四、辞典及工具书

1. 中国大百科全书总编辑委员会《教育》编辑委员会、中国大百科全书出版社编辑部编. 中国大百科全书·教育[M]. 北京:中国大百科全书出版社,1985.

2. 教育大辞典编纂委员会. 教育大辞典(第10卷):中国近现代教育史[M]. 上海:上海教育出版社,1991.

3. 刘英杰. 中国教育大事典(1840～1949)[M]. 杭州:浙江教育出版社,2001.

4. 〔瑞典〕T. 胡森、(德)T. N. 波斯尔斯韦特主编,张斌贤等译. 教育大百科全书(第2卷)[M]. 重庆:西南师范大学出版社. 海口:海南出版社,2006.

五、论著

〔一〕

1. 张志建. 中学思想政治课发展史[M]. 北京:北京师范大学出版社,1984.

2. 龚书铎. 近代中国与近代文化[M]. 长沙:湖南人民出版社,1988.

3. 熊明安. 中华民国教育史[M]. 重庆:重庆出版社,1990.

4. 费正清编、章建刚等译. 剑桥中华民国史[M]. 上海:上海人民出版社,1991.

5. 江万秀、李春秋. 中国德育思想史[M]. 长沙:湖南教育出版社,1992.

6. 张锡生. 中国德育思想史[M]. 南京:江苏教育出版社,1993 .

7. 〔美〕张灏著. 梁启超与中国思想的过渡:1890～1907[M]. 南京:江苏人民出版社,1993.

8. 罗荣渠. 现代化新论[M]. 北京:北京大学出版社,1993.

9. 董宝良. 中国教育史纲[M]. 北京:人民教育出版社,1993.

10. 王建军. 中国近代教科书发展研究[M]. 广州:广东教育出版社,1994.

11. 金林祥. 蔡元培教育思想研究[M]. 大连:辽宁教育出版社,1994.

12. 孙培青、李国钧. 中国教育思想史(上、中、下)[M]. 上海:华东师范大学出版社,1995.

13. 徐纪霖、陈达凯. 中国现代化史(第1卷)[M]. 上海:三联书店,1995.

14. 高谦民. 中国小学思想品德教学史[M]. 济南:山东教育出版社,1995.

15. 周谷平. 近代西方教育理论在中国的传播[M]. 广州:广东教育出版社,1996.

16. 钱曼群、金林祥. 中国近代学制比较研究[M]. 广州:广东教育出版社,1996.

17. 冯契. 中国近代哲学的革命进程[M]. 上海:华东师范大学出版社,1997.

18. 陈桂生. "教育学视界"辨析[M]. 上海:华东师范大学出版社,1997.

19. 李华兴. 民国教育史[M]. 上海:上海教育出版社,1997.

20. 董宝良、周洪宇. 中国近现代教育思潮与流派[M]. 北京:人民教育出版社,1997.

21. 吕达. 课程史论[M]. 北京:人民教育出版社,1999.

22. 丁守和. 中国近代启蒙思潮[M]. 北京:社会科学文献出版社,1999.

23. 黄向阳. 德育原理[M]. 上海:华东师范大学出版社,2000.

24. 朱英. 辛亥革命与近代中国社会社会变迁[M]. 武汉:华中师范大学出版社,2001.

25. 熊月之. 中国近代民主思想史[M]. 上海:上海社会科学院出版社,2002.

26. 丁钢. 历史与现实:中国教育传统的理论探索[M]. 北京:教育科学出版社,2002.

27. 张伟平. 教育会社与中国教育近代化[M]. 杭州:浙江大学出版社,2002.

28. 王伦信. 清末民国时期中学教育研究[M]. 上海:华东师范大学出版社,2002.

29. 罗炽等. 中国德育思想史纲[M]. 武汉 :湖北教育出版社,2003.

30. 王继平. 近代中国与近代文化[M]. 北京:中国社会科学出版社,2003 .

31. 刘泽华、张荣明等. 公私观念与中国社会[M]. 北京:中国人民大学出版社,2003.

32. 杨东平. 艰难的日出——中国现代教育的 20 世纪[M]. 上海:文汇出版社,2003.

33. 郑航. 中国近代德育课程史[M]. 北京:人民出版社,2004.

34. 陈永森. 告别臣民的尝试——清末民初的公民意识与公民行为[M]. 北京:中国人民大学出版社,2004.

35. 毛礼锐,沈灌群. 中国教育通史(第四卷)[M]. 济南:山东教育出版社,2005.

36. 张彬. 浙江教育史[M]. 杭州:浙江教育出版社,2006.

37. 吴洪成. 中国小学教育史[M]. 太原:陕西教育出版社,2006.

38. 陈桂生. 中国德育问题[M]. 福州:福建教育出版社,2006 .

39. 王啸. 全球化时代的中国公民教育[M]. 福州:福建教育出版社,2006.

40. 舒新城. 近代中国教育思想史[M]. 福州:福建教育出版社,2007.

41. 蓝维、高峰、吕秋芳、刑永富. 公民教育:理论、历史与实践探索[M]. 北京:人民教育出版社,2007.

42. 陈侠. 近代中国小学课程演变史[M]. 福州:福建教育出版社,2007.

43. 周予同. 中国现代教育史[M]. 福州:福建教育出版社,2007.

44. 孙广勇. 社会转型中的中国近代教育会研究[M]. 武汉:华中师范大学出版社,2007.

45. 马镛. 传统与再生:中国私立和民办中小学的本土成长[M]. 济南:山东教育出版社,2007.

46. 周其厚. 中华书局与近代文化[M]. 北京:中华书局,2007.

47. 尹文涓. 基督教与中国近代中等教育[M]. 上海:上海人民出版

社,2007.

48. 罗廷光著,孙绵涛、谢延龙编. 教育行政(下册)[M]. 福州:福建教育出版社,2008.

49. 程湘帆著,吴志宏、汤林春编. 中国教育行政[M]. 福州:福建教育出版社,2008.

50. 黄书光. 价值观念变迁中的中国德育改革[M]. 南京:江苏教育出版社,2008.

51. 王凤喈. 中国教育史大纲 [M]. 长沙:湖南教育出版社,2008.

52. 盛朗西著,徐玉珍、李玉珠编. 小学课程沿革 [M]. 福州:福建教育出版社,2008.

53. 陈青之. 中国教育史[M]. 东方出版社,2008.

54. 廖大伟. 辛亥革命与民初政治转型[M]. 北京:中国社会科学出版社,2008.

55. 郑大华、彭平一. 社会结构变迁与近代文化转型[M]. 成都:四川人民出版社,2008.

56. 耿云志. 近代中国文化转型研究导论[M]. 成都:四川人民出版社,2008.

57. 〔加〕 许美德. 思想肖像:中国知名教育家的故事[M]. 北京:教育科学出版社,2008.

58. 孙培青、杜成宪. 中国教育史[M]. 上海:华东师范大学出版社,2008.

59. 田正平、陈胜. 中国教育早期现代化问题研究——以清末民初乡村教育冲突考察为中心[M]. 杭州:浙江教育出版社,2009.

60. 田正平. 中国教育史研究・近代分卷[M]. 上海:华东师范大学出版社,2009.

61. 高奇. 中国教育史研究・现代分卷[M]. 上海:华东师范大学出版社,2009.

62. 郑师渠、史革新、刘勇. 文化视野下的近代中国[M]. 北京:中国传媒大学出版社,2009.

63. 缪建新. 南通中学百年发展史[M]. 南京:江苏教育出版社,2009.

64. 臧佩红. 日本近现代教育史[M]. 北京:世界知识出版社,2010.

65. 毕苑. 建造常识:教科书与近代中国文化转型[M]. 福州:福建教育出版社,2010.

66. 檀传宝等. 公民教育引论——国际经验、历史变迁与中国公民教育的选择[M]. 北京:人民出版社,2011.

67. 黄书光等. 文化差异与价值整合——百年中国基础教育改革进程中的思想激荡[M]. 北京:教育科学出版社,2011.

68. 吴俊升. 德育原理[M]. 福州:福建教育出版社,2011.

〔二〕

1. 周廷洛. 训育理论与实施[M]. 台湾:幼狮书店,1972.

2. 魏教哲. 训育原理——训导辅导之理论与实务[M]. 台湾:千华出版社,1979.

3. 郑世兴. 梁启超教育思想[M]. 台湾:幼狮文化事业公司,1980.

4. 欧阳教. 德育原理[M]. 台湾:文景出版社,1986.

5. Joshua A Fogel. Imagining the People: Chinese Intellectuals and the Concept of Citizenship, 1890 – 1920[M]. East Gate Books, 1997.

6. Robert Joseph Culp. Articulating citizenship: civic education and student politics in Southeastern China, 1912 – 1940[M]. Harvard University Asia Center, 2007.

六、论文

〔一〕

1. 张瑞璠. 对古代道德教育能否批评继承[J]. 教育研究,1980(1).

2. 张惠芬. 对中国古代德与才问题的历史考察[J]. 华东师范大学学报(社会科学版),1982(6).

3. 郑师渠. 辛亥革命后关于国民性问题的探讨[J]. 天津社会科学,1988(6).

4. 刘泽华. 论从臣民意识向公民意识的转变[J]. 天津社会科学,1991(4).

5. 周积明. 中国早期现代化运动中传统资源的转换[J]. 华中师范大学学报(哲社版),1996(3).

6. 马敏. 有关中国近代社会转型的几点思考[J]. 天津社会科学,1997(4).

7. 周建超. 论辛亥前的改造国民性社会思潮[J]. 江海学刊,1997(5).

8. 葛新斌、郭齐家. 西学东渐与中国近代道德教育观的演变[J]. 华东师范大学学报(教育科学版),1999(1).

9. 郑航. 清末社会文化变迁与中西融合德育观的萌生[J]. 华东师范大学学报(教育科学版),2000(4).

10. 葛新斌. 公民教育:我国现代化历史进程中的深切呼唤[J]. 清华大学教育研究,2000(3).

11. 任杰. 学校公民教育是公民教育的主要实现途径[J]. 广州大学学报,2000(2).

12. 黄仁贤. 严复的三育救国论与近代公民教育的发轫[J]. 福建论坛(文史哲版) 2000(5).

13. 郑航. 社会变迁中公民教育的演进——兼论我国学校公民教育的实施[J]. 清华大学教育研究,2000(3).

14. 姜涌. 中国的"公民意识"问题思考[J]. 山东大学学报(哲学社会科学版),2001(4).

15. 廖小平. 公德与私德的厘定与公民道德建设的任务[J]. 社会科学,2002(2).

16. 黄仁贤. 梁启超的《新民说》与近代公民教育理念的形成[J]. 教育评论,2003(1).

17. 万明钢. 论公民教育[J]. 教育研究,2003(9).

18. 王颖. 当代中国公民教育历史性复兴的现实反思[J]. 教育理论与实践,2003(2).

19. 徐纪霖. 从民主认同和公民意识的角度认识青年[J]. 中国青年研究,2003(9).

20. 吴明海. 德国凯兴斯泰纳公民教育思想之研究[J]. 郑州大学学报(哲学社会科学版),2004(3).

21. 刘保刚. 清末公民教育思想探析[J]. 中州学刊,2005(6).

22. 刘鑫淼. 中国公民教育的历史复兴及其当代意义[J]. 东北师大学报(哲学社会科学版),2005(2).

23. 易希平. 臣民 · 新民 · 公民——浅谈现代公民教育[J]. 天津市教科院学报,2005(2).

24. 陈滢. 公民教育的历史演进及基本内涵[J]. 鄂州大学学报,2005(4).

25. 蓝维. 公民教育的社会背景与实践要素分析[J]. 首都师范大学学报(社会科学版),2005(2).

26. 徐临江. 民国时期公民教育何以失败——以 20 世纪 30 年代浙江省公民教育为中心的考察[J]. 天津社会科学,2006(5).

27. 赵亚夫. 基础教育中公民教育的价值理念与行动研究[J]. 中国教育学刊,2006(12).

28. 王巨光. 公民共和主义:平教总会公民教育的思想特色[J]. 高等教育研究,2007(4).

29. 黄书光. "中体西用"价值选择与清末学堂德育探索[J]. 河北师范大学学报(教育科学版),2007(5).

30. 黄书光. 论清末民初新旧德育观的博弈[J]. 河北师范大学学报(教育科学版),2007(1).

31. 刘保刚. 新文化运动后中国公民教育思想研究——限于 1925 - 1945 时段的考察[J]. 郑州大学学报(哲学社会科学版),2007(6).

32. 孙凤华. 从修身科到公民科:清末民初我国学校公民教育[J]. 华南师范大学学报(社会科学版),2008(5).

33. 王文岚. 我国公民教育课程发展的回顾与展望[J]. 学术研究,2008(12).

34. 黄书光. 从臣民人格到个性独立:清末民初德育目标的现代转型[J]. 河北大学学报(哲学社会科学版),2008(6).

35. 黄书光. 价值观念变迁中的中国德育改革与反思[J]. 中国德育,2008(5).

36. 黄书光. 全球化际遇与中国传统人格的现代转型[J]. 高等教育研

究，2008(4).

37. 胡艳蓓. 现代化进程中的公民与公民教育[J]. 教育评论，2008(2).

38. 孔锴. 试论杜威的公民教育思想[J]. 外国教育研究，2008(9).

39. 李静. 论凯兴斯泰纳的公民教育目的[J]. 福建论坛，2008(2).

40. 刘丹. 全球视野下我国公民教育研究应把握的三个维度[J]. 教育理论与实践，2009(13).

41. 郭忠华. 公民身份的研究范式——理论把握与本土化解释[J]. 学海，2009(3).

42. 黄崴. 近十年公民教育研究的回顾与展望[J]. 清华大学教育研究，2009(1).

43. 李萍. 文化传统的预制性与公民教育[J]. 中国德育，2009(2).

44. 李艳霞. 公民资格视域下当代中国公民教育的历史与逻辑[J]. 浙江社会科学，2010(10).

45. 刘丹. 国际公民教育的视界：主动公民身份再造[J]. 比较教育研究，2010(1).

46. 檀传宝. 论"公民"概念的特殊性与普适性——兼论公民教育概念的基本内涵[J]. 教育研究，2010(5).

47. 万斌. 历史镜像中的公民意识[J]. 浙江学刊，2010(2).

48. 王兆璟. 中国公民教育：一个观念史的研究[J]. 当代教育与文化，2010(1).

49. 王啸. 论全球化时代中国公民教育的定位[J]. 全球教育展望，2010(8).

50. 智效民. 民国时期的公民教育与党化教[J]. 炎黄春秋，2010(3).

〔二〕

1. 王凌皓. 中日近代道德教育理念比较研究[D]. 东北师范大学，2002.

2. 吕敏霞. 民国时期中小学德育制度探析[D]. 华东师范大学，2003.

3. 王文岚. 社会科课程中的公民教育研究[D]. 西北师范大学，2004.

4. 曾瑞炎. 近代商务印书馆教科书出版研究[D]. 四川大学，2004.

5. 白文刚. 清末新政时期的意识形态控制[D]. 中国人民大学，2005.

6. 刘常庆. 臣民教育和公民教育的比较研究[D]. 华东师范大学,2006.

7. 李祖祥. 控制与教化——小学思品教科书研究[D]. 湖南师范大学,2007.

8. 王小丁. 中美教育关系研究(1840 - 1927)[D]. 河北大学,2007.

9. 刘丽群. 论知识准入课程中的国家介入[D]. 湖南师范大学,2007.

10. 教军章. 中国近代国民性问题研究的理论视阈及其价值[D]. 黑龙江大学,2007.

11. 蔡连裕. 成为公民:童军教育的知识与技能(1945 - 2001)[D]. 私立东海大学,2008.

12. 宁彦锋. 教育变革中的教科书建构[D]. 华东师范大学,2008.

13. 李虹霞. 中小学教科书审定制度的研究[D]. 湖南师范大学,2008.

14. 吕春枝. 中国近代教学方法史论[D]. 河北大学,2008.

15. 王颖春. 从修身到公民再到三民主义与党义——民国公民教育课程的演变[D]. 北京师范大学,2008.

16. 吴小鸥. 清末民初教科书的启蒙诉求[D]. 湖南师范大学,2009.

17. 阚欣欣. 民国前期中小学公民教育研究[D]. 山东师范大学,2009.

18. 李占萍. 清末学校教育政策研究[D]. 河北大学,2009.

19. 刘宇. 从臣民到公民[D]. 南开大学,2010.

20. 刘钦腾. 未竟的启蒙:中国早期公民教育探索[D]. 华东师范大学,2010.

21. 苏国安. 南京国民政府时期学校教育政策研究[D]. 河北大学,2010.

22. 司森. 我国中小学教科书审定制度研究[D]. 沈阳师范大学,2011.

23. 陈华. 中国公民教育的诞生——课程史的研究[D]. 华东师范大学,2012.